FOLIO BIOGRAPHIES

ouvrage dirigé par

GÉRARD DE CORTANZE

# Alexandre le Grand

par

Joël Schmidt

Gallimard

Historien, romancier et critique littéraire, Joël Schmidt a publié une quarantaine d'ouvrages dont plusieurs consacrés au monde antique, entre autres : *Dictionnaire de la mythologie grecque et romaine* (Larousse, dernière édition : 2005), *Vie et mort des esclaves dans la Rome antique* (Albin Michel, ouvrage couronné par l'Académie française, dernière édition : 2003), *Lutèce, Paris des origines à Clovis* (Perrin, prix Cazes-Brasserie Lipp, ouvrage couronné par l'Académie française, 1987), *Spartacus et la révolte des gladiateurs* (Mercure de France, 1988), *Sainte Geneviève et la fin de la Gaule romaine* (Perrin, 1989), *Le Royaume wisigoth de Toulouse* (Perrin, dernière édition, coll. Tempus, 2008), *Les Gaulois contre les Romains, la guerre de 1 000 ans* (Perrin, 2004) et, dans la collection Folio Biographies, chez Gallimard, *Jules César* (2005), *Cléopâtre* (2008). Joël Schmidt est membre du comité de lecture d'une importante maison d'édition parisienne et d'une douzaine de jurys de prix littéraires. Il a reçu, en 2004, la médaille de vermeil de l'Académie française pour l'ensemble de son œuvre.

# Enfance d'un chef

Lorsque le futur Alexandre le Grand naît en 356 av. J.-C. à Pella en Macédoine, vaste contrée sur laquelle règne son père Philippe II de Macédoine, le monde grec est en plein bouleversement depuis une cinquantaine d'années. Durant tout le V$^e$ siècle, Athènes a exercé une suprématie sans conteste. Elle a maintes fois refoulé les Perses et protégé la péninsule Grecque des Barbares, y compris carthaginois, grâce à des chefs, comme Thémistocle ou Périclès, sans omettre Pisistrate et ses fils, dont « la tyrannie » fut en quelque sorte « nécessaire ». Elle a su se doter, grâce à des légistes hors norme, tel Solon, d'une constitution qui a servi de référence pendant longtemps à la notion de démocratie politique. Elle a enfin réussi à rassembler les cités souvent divisées ou ennemies dans une confédération et une ligue maritime dont elle a pris la tête et dont elle a pu assurer, pendant près d'un siècle, la prospérité sur terre et surtout sur mer, créant un empire maritime qui s'est étendu sur toute l'Asie Mineure. Enfin, elle est devenue une capitale intellectuelle où les grands philosophes, tel

Socrate, ne devaient jamais être oubliés par la postérité.

Mais Athènes n'a pas su résister à l'esprit d'aventure, notamment en Égypte qu'elle a tentée de conquérir en vain. Elle a fait preuve d'une morgue qui a fini par irriter de plus en plus les cités alliées au premier rang desquelles Sparte qui n'avait jamais reconnu vraiment son autorité. Les Perses de leur côté, sentant Athènes affaiblie, se sont réarmés pour venger leurs défaites anciennes. Pendant trente années, Athènes, même sous la conduite vigilante d'Alcibiade, doit faire face à une guerre dévastatrice et sanglante. Alcibiade, exilé de sa patrie ingrate, tente de trahir celle-ci et se réfugie à Sparte qui vient de s'allier à de nombreuses autres cités, comme Corinthe, soucieuses de secouer le joug d'Athènes. Bientôt rappelé par les Athéniens aux abois qui ne savent comment contrer la puissance militaire de Sparte, Alcibiade abandonne en 406 av. J.-C. son commandement militaire et prend une nouvelle fois le chemin de l'exil, avant de tomber sous les coups des Perses. Deux ans plus tard, à la fin de la guerre dite du Péloponnèse, Athènes subit le joug des Spartiates et de ses amis. Elle, qui avait été considérée comme le phare de l'humanité, passe sous domination lacédémonienne et subit l'odieux régime de ce que l'Histoire a nommé le règne des Trente Tyrans, et qui consacre la décadence d'une ville qui avait régné sur le monde méditerranéen.

Athènes perd peu à peu de son éclat et s'appauvrit. Bien qu'elle chasse les Trente Tyrans et parvienne à rétablir un semblant de démocratie, elle ne peut désormais plus prétendre retrouver son pouvoir et son influence d'autrefois. Sparte elle-même décline et ne réussit pas à contrer la poussée des Perses, même lors de la fameuse retraite des Dix Mille. Elle suscite d'ailleurs autant de haine auprès de ses anciens alliés des cités fédérées autour d'elle que jadis Athènes. Et si Corinthe, Thèbes et bien entendu Athènes se révoltent contre elle, ce sont les Perses qui, avec leur richesse et la puissance de leurs armes, tirent avantage de la situation : semblant rendre à Athènes sa liberté et son indépendance, ils lui ôtent en réalité tout moyen de redevenir une grande puissance, en lui prenant la plupart des villes d'Asie Mineure. Sparte est implicitement chargée de surveiller cette sorte d'arrangement en rétablissant le pouvoir d'une oligarchie tyrannique avant que Thèbes à son tour ne se révolte contre ce despotisme et ne batte les Spartiates à la bataille de Leuctres en 371 av. J.-C. Grâce notamment au talent tactique, stratégique et politique de deux de ses chefs, Épaminondas et Pélopidas.

Pourtant cette suprématie est de courte durée. Les Spartiates gagnent la bataille de Mantinée en 362 av. J.-C. et Épaminondas trouve la mort.

Poussée par Démosthène, Thèbes se tourne alors vers sa vieille ennemie Athènes, comprenant que le danger vient non plus de Sparte, qui vient d'épuiser ses dernières forces, mais de Philippe, roi de Macédoine, père du futur Alexandre le Grand, dont le projet est la domination du monde grec.

La vie de Philippe de Macédoine engage en quelque sorte celle de son fils dans la série des conquêtes qui lui apportera une gloire qu'aucun guerrier, même parmi les plus prestigieux, ne pourra égaler dans toute l'histoire du monde.

Né en 382 av. J.-C., Philippe de Macédoine est élevé à Thèbes où il a été emmené en otage par Pélopidas et où il reçoit une éducation soignée. À la mort de son frère Perdiccas III, il obtient le gouvernement de la Macédoine, une province septentrionale de la Grèce, en qualité de tuteur de son neveu Amyntas. Mais, au bout de quelques mois, il passe outre aux droits du jeune prince, prétendant au trône de Macédoine, le fait assassiner et devient le souverain de cet État pour lequel il nourrit de grandes ambitions.

Intelligent, cultivé, connaissant fort bien l'histoire de la Grèce et de ses cités, ayant compris qu'aucune ne sera capable de lui résister, il affermit dans un premier temps son pouvoir et veille en particulier à réformer son armée en la disciplinant et en l'organisant sur le plan de la phalange, cette célèbre phalange macédonienne dont la renommée a franchi les siècles, tout autant que celle de la légion romaine, qui lui a beaucoup emprunté.

Philippe de Macédoine ne cache pas ses ambitions territoriales destinées à agrandir son royaume. Il s'empare des villes grecques de la côte de Macédoine : Amphipolis, Pydna, Potidée, Méthone et Olynthe.

Démosthène, qui a compris le danger, exhorte les Athéniens non seulement à la résistance, mais aussi à l'offensive, sans que ceux-ci réagissent. Il est vrai que la cité est en pleine décadence ; elle ne croit plus en sa fortune, après tant de défaites et d'occupations.

Le roi de Macédoine, grâce à ses espions, connaît parfaitement l'état de démoralisation de la première démocratie du monde. Sur l'invitation des Amphictyons[*], il soumet les Phocidiens et, en récompense, obtient en 346 av. J.-C. son entrée dans le conseil amphyctionique, ce qui lui donne tout pouvoir pour le diriger et accroître ses prétentions territoriales.

Les Athéniens ont enfin compris le danger. Quand le roi de Macédoine marche vers les Thermopyles, selon le désir des Amphyctions, pour punir les Locriens d'Amphissa, ils décident de l'en empêcher. Sous l'influence à nouveau grandissante de Démosthène et de ses *Philippiques*, ils réussissent à former une alliance avec les Thébains, leurs ennemis d'hier. Mais ces armées réunies sont défaites au mois d'août 338 à la bataille décisive de Chéronée qui, d'une certaine façon, met fin à l'indépendance de la Grèce.

Philippe de Macédoine, heureux d'avoir atteint son but, est assez lucide pour ne pas ignorer que le cœur de la lutte se situera en Asie Mineure dont les Perses, non contents de leur influence sur la Grèce, tentent de se rendre maîtres entre la mort de Darius II en 404, et les règnes d'Artaxerxès II

* Ligue fort ancienne de douze peuples qui a perdu la notion de ses origines, mais reste vaguement fidèle à Philippe de Macédoine.

Mnémon de 404 à 358 av. J.-C. et d'Artaxersès III Ochos, de 358 à 338.

Le souverain de Macédoine doit aussi s'opposer, en Asie Mineure, à un certain nombre de tyrans et de satrapes grecs qui, profitant de la situation de décomposition des cités du Péloponnèse, font régner leur pouvoir discrétionnaire sur les principales villes bordant la Méditerranée et n'entendent nullement partager leur autorité avec quiconque, à commencer par les Perses.

Un de ces territoires est particulièrement exemplaire pour expliquer cette étrange situation où se mêlent subordination et insubordination à la puissance perse, c'est la Carie, qui sera gouvernée par le roi Mausole entre 377 et 352. Ce dernier joue habilement sur une alliance avec les Perses pour contrer la seconde confédération dirigée par Athènes, tout en louvoyant et en se retirant de la lutte lorsqu'il constate que le sort lui est contraire. Cette politique cynique ne plaît pas aux Grecs de Carie, plus patriotes que leur souverain, qui se révoltent maintes fois et tentent de l'assassiner. Mais Mausole sait, parce qu'il est un habile diplomate et qu'il pratique une politique de bâtisseur, faire de ses terres une sorte de référence, toujours vivante, du prestige de la civilisation grecque. Halicarnasse devient, sous son règne, l'une des plus belles villes du monde grec. À sa mort, sa sœur et épouse, Artémisia, lui élève le célèbre monument sépulcral d'où provient le nom générique de « mausolée ». Ses successeurs ne sauront malheureusement pas conserver les acquis de Mausole et lorsque Philippe de Macédoine, dès lors qu'il envisage la conquête de l'Asie Mineure, sait que la Carie est un territoire désormais facile à prendre.

Il convient, avant d'entreprendre l'histoire même d'Alexandre et celle de sa vie, de signaler la forte expansion de l'hellénisme en Orient dans la première moitié du IV$^e$ siècle av. J.-C. grâce à ces tyrans et à ces satrapes dont l'influence sur l'empire perse lui-même n'est pas négligeable. Ils ont permis non seulement à l'économie grecque de se propager et de prospérer, mais ils ont aussi développé une forme de civilisation hellénique où la culture et l'art grec tiennent toute leur place. La langue grecque se répand également en Orient grâce aux commerçants et aux voyageurs. Certains historiens remarquent fort justement qu'après les conquêtes de la Perse et leur domination qui déplacent les centres de décision de l'Occident vers l'Orient, un mouvement inverse naît et prospère qui sera l'amorce de la future civilisation hellénistique. Le terrain est en quelque sorte préparé pour qu'Alexandre le Grand, après son père, puisse s'en emparer sans trop de difficulté. Le monde de l'Orient attend, si l'on peut dire, l'homme de langue grecque qui saura lui apporter son unité, sa cohérence et sa gloire.

À la naissance d'Alexandre, Philippe II de Macédoine, son père, a vingt-six ans. C'est un descendant d'Héraklès. Sa mère, Olympias, âgée d'une vingtaine d'années, descend, pour sa part, d'Achille. Elle est aussi de souche royale : fille de Néoptolème, roi des Molosses, et sœur d'Alexandre, souverain d'Épire. Prêtresse à Samothrace, elle a été initiée aux Mystères de cette ville où elle a rencontré Philippe II venu y assister à des cérémonies religieuses. Entre les deux jeunes gens le coup de foudre a été immédiat et le mariage prompt. Leur nuit de noces est marquée par un prodige :

> Olympias eut un songe. Il lui sembla qu'elle avait entendu un coup de tonnerre et que la foudre l'avait frappée aux entrailles : à ce coup, un grand feu s'était allumé, qui, après s'être brisé en plusieurs traits de flammes jaillissant çà et là, s'était bientôt dissipé. Philippe de son côté, quelque temps après son mariage, rêva qu'il marquait d'un sceau le ventre de sa femme et que le sceau portait l'empreinte d'un lion[1]*.

D'autres prodiges ont suivi :

> On vit aussi, pendant qu'Olympias dormait, un dragon étendu à ses côtés ; et ce fut là, dit-on, le principal motif qui refroidit l'amour de Philippe et les témoignages de sa tendresse ; il n'alla plus si souvent passer la nuit avec elle ; soit qu'il craignît de sa part quelque maléfice ou quelque charme magique ; soit que, par respect, il s'éloignât de sa couche qu'il croyait occupée par un être divin[2].

Plutarque s'est plu à interpréter l'histoire de la présence de ce dragon en prétendant qu'Olympias, femme d'un mysticisme fanatique, propre souvent aux Thraces, aimait à se faire accompagner dans les rituels religieux, auxquels elle était toute dévouée, par des serpents apprivoisés qui s'entortillaient autour des thyrses des autres prêtresses, s'entrelaçaient à leurs couronnes et jetaient l'effroi parmi les assistants.

* Les notes bibliographiques sont regroupées en fin de volume, p. 324.

Philippe, troublé par son songe, envoie Chéron de Mégalopolis consulter l'oracle de Delphes qui affirme qu'Apollon commande au roi de Macédoine de sacrifier à Ammon et d'honorer particulièrement ce dieu. Voilà pourquoi, au cours de son existence, certainement instruit de cet oracle, Alexandre vouera un culte particulier à Ammon, notamment en Égypte, et lui fera élever de nombreux temples.

Le jour de la naissance d'Alexandre, le 6 du mois d'hécatombéon[*], le temple de Diane prend feu à Éphèse. Tous les mages se répandent alors dans la ville en se frappant le visage et en criant à qui veut l'entendre que ce jour a enfanté un fléau redoutable qui finira par ravager l'Asie tout entière et la détruira. Lorsqu'il reçoit la bonne nouvelle de la naissance d'un fils, Philippe ne se trouve pas auprès de la parturiente. Il vient de s'emparer de la ville macédonienne de Potidée, ancienne colonie corinthienne et athénienne. Dans le même temps, il apprend que son lieutenant Parménion, cavalier émérite, vient de défaire les Illyriens et qu'il a remporté le prix de la course de chevaux de selle aux jeux Olympiques. Consultant les devins, ceux-ci affirment que ces trois victoires, présidant à la naissance de son fils, sont le signe que celui-ci sera invincible.

Le nouveau-né est d'abord confié à la nourrice, Janiké. Quand il atteint l'âge de l'étude, ses parents l'entourent des meilleurs pédagogues de la Macé-

---

[*] Qui correspond au mois de juillet et une partie du mois d'août.

doine, tous sous la férule de Léonidas, « homme de mœurs austères[3] » et parent d'Olympias, qui prend le titre de gouverneur d'Alexandre. Celui de précepteur principal est dévolu à l'Arcanien Lysimaque lequel, par vanité, se fait surnommer Phoenix, nom que portait le gouverneur d'Achille.

À treize ans, le prince héritier du royaume de Macédoine devient l'élève attentif d'Aristote[*]. Ce choix du prestigieux écrivain pour son fils, Philippe l'aurait conçu dès la naissance de celui-ci et aurait écrit à l'homme de lettres à ce sujet : « Philippe à Aristote, salut. Je vous apprends qu'il m'est né un fils. Je remercie les dieux, non pas tant de me l'avoir donné que de l'avoir fait naître dans le même temps qu'Aristote. J'espère qu'élevé par vos soins et formé par vous, il sera digne un jour de son père et de l'empire qui lui est destiné[4]. »

L'authenticité de cette lettre est plus que douteuse, mais comme la vie d'Alexandre est parcourue de légendes et de prodiges tout autant que de vérités et de réalités, il convient de prendre en compte les unes et les autres pour cerner le culte et la gloire dont le personnage fut l'objet de son vivant même.

Aristote trouve dans le jeune Alexandre un élève passionné et désireux de tout connaître. Selon la tradition l'un et l'autre se retrouvent au Nymphéum, un bois consacré aux nymphes, non loin de la ville de Miéza, où on montrait encore dans l'An-

---

[*] Philosophe grec (384-322 av. J.-C.), il est également médecin, et il a écrit tout autant des traités sur la rhétorique que sur les animaux.

tiquité « des bancs de pierre qu'on appelle les bancs d'Aristote et des allées couvertes pour se promener à l'ombre[5] ».

Alexandre se fait enseigner la morale et la politique et montre pour cette dernière discipline une précocité et une maturité étonnantes, comme en témoigne cette anecdote significative :

Il reçut un jour des ambassadeurs du roi de Perse, pendant que Philippe était absent. Il leur fit bonne chère et il les charma par sa politesse et par ses questions qui n'avaient rien d'enfantin ni de frivole : il s'informait de la distance où la Macédoine était de la Perse et des chemins qui conduisaient aux provinces de la haute Asie ; il demandait comment le roi se comportait à la guerre et quelles étaient la force et la puissance des Perses. Ce fut au point que les ambassadeurs émerveillés s'en allèrent convaincus que l'habileté tant vantée de Philippe n'était rien en comparaison de la vivacité d'esprit et des grandes vues de son fils. Aussi, toutes les fois qu'on annonçait que Philippe avait pris quelque ville considérable ou qu'il avait remporté quelque mémorable victoire, Alexandre, loin d'en montrer de la joie, disait aux enfants de son âge : « Mes amis, mon père prendra tout ; il ne me laissera rien de grand ni de glorieux à faire un jour avec vous[6]. »

Ainsi Alexandre a-t-il déjà la prémonition de ses actions conquérantes futures et craint que celles-ci ne lui soient confisquées par un père trop entreprenant.

Mais Alexandre, boulimique intellectuel, infatigable et doué, entend s'intéresser aussi aux sciences, qui en principe ne sont confiées qu'à une petite élite. Plus tard, brouillé avec Aristote, l'élève ayant dépassé le maître, apprenant que le philosophe vient de publier des ouvrages où il traite des sciences, il lui écrit cette lettre :

Alexandre à Aristote, salut. Je n'approuve pas que tu aies donné au public les traités acroamatiques*. En quoi donc serions-nous supérieurs au reste des hommes, si les sciences que tu nous as enseignées deviennent communes à tout le monde ? J'aimerais mieux l'emporter par les connaissances sublimes que par la puissance. Adieu[7].

Avide de tout savoir, Alexandre, qui se sait descendant d'Héraklès et d'Achille et en éprouve une légitime fierté, s'intéresse à la mythologie et à l'histoire légendaire de la Grèce. C'est ainsi qu'il ne se sépare jamais d'un exemplaire de l'*Iliade* d'Homère dont Aristote lui a fait cadeau après l'avoir corrigé de sa main. Ce livre ne le quittera jamais au cours de ses campagnes militaires et il le placera toutes les nuits à son chevet. Mais d'autres écrivains et tragiques l'attirent qu'il lit sans discontinuer pendant les trois années que dure l'enseignement d'Aristote. Il se fait communiquer les tragédies d'Euripide, de Sophocle et d'Eschyle ainsi que les dithyrambes de Telestès et de Philoxenos. Il en apprend des tirades par cœur avec une jubilation et un appétit intellectuel insatiables.

Comme il n'est pas d'éducation de prince de sang royal sans exercices physiques, on peut être assuré qu'Alexandre y est astreint. Même si, au dire de Plutarque, il n'y prend pas grand goût, il s'y con-

---

* Ce terme désigne l'enseignement qu'il fallait recevoir de la bouche du maître lui-même.

forme avec application, donnant ainsi à son corps la force souhaitable que requerront ses ambitions futures. De plus, comme il se doit, pour un prince destiné un jour à commander des armées, c'est un excellent cavalier.

C'est lorsqu'il atteint sa seizième année que se situe sans doute l'histoire légendaire de son cheval Bucéphale. La voici ici racontée par Plutarque :

Philonicus le Thessalien amena un jour à Philippe un cheval, nommé Bucéphale*, qu'il voulait vendre treize talents. On descendit dans la plaine pour essayer le cheval ; mais on le trouva difficile et totalement rétif : il ne souffrait pas d'être monté. Il ne pouvait supporter la voix d'aucun écuyer de Philippe et il se cabrait chaque fois qu'on voulait l'approcher. Philippe, mécontent, ordonna qu'on le ramenât, persuadé qu'on ne tirerait rien d'une bête si sauvage et qu'on ne saurait le dompter. « Quel cheval ils perdent là, s'écrie Alexandre qui était présent ; et c'est par inexpérience et timidité qu'ils n'ont pu en venir à bout. » Philippe, en l'entendant, ne dit rien tout d'abord ; mais Alexandre ayant répété plusieurs fois la même chose et ayant témoigné de la frustration qu'il éprouvait, son père finit par lui dire : « Tu blâmes des gens plus âgés que toi, comme si tu étais plus habile qu'eux et que tu fusses plus capable de dompter un cheval. — Sans doute, répliqua Alexandre, je viendrais mieux qu'un autre à bout de celui-ci. — Mais si tu échoues, quelle peine mériteras-tu pour tant de présomption. — Eh bien, dit Alexandre, je payerai le prix du cheval. » Cette réponse fit rire tout le monde ; et Philippe convint avec son fils que celui qui perdrait payerait les treize talents.

Alexandre s'approche du cheval, prend les rênes et lui tourne la tête en face du soleil, ayant observé que Bucéphale craignait son ombre qui le suivait dans tous ses mouvements en tournant autour de lui. Tant qu'Alexandre vit le coursier

* « Bucéphale » signifie tête de bœuf ou de taureau.

souffler de colère, il le flatta doucement de la voix et de la main ; ensuite, se défaisant de son manteau, il s'élance d'un saut léger et il l'enfourche avec maîtrise. Il se contente, dans un premier temps, de maintenir sa bride haute, sans le frapper ni le harceler ; mais sitôt qu'il prend conscience que le cheval ne se fait plus menaçant et qu'il aspire à courir, alors il baisse la main et il le lâche à toute bride, en lui parlant d'une voix plus rude et en le frappant du talon. Philippe et toute sa cour assistaient d'abord à ce spectacle avec une inquiétude mortelle et dans un profond silence ; mais, quand Alexandre tourna bride sans embarras et qu'il revint la tête haute et tout fier de son exploit, tous les spectateurs le couvrirent de leurs applaudissements. Quant à Philippe, il en versa, dit-on, des larmes de joie ; et lorsque Alexandre fut descendu de cheval, il le baisa au front en lui disant : « Ô, mon fils, cherche un royaume qui soit digne de toi. La Macédoine n'est pas à ta mesure[8]. »

À seize ans, Alexandre est un adulte. Il est aisé de se faire une idée du jeune homme qu'il est devenu en contemplant certaines statues de lui, comme celles de Lysippe :

[Il est] le seul sculpteur auquel il eût permis de sculpter son image. En effet, ces manières qu'affectèrent curieusement d'imiter dans la suite plusieurs des successeurs et des amis d'Alexandre, comme l'attitude de son cou qu'il penchait un peu, et l'épaule gauche, et la vivacité de ses yeux, l'artiste les a parfaitement exprimées. Apelle qui le peignit en Zeus foudroyant ne sut pas saisir la couleur de son teint : il la fit brune et plus sombre qu'elle ne l'était naturellement. Car Alexandre avait, dit-on, la peau blanche et d'une blancheur que relevait un léger incarnat, particulièrement sur le visage et sur la poitrine. J'ai lu dans les *Mémoires* d'Aristoxène[*] que sa peau sentait bon, qu'il s'exhalait de sa bouche et de tout son corps une

* Philosophe et musicien, contemporain d'Alexandre.

odeur agréable et qui parfumait ses vêtements. Cela venait peut-être de la chaleur de son tempérament qui était tout de feu ; car la bonne odeur est, selon Théophraste, le produit de la coction des humeurs par la chaleur naturelle [...]. C'est sans doute cette chaleur du corps qui faisait le courage d'Alexandre et son goût pour le vin[9].

Alexandre, adulte, ne semble guère attiré par les plaisirs ni par les femmes et encore moins par les courtisanes nombreuses à la cour de Pella et prêtes à séduire le fils du roi de Macédoine. Impétueux et ardent, dès son plus jeune âge, il est surtout attiré par l'amour de la gloire. Mais ce qu'il cherche ce n'est pas une gloire quelconque. C'est ainsi que, sondé par ses amis qui souhaitent le voir participer aux jeux Olympiques, notamment dans la course, où il se montre l'un des meilleurs, il répond : « Je m'y présenterai que si je devais avoir des rois pour adversaires[10]. » Il est vrai que s'il se montre d'une grande robustesse, et s'il ne craint pas les exercices physiques, il a quelque mépris pour les sports de compétition. En réalité, c'est un intellectuel qui aimerait faire concourir des poètes tragiques, des joueurs de flûte et de lyre, des rhapsodes qui chantent les poèmes d'Homère.

En 340, Alexandre se voit confier par son père, parti en guerre contre les Byzantins, la régence du royaume de Macédoine. Cet apprentissage de la vie politique et militaire, Alexandre, entouré de conseillers avisés, l'accomplit avec aisance. Il se lance dans une campagne contre les Médares, une peuplade thrace insoumise, s'empare de leur ville, transforme celle-ci en colonie militaire de peuplement pour ses soldats et lui donne le nom d'Alexandropolis, c'est-à-dire, en toute modestie, celui de ville d'Alexandre ! Il se retrouve aux côtés de son père en 338 à la bataille de Chéronée où il lance sa cavalerie, formant l'aile gauche de l'armée macédonienne contre le bataillon des Thébains : « On montrait aux bords du Céphise, un vieux chêne appelé le chêne d'Alexandre près duquel on avait planté son pavillon au cours de cette journée. C'est dans le voisinage de ce lieu qu'est le cimetière où l'on enterra les Macédoniens[11]. »

Si la victoire totale ouvre au père et au fils la possession de la Grèce, les premiers exploits guerriers du fils remplissent le père d'admiration, à tel point « que Philippe était ravi d'entendre les Macédoniens donner à Alexandre le nom de roi, et à lui-même celui de général[12] ».

Mais Alexandre, qui conserve, grâce à sa vaste culture, une véritable dévotion pour Athènes, la capitale intellectuelle du monde antique, tient à s'y rendre pour honorer les morts athéniens qu'il transporte avec lui, et montrer ainsi à cette ville, dont il ne se lasse pas de contempler l'Acropole pour la première et la dernière fois, le respect qu'elle lui impose.

En 337, le père et le fils, qui avaient vécu en bonne entente, sont confrontés à un drame familial qui va entraîner leur séparation. Le détestable caractère d'Olympias, « femme naturellement jalouse et vindicative[13] », pousse Philippe à divorcer et à se remarier avec la toute jeune Cléopâtre. Au cours du festin qui célèbre les nouvelles noces, Attale, oncle de la nouvelle épousée, après forces libations, et totalement ivre, sans doute aussi poussé par Olympias qui ne supporte pas d'être répudiée, se lance dans des discours avinés : « Il invitait les Macédoniens à demander aux dieux qu'il naquît de Philippe et de Cléopâtre un héritier légitime de la royauté[14]. » La réaction d'Alexandre est à la hauteur des propos de l'insolent :

« Et moi, scélérat, dit Alexandre, furieux de cet outrage, me prends-tu donc pour un bâtard ? » En même temps, il lui jette sa coupe à la tête. Philippe se lève de table et court sur son fils l'épée nue à la main ; mais par bonheur pour l'un et pour l'autre, la colère et l'ivresse le firent chanceler et il tomba. Alexandre, remarquant cette chute, s'écria : « Macédoniens, voilà l'homme qui se préparait à passer d'Europe en Asie. Il se laisse tomber en passant d'un lit à un autre[15].

Outré, Philippe contraint Alexandre de quitter le palais de Pella avec Olympias et de prendre le chemin de l'exil. La mère se retire en Épire, chez son frère, le roi Alexandros, où Alexandre la conduit en personne, tandis qu'il prend, lui, la route de l'Illyrie, suivi de ses fidèles qui l'accompagneront plus tard dans ses expéditions.

Démératos, un Corinthien, ayant son franc-parler, reproche à Philippe d'avoir semé dans sa famille les dissensions et les malheurs, alors que la Grèce a besoin, pour renaître et se fortifier, d'avoir pour modèle un souverain à la famille unie. Il lui fait aussi remarquer qu'il est peu diplomatique de se brouiller avec le frère d'Olympias, qui tient tout le royaume d'Épire. Philippe, qui a recouvré le sens de la raison politique, envoie Démératos en ambassade auprès d'Alexandre pour lui faire part de ses bonnes intentions à son égard. Le fils, apaisé, regagne le domicile de son père.

Mais cette réconciliation sera de courte durée. Pexodore, satrape de Carie, entend obtenir l'alliance de Philippe, utile pour sa politique envers les Perses, en mariant une de ses filles à Arrhidaeos, un bâtard du roi. Il dépêche à la cour de Pella Aristocritos, un négociateur éprouvé, pour débattre de l'affaire et la conclure. Au palais, les hostilités reprennent et nombre d'amis d'Alexandre, sans compter sa mère, Olympias, s'opposent à ce projet, « insinuant que Philippe projette pour Arrhidaeos un mariage autrement plus brillant, afin de lui ouvrir les voies du trône de Macédoine[16] ». C'est une autre façon de contester la légitimité d'Alexandre par une rumeur bien entendu toujours non fondée. Alexandre contre-attaque et envoie secrètement en Carie Thessalos, un tragédien célèbre, qui affirme devant Pexodore qu'Arrhidaeos est un simple d'esprit qu'il convient d'écarter et qu'il lui faut, pour sa fille, préférer Alexandre. Pexodore se montre ravi de cette proposition mais ignore que Philippe est au courant de cette nouvelle intrigue. Accompagné de Philotas, fils de Parménion et ami et confident d'Alexandre, il se rend dans les appartements de ce dernier, lui fait grief d'avoir tenté de négocier derrière son dos et ne ménage pas ses propos : « Il le réprimande dans les termes les plus vifs et les plus amers, le traitant de lâche, indigne des hautes charges qui lui étaient destinées, en recherchant l'alliance d'une Carie. Il écrit alors aux Corinthiens en leur demandant de lui envoyer Thessalos, chargé de chaînes, et il bannit quatre des plus proches amis de son fils, Harpalos, Néarque, Phrygios et Ptolémée[17]. » Bannissement qui ne devait être que provisoire et auquel Alexandre, un peu plus tard, mettra fin, en couvrant d'honneurs les exilés.

N'ignorant pas qu'Olympias continue à comploter contre lui, Philippe, pour tenter de l'apaiser, propose à son beau-frère, Alexandre d'Épire, de le marier à une de ses filles, Cléopâtre. Le jour du mariage, à la fin de juillet 336, Pausanias, un jeune homme de haute naissance qu'Olympias a sans doute converti à sa cause, poignarde Philippe. Aristote prétend que Pausanias avait été animé par un sentiment de vengeance personnelle contre Philippe auquel il s'était plaint en vain d'un grossier outrage que lui avait fait Attale[*]. Une autre hypothèse est avancée, qu'Alexandre ne serait pas à l'abri de tout soupçon. Pausanias serait venu, après l'injure reçue et non punie par Philippe, se plaindre à lui. Alexandre lui aurait alors cité ce vers de la *Médée* d'Euripide : « Et l'auteur du mariage et l'époux et l'épouse[18] », faisant allusion à Médée qui veut la mort de Créon, de Jason, de la nouvelle femme de celui-ci, Glauca, fille de Créon. Phrase sibylline qui n'engage en rien Alexandre dans la conspiration contre son père, même s'il la devine, mais qui montre à l'évidence toute l'étendue de sa culture hellénistique.

---

[*] L'oncle de la seconde épouse du roi de Macédoine.

# De la Grèce vers l'Asie

Alexandre a vingt ans lorsqu'il succède à son père et, sans plus attendre, il se livre alors à une épuration sauvage et sanglante au sein de la maison de Macédoine pour que sa légitimité ne lui soit point contestée. Pausanias est arrêté, traduit devant un tribunal militaire et crucifié comme un vil esclave. D'autres prétendants, car nombreux avaient été les bâtards d'Alexandre, sont assassinés ou exécutés. Attale, oncle de Cléopâtre, qui avait, on s'en souvient, accusé Alexandre de bâtardise, est exécuté par un officier : il était en train d'entamer des négociations avec Démosthène qui s'était réjoui de la mort de Philippe. Quant à Cléopâtre et à la fille qu'elle avait eue de Philippe, on peut faire confiance à la ténacité de la sanglante Olympias pour que toutes les deux aient été les victimes d'une atroce vengeance :

Il est certain qu'Olympias fit tenir des chevaux prêts, pour assurer la fuite de Pausanias. À la nouvelle de la mort du roi, elle accourut sous prétexte de lui rendre les devoirs funèbres et, la nuit même de son arrivée, elle alla placer une couronne sur la tête de Pausanias qu'elle trouva pendu au gibet. Personne alors, excepté elle, ne pouvait, du vivant du fils de Philippe, montrer une pareille audace. Peu de jours après, elle fit détacher le corps du meurtrier, le brûla sur les cendres de son mari, lui éleva un tombeau dans le même endroit et eut soin que la multitude superstitieuse l'honorât chaque année par des sacrifices funèbres. Elle égorgea, dans les bras de sa mère, la fille de cette Cléopâtre qui l'avait supplantée et força celle-ci à se pendre. Elle reput ses regards de ce lugubre spectacle et mit ainsi le comble à la vengeance qu'elle avait conduite par l'assassinat de Philippe. Enfin, elle consacra à Apollon, sous le nom de Myrtale, qu'elle avait porté dans son enfance, le poignard qui avait frappé le roi ; et tout cela se fit avec tant d'éclat qu'elle semblait craindre de ne pas prouver assez qu'elle était la responsable du meurtre de son ancien mari[1].

Alexandre, parce que c'est sa mère, se contente de renvoyer cette femme, d'une sauvagerie effrayante, dans son Épire natale d'où elle ne devait plus revenir.

La noblesse macédonienne est en partie décimée. Elle ne pourra jamais trouver en son rang d'éventuels prétendants pour détrôner Alexandre qui s'entoure de ses compagnons de jeunesse, nombreux, et dans lesquels il peut avoir toute confiance. À vingt ans, il a acquis une vaste culture, il a su s'entraîner physiquement pour devenir un cavalier et un fantassin endurci, il a déjà combattu dans l'armée de son père, il connaît les dangers qui le menacent, mais aussi les atouts dont il est maître. Formé à l'histoire et à la géographie, il n'ignore rien de la situation de la Grèce, du monde méditerranéen et des Barbares, qu'ils soient perses ou autres, et il a déjà réfléchi aux moyens de les subjuguer tous.

Sa première urgence est de maintenir la Grèce, conquise par son père, sous sa férule, alors que celle-ci entend profiter d'un changement de souverain en Macédoine pour se révolter, en dépit du pacte de Corinthe que son père a signé et qui lui assurait le titre de protecteur de toute la Grèce. Il est au courant des gesticulations patriotiques et provocatrices de Démosthène, lequel, non content de s'envoyer des fleurs en apprenant la nouvelle de l'assassinat de Philippe, court en avertir le conseil d'Athènes, pour s'en féliciter.

« Les Athéniens firent aussitôt des sacrifices pour remercier les dieux de l'heureuse nouvelle et ils décernèrent une couronne à Pausanias[2] », le meurtrier de Philippe. « Je ne saurais approuver les Athéniens de s'être couronnés de fleurs et d'avoir fait des sacrifices pour la mort d'un roi qui, loin d'abuser de sa victoire[*], les avait traités, dans leur malheur, avec tant de douceur et d'humanité [...]. Ils avaient honoré Philippe vivant et ils lui avaient décerné le titre de citoyen d'Athènes ; et après qu'il fut tombé sous les coups d'un assassin, ils ne peuvent contenir leur joie ; ils foulent aux pieds son cadavre et ils chantent sur sa mort des hymnes de triomphe, comme si cette mort était l'œuvre de leur bravoure[3]. »

Démosthène, une fois la liesse retombée, propose aux villes grecques de former une nouvelle ligue. Les Thébains, enhardis par ses propos, attaquent la garnison macédonienne qui occupe leur

---

[*] La victoire de Chéronée.

ville et la massacrent. Démosthène ne craint pas de demander aux Perses leur alliance pour engager la guerre contre Alexandre qu'il traite « d'enfant et de Margitès[4] ». Margitès est connu chez les Grecs comme un personnage ridicule, héros d'un poème satirique attribué parfois à Homère et dont le nom est devenu synonyme d'indolent et de stupide. Alexandre le Grand a suffisamment d'espions à Athènes et de culture grecque pour, quand on lui rapporte la boutade de Démosthène, vouloir relever l'insolence du propos et surtout pour accuser l'orateur athénien de trahison.

Le mouvement de rébellion semble prendre de l'ampleur. La ligue de Corinthe montre une neutralité à la limite de l'hostilité, la ville d'Ambracie en Arcananie chasse la garnison macédonienne, l'Étolie demande le retour de ses exilés dont Philippe avait exigé le départ, l'Arcadie manifeste et la Thessalie, voisine de la Macédoine, montre des velléités de nationalisme.

Dès la fin de l'année 336, Alexandre, averti de la possibilité d'une révolte généralisée, part en campagne. Pour détruire celle-ci dans l'œuf, il commence par les Balkans :

Il se porta précipitamment avec son armée sur les bords de l'Ister* et il eut bientôt étouffé les mouvements des Barbares et les guerres qui le menaçaient de ce côté. Il défit, dans un combat, Syrmos, roi des Triballes, puis comme on l'informait que les Thébains s'étaient révoltés et que les Athéniens étaient d'intelligence avec eux, il voulut prouver qu'il était

* Le Danube.

homme, et il passa, sans perdre de temps, les Thermopyles avec son armée. « Démosthène, dit-il, m'a traité d'enfant quand j'étais en Illyrie et dans le pays des Triballes, et de jeune homme quand je suis entré en Thessalie ; je lui ferai voir, au pied des murailles d'Athènes, que je suis un homme fait[5]. »

L'armée d'Alexandre parvient devant Thèbes à marche forcée. Dans un premier temps, le roi de Macédoine entend négocier, et il exige simplement que la cité rebelle lui remette deux de ses plus farouches ennemis, Phénix et Prothytès, mais promet l'amnistie à tous les Thébains qui le rejoindraient. Ces derniers tergiversent et demandent que leur soit livré Philotas, un grand ami d'Alexandre, et Antipater, un des plus brillants chefs de guerre du roi. Dans le même temps, les Thébains appellent à la révolte généralisée de la Grèce sous leur autorité. Rompant immédiatement avec cette duplicité, Alexandre fait donner sa phalange contre les Thébains, à la fin du mois de septembre 335. Ceux-ci ont déjà été avertis par les devins et par des prodiges :

À son approche toutes les statues de la place publique semblèrent suer à grosses gouttes. Outre cela, il vint vers les magistrats des gens qui leur dirent que du marais d'Oncheste, ville voisine, il était sorti une sorte de mugissement et qu'à Dircé, le frémissement de l'eau semblait avoir formé des gouttes de sang. D'autres qui venaient de Delphes même leur assuraient que le toit du temple que les Thébains y avaient fait bâtir grâce aux dépouilles des Phocéens paraissait ensanglanté dans toute son étendue. Ceux qui s'appliquaient à l'interprétation des signes [...] disaient que la sueur des statues indiquait qu'il en serait répandu beaucoup dans la ville. Ils concluaient de là que pour prévenir les maux dont les dieux les menaçaient, il ne fallait point risquer de combat et que le plus sûr était d'employer la voie des négociations et des conférences[6].

Les Thébains passent outre à ces recommandations, tant est grand leur esprit de revanche et de vengeance contre les Macédoniens, tant ils n'entendent pas subir une nouvelle humiliation du fils de celui qui une première fois les a vaincus.

Les soldats thébains se défendirent avec un courage et une ardeur au-dessus de leurs forces ; car les ennemis étaient infiniment supérieurs en nombre et la victoire ne fut décidée qu'au moment où la garnison macédonienne qui occupait la Cadmée* vint les prendre à revers : alors enveloppés de toutes parts, ils périrent presque tous en combattant [...]. Alexandre crut que cet exemple de rigueur jetterait la stupeur et l'effroi parmi tous les peuples de la Grèce et les tiendrait en respect. Alexandre excepta de la proscription les prêtres et tous les hôtes des Macédoniens et les descendants de Pindare, le grand poète dont Alexandre était un lecteur assidu, ainsi que ceux qui s'étaient opposés à la rébellion[7].

Il n'empêche que le sac de la ville est effroyable :

Toutes les rues devinrent un théâtre d'enfants et de jeunes filles qu'on entraînait et qui appelaient en vain leurs mères à leur secours. Des familles entières ayant été arrachées de leur maison, l'esclavage fut général. Quelques Thébains qui n'étaient pas encore dans les fers attaquaient quoique blessés eux-mêmes des soldats macédoniens qu'ils rencontraient et mouraient avec la satisfaction de tuer encore un ennemi ;

* La Cadmée est l'acropole de Thèbes.

d'autres n'ayant à la main qu'un bois de lance rompue le poussaient contre le soldat vainqueur et évitaient l'esclavage par la mort qu'ils se faisaient donner [...]. Des Grecs égorgés par des Grecs, malgré des liaisons d'affinité et de parenté et des supplications faites dans la langue même de ces vainqueurs meurtriers. La nuit suivante les maisons furent souillées. Les enfants, les femmes et les vieillards qui s'étaient réfugiés dans les temples en furent tirés avec outrage. Enfin il fut tué dans le sac de Thèbes plus de six mille personnes : l'on fit plus de trente mille captifs et le pillage rapporta une somme immense[8].

Il y a évidemment quelques exemples d'héroïsme comme celui de cette femme, Timoclée, dont la maison est rasée après avoir été pillée et qu'elle-même a été violée par un des capitaines de l'armée thrace[*]. Comme le violeur souhaite s'emparer du trésor de Timoclée, celle-ci imagine une ruse et conduit le criminel dans son jardin et lui montre un puits :

« C'est là, dit-elle, que j'ai jeté au moment de la prise de la ville, tout ce que j'avais de plus précieux. » Le Thrace s'approche du puits, se baisse pour regarder et Timoclée qui est restée derrière lui, le pousse dans le puits et l'y assomme sous une grêle de pierres. » Elle est garrottée par les Thraces et conduite devant Alexandre qui lui demande qui elle est : « Je suis, répond-elle, la sœur de Théagène, celui qui combattit contre Philippe pour la liberté des Grecs et qui fut tué à Chéronée à la tête de l'armée thébaine. » Alexandre admire sa réponse et l'action qu'elle a faite, et il ordonne qu'on la laisse aller en liberté, elle et ses enfants[9].

C'est bien la seule fois où, dans cette ville réduite à néant, Alexandre fera preuve de clémence.

[*] Auxiliaire dans cette guerre des troupes d'Alexandre.

À l'égard d'Athènes, ville intellectuelle qu'il révère, l'attitude d'Alexandre est plus nuancée. Il engage une négociation et, dans un premier temps, réclame qu'on lui livre ses ennemis les plus acharnés, parmi lesquels plusieurs Thébains, comme Démosthène, Lycurgue, Hypéride, Polyeucte, Éphialte, Moeroclès, Damon, Callisthène et Charidème.

Réunis en assemblée, les Athéniens tournent alors leurs regards vers Phocion, qui passe pour un homme politique intègre qui n'a pas été hostile à Philippe, même s'il s'oppose aux prétentions d'Alexandre. Phocion, qui ne veut pas se mêler d'une affaire si délicate et ne pas avoir la responsabilité de livrer des otages, hésite, puis finit par céder et, se levant, proclame au peuple assemblé : « Ceux qu'Alexandre vous somme de livrer ont réduit la ville à une telle détresse que, s'il exigeait Nicoclès que voici qui m'est si cher, je conseillerais moi-même de le lui abandonner et que je regarderais comme un bonheur de mourir pour vous sauver la vie. Athéniens, je suis vivement touché par le sort réservé aux Thébains qui sont venus chercher asile parmi nous. Mais c'est assez que les Grecs aient à pleurer la perte de Thèbes et mieux vaut, je crois, avoir recours aux prières pour obtenir du vainqueur la grâce des Thébains et des Athéniens que de prendre les armes contre lui[10]. »

Démosthène, qui est d'un avis contraire, à son tour se lève et « conte aux Athéniens l'apologue des brebis qui livrèrent leurs chiens aux loups, se comparant, lui et ses compagnons, à des chiens qui combattaient pour le peuple et traitant Alexandre le Grand de loup féroce. "Nous voyons les marchands, leur dit-il encore, aller porter çà et là dans une écuelle une montre de blé et vendre au moyen de quelques grains tout ce qu'ils ont chez eux : de même en nous livrant, vous vous livrez vous-mêmes, sans vous en douter[11]" ».

Les Athéniens délibèrent et envoient une députation pour négocier avec Alexandre. Mais ce dernier renvoie les plénipotentiaires. C'est désormais au tour de Phocion et de Démade de se rendre sous la tente d'Alexandre. Phocion présente Démade qui est estimé par les officiers d'Alexandre pour avoir toujours montré de la considération envers Philippe de Macédoine. Phocion conseille alors à Alexandre de se tourner contre les Barbares et non pas contre les Grecs. Alexandre consent à rabattre ses prétentions et exige seulement que les hommes qu'il a réclamés soient jugés par les Athéniens. Puis, une fois Phocion rentré à Athènes et ayant fait part à ses compatriotes des bonnes intentions d'Alexandre, il lui envoie une grosse somme d'argent que celui-ci, de mœurs simples, refuse, ce qui provoque l'ire du roi. Mais Phocion ne cède pas et obtient même du souverain macédonien la libération de quelques hommes de haute stature intellectuelle. Alexandre se borne à exiger « le bannissement de Charidème qui se réfugia en Asie auprès de Darius, roi des Perses[12] ».

De son côté, Alexandre invite Athènes à s'occuper sérieusement de ses affaires : « Athènes est faite, dit-il, s'il m'arrivait malheur, pour donner la loi à la Grèce[13]. » Cette phrase flatteuse apaise les dernières craintes des Athéniens. Alexandre peut être rassuré. Il regagne ses États à l'automne 335, ayant pacifié toute la péninsule, et décidé à préparer la guerre contre la Perse. « Il présente à Zeus Olympien le sacrifice institué par Archélaos[*], et ordonne la pompe des spectacles olympiques à Égée[14]. »

Diodore de Sicile ajoute quelques anecdotes à ce retour d'Alexandre sur ses terres. Deux de ses amis lui conseillent, avant de partir en expédition contre les Perses, de se marier et d'assurer sa descendance, mais Alexandre rejette avec indignation cette proposition.

Il fit tenir une assemblée de fête publique pendant neuf jours dont chacun était consacré en particulier à une muse. Il avait fait dresser une tente sous laquelle tenaient cent tables où étaient invités ses amis, ses officiers de guerre et les ambassadeurs de toutes les provinces voisines. Étendant sa magnificence sur tout le monde, non seulement il traita une infinité de personnes mais il envoya des victimes et des viandes dans toute son armée. Enfin il rassembla toutes les troupes qu'il jugeait lui être nécessaires pour son dessein[15].

Rien n'est plus clair : il s'agit maintenant de passer en Asie et de vaincre les Perses pour s'emparer, non seulement de leurs immenses trésors, mais encore de tous leurs territoires, puis peut-être de pousser au-delà des frontières connues du monde. Alexandre n'oublie pas qu'il descend d'Héraklès et d'Achille et qu'en lui bout le sang de ces deux héros sans peur.

* Ancien roi de Macédoine au début du IVe siècle av. J.-C.

Alexandre possède une armée puissante et bien organisée. Les nobles constituent la cavalerie des Hétaires, au nombre de 1 500. Ils sont accompagnés d'une infanterie forte de 9 000 personnes, tous armés d'un casque, d'un bouclier, de jambières, d'une épée et d'une sarisse, cette grande lance de 5 mètres de longueur. La phalange, dont Philippe est le créateur, constitue le noyau offensif de cette armée. Elle est fractionnée en toutes petites unités mobiles et chaque soldat porte sur lui sa nourriture, sa boisson et tout ce qui peut lui être nécessaire pour combattre. Restent les Hypaspistes, une infanterie tout aussi mobile que la phalange, qui sont dotés de petits chapeaux de feutre, d'un bouclier et d'une courte lance et forment 3 régiments de 1 000 hommes chacun. Le nombre total des soldats d'Alexandre avoisine 13 000 hommes de toutes origines et qui, c'est là une des astuces d'Alexandre, se considèrent comme les compagnons de leur roi, et non comme ses serviteurs armés. Ce qui accroît la cohésion morale de toute la troupe qui est entourée de voltigeurs à cheval et à pied qui seront de plus en plus recrutés à l'étranger.

On peut se douter que cette armée n'est pas seulement d'origine macédonienne, on y trouve aussi des Thraces, des Illyriens et des représentants de toutes les régions des Balkans. La ligue de Corinthe met à la disposition d'Alexandre des contingents issus de la plupart des villes du Péloponnèse et, peu à peu, des auxiliaires d'origine orientale ou africaine viendront grossir l'ensemble.

Cette armée est appuyée par une puissante artillerie capable de se déployer au cours d'une bataille ou pour entreprendre le siège d'une ville : tours roulantes, béliers, catapultes, soldats et officiers du génie, tels les pontonniers, sans oublier l'équipage chargé de l'approvisionnement, les médecins militaires pour soigner les blessés, ainsi que les agents de renseignements, les préposés aux courriers. C'est une armée moderne, puissante, bien organisée dont Alexandre s'apprête à prendre la tête avec son état-major composé de ses meilleurs compagnons, dont les noms, même compliqués à retenir, ne peuvent pas ne pas être cités puisqu'on les verra pendant dix années sur tous les théâtres d'opération où les conduira leur chef : Parménion et ses deux fils, Philotas et Nicanor ; Cratère, Coenos, Méléagre et Clitos le Noir, Calas et Antigone, Arybbas, Balacros, Ménès et tant d'autres, comme Harpalos, Séleucos, le Crétois Néarque, Eumène de Cardia, Démaratos de Corinthe et le Chypriote Stasanor, Lysimaque, Ptolémée, Héphestion, Perdiccas, Léonnatos, Python. Plusieurs d'entre eux parlent le perse et pourront servir d'interprètes pour interroger les prisonniers. Plusieurs aussi deviendront des rois, comme Séleucos, Lysimaque, Ptolémée et Antigone. Il faudrait aussi évoquer les secrétaires qui tiennent les Éphémédies, ainsi que les historiens comme Callisthène, les géographes et les naturalistes.

Avant de partir pour l'Asie, Alexandre le Grand reçoit la visite d'un grand nombre de chefs d'État et de philosophes qui viennent le féliciter. Il espère que Diogène, le fameux cynique, lui rendra visite, mais celui-ci s'abstient de se déplacer et demeure à Corinthe. Alexandre, intrigué par ce refus, se rend au domicile du philosophe, avec toute sa suite.

Comme Diogène était couché en plein soleil, en entendant venir toute cette foule, il se souleva un peu et fixa son regard sur Alexandre. Celui-ci le salue et lui demande s'il a besoin de quelque chose. « Oui, répond Diogène, détourne-toi un peu de mon soleil[16]. »

Phrase qui fera le tour du monde et qui est encore dans toutes les mémoires aujourd'hui.

Cette réponse frappa vivement Alexandre. Le mépris que lui témoignait Diogène lui inspira une haute idée de la grandeur d'âme de cet homme ; et comme ses officiers, en s'en retournant, se moquaient de Diogène, il leur dit : « Pour moi, si je n'étais Alexandre, je voudrais être Diogène[17]. »

Alexandre poursuit sa visite du Péloponnèse, ne serait-ce que pour rallier les indécis à sa cause et leur montrer que toute la Grèce est derrière lui. Il se rend à Delphes pour consulter le dieu Apollon sur l'expédition d'Asie qu'il projette. Mais, comme c'est un jour néfaste, il n'est pas permis à la prêtresse de rendre des oracles.

Alexandre va la trouver lui-même et la traîne de force au temple. La prophétesse, vaincue pour ainsi dire par cette violence, s'écrie : « Ô mon fils ! Tu es invincible. » À cette parole, Alexandre dit qu'il n'a plus besoin d'autre oracle et qu'il a celui qu'il désire d'elle[18].

Au moment du départ de l'armée pour l'Asie en 334 av. J.-C., Alexandre reçoit des dieux plusieurs présages. Dans la ville de Libèthres, où se trouve le tombeau d'Orphée, une statue de ce poète mythique se couvre, durant plusieurs jours, d'une sueur abondante. « Comme tous s'effrayaient le devin Aristandros déclara qu'on pouvait être rassuré : "Ce signe annonce, dit-il, qu'Alexandre fera des exploits dignes d'être célébrés partout et qui feront suer les poètes et les musiciens par la peine qu'ils auront à les chanter"[19]. »

Un des premiers lieutenants d'Alexandre, Parménion, s'est déjà installé dans la Troade en Asie Mineure, à la tête d'une avant-garde chargée de tester les réactions de Darius, le roi des Perses. Il s'est même installé à Magnésie du Méandre. Les Perses ont contre-attaqué et, sous la direction de Memnon de Rhodes qui commande les armées du grand roi sur la côte occidentale de l'Asie, se sont emparés d'Éphèse. Parménion est rappelé en Macédoine auprès d'Alexandre parce que ses connaissances sur l'armée perse sont précieuses ainsi que son expérience du terrain asiatique. Son successeur, Calas, est battu. Memnon semble avoir repris l'initiative dans toute l'Asie Mineure. Les Perses, trop confiants en eux-mêmes, ne cherchent point à pousser leur avantage et feignent d'ignorer qu'Alexandre est prêt à mettre en mouvement son armée.

C'est au printemps de l'année 334 qu'Alexandre, en effet, laisse le gouvernement de la Macédoine et de la Grèce à Antipater et se dirige vers l'Hellespont :

Son armée est composée de trente mille hommes tant de pied que de trait et de soldats armés légèrement, et de plus de cinq mille hommes de cavalerie. Il longe le lac de Cercine vers Amphipolis et l'embouchure du Strymon, le traverse, franchit le mont Pangée par la route qui conduit à Abdère et à Maronée, villes grecques de la côte maritime. Ayant sans peine passé l'Hèbre, il arrive par la Pectique au bord du Mélas, le traverse et touche à Sestos le vingtième jour après avoir quitté la Macédoine. Il part pour Éléonte et sacrifie sur le tombeau de Protésilas qui, parmi les Grecs, à la suite d'Agamemnon, aborda le premier en Asie*. Le prince espérait par ce sacrifice obtenir un sort plus heureux que Protésilas** ! Il charge Parménion du soin de faire passer le détroit d'Abydos et la plus grande partie de l'infanterie et de la cavalerie. Leur passage s'effectue sur cent soixante trirèmes et autres bâtiments de transport[20].

À la vue des côtes de l'Asie, il élève aux dieux douze autels votifs et distribue à ses amis tous ses domaines de Macédoine et d'Europe, disant que « l'Asie lui suffisait[21] ».

« Avant de quitter le rivage, il immole aux dieux des victimes et leur demande de lui donner la victoire dans cette guerre où la Grèce, tant de fois attaquée par les Perses, l'avait choisi pour être son vengeur ; il ajoute que "depuis trop longtemps les Perses ont été les maîtres et que le jour est venu où leur empire doit passer entre des mains

* Lors de la guerre de Troie.
** Celui-ci fut, en effet, le premier Grec tué par les Troyens au moment où il sautait sur la rive d'Asie.

plus dignes". Ses soldats partageaient son espoir : oubliant leurs enfants, leurs femmes et les périls d'une expédition lointaine, ils regardaient déjà comme leur proie l'or de la Perse et les richesses de l'Orient ; ils ne songeaient ni à la guerre ni à ses hasards, mais aux richesses qu'ils espéraient en retirer[22]. »

Et Arrien de préciser dans l'*Anabase* : « Selon plusieurs écrivains, Alexandre passa d'Éléonte au port des Achéens, gouvernant lui-même le vaisseau royal qu'il montait. Au milieu de la traversée de l'Hellespont, il immola un taureau ; et prenant une coupe d'or, il fit des libations à Poséidon et aux Néréides[23]. »

Quant à Justin, il écrit dans *Épitomé des histoires philippiques* : « Dès qu'ils eurent touché le continent, Alexandre le premier y jeta un javelot comme sur une terre ennemie et s'élança hors du vaisseau, tout armé, et pareil à un inspiré : il égorgea des victimes et pria les dieux "de disposer ces peuples à recevoir sa domination"[24]. »

Puis il se dirige vers Ilion, l'ancienne Troie, lui le lecteur inlassable de l'*Iliade*. Menœtios, le capitaine de son vaisseau, pose sur le front du roi une couronne d'or. Alexandre fait un sacrifice à Minerve, suspend ses armes dans son temple et enlève celles qu'on y avait consacrées après la guerre de Troie en demandant aux Hoplites de les porter devant lui dans tous les combats. Il fait également des libations à tous les héros de la guerre de Troie, notamment à Priam pour en apaiser le ressentiment contre la race de Néoptolème à laquelle il appartenait :

Il arrose d'huile la colonne funéraire d'Achille, court autour du tombeau de celui-ci, tout nu, suivant l'usage, avec ses compagnons, y dépose une couronne et félicite le héros d'avoir eu, pendant sa vie, un ami fidèle, et après sa mort un grand poète pour célébrer ses exploits. Il parcourt la ville pour y découvrir toutes ses curiosités. Quelqu'un lui ayant demandé s'il voulait voir la lyre d'Alexandre*, il répond : « Je me soucie peu de celle-là, mais j'aimerais avoir la lyre sur laquelle Achille chantait la gloire et les hauts faits des braves[25]. »

Mais il ajoute tristement :

« Bienheureux es-tu, Achille, d'avoir eu de ton vivant un ami fidèle et, après ta mort, un grand héraut de ta gloire[26] ! »

---

* Nom donné par les poètes au prince troyen Pâris.

# La bataille du Granique
# et ses conséquences

Ayant ainsi rendu hommage aux héros de la guerre de Troie pour mieux obtenir leur protection, Alexandre se sent conforté moralement et il gagne alors le camp militaire d'Arisbé où s'est réunie son armée. Le lendemain, entouré d'un corps d'éclaireurs et de voltigeurs, sous la conduite d'Amyntas, le tout composé de quatre compagnies d'avant-coureurs et d'une compagnie d'Hétaires apolloniates, il se dirige lentement et non sans prudence au-devant de l'ennemi. La troupe de Darius et son état-major se sont concentrés en Phrygie ainsi que les mercenaires grecs, car il y en a, commandés par Memnon de Rhodes, un des meilleurs généraux de l'armée perse. Tous les officiers tiennent conseil en apprenant le passage de l'Hellespont par Alexandre, son occupation de Troie et son approche.

Memnon donne son avis : il entend ne pas attaquer de front l'imposante armée macédonienne, supérieure en nombre, surtout dans le domaine de l'infanterie, et encouragée par Alexandre en personne, alors que Darius est absent. Il préconise donc la politique de la terre brûlée : détruire les fourrages pour en priver la cavalerie macédonienne, incendier les moissons pour empêcher l'armée de l'envahisseur de se nourrir. Il va plus loin encore en demandant de raser les villes de la côte afin que les soldats d'Alexandre n'y trouvent refuges et vivres. Mais un autre général, Arsitès, se dresse, furieux, et dit : « "Je ne souffrirai point que l'on brûle une seule habitation du pays où je commande." Cet avis prévalut car les Perses étaient persuadés que Memnon ne cherchait qu'à conserver ses grades en prolongeant la guerre[1] », ajoute Arrien.

L'armée perse se met aussi en marche à la fin du mois de mai 334, pour se porter à la rencontre des Macédoniens et les arrêter au passage d'une petite rivière, le Granique.

La tactique d'Alexandre est à la fois simple et ingénieuse, il la renouvellera très souvent, lors de combats futurs : « Il fait avancer les Hoplites en colonnes formées par la phalange doublée, dispose la cavalerie sur les ailes et les bagages à l'arrière-garde. Afin d'observer les mouvements de l'ennemi, Hégélochos marche en avant avec les éclaireurs, soutenu par un bataillon de cinq cents hommes, formé de troupes légères et de cavaliers armés de sarisses[2]. » On approche du fleuve lorsque des éclaireurs reviennent à bride abattue et annoncent que toute l'armée perse se trouve sur la rive opposée du Granique. Alexandre ne veut pas attendre pour engager le combat, mais Parménion tente de l'en dissuader : « Prince, lui dit-il, je vous conseille de camper aujourd'hui sur les bords du fleuve en l'état où nous sommes, en présence de l'ennemi, inférieur en infanterie ; il n'aura point l'audace de nous attendre ; il se retirera pendant la nuit ; et demain, au point du jour, l'armée passera le fleuve sans obstacle ; car nous l'aurons traversé avant qu'il n'ait le temps de se mettre en ordre de bataille. Il serait en ce moment dangereux d'effectuer ce passage ; l'ennemi est présent ; le fleuve est profond, rempli de précipices ; la rive escarpée et difficile : on ne peut aborder qu'en désordre et par pelotons ce qui est un grand désavantage ; et alors, il sera facile à la cavalerie de l'ennemi, nombreuse et bien disposée, de tomber sur notre phalange. Qu'on échoue, ce sera une perte sensible au présent et un présage funeste pour l'avenir[3]. »

Mais Alexandre ne veut rien entendre et préfère attaquer de suite, par surprise, au moment où les Perses ne s'y attendent pas, contrairement au raisonnement de Parménion. Il lui réplique donc, sans appel :

Quelle honte de s'arrêter devant un ruisseau après avoir traversé l'Hellespont ! J'ai juré par la gloire des Macédoniens et par ma vive résolution d'affronter les dangers extrêmes : non je ne souffrirai point l'audace des Perses, rivaux des Macédoniens, si ces derniers ne justifient d'abord la crainte qu'ils inspirent[4].

Et la bataille s'engage :

Alexandre s'élance dans le fleuve, suivi de treize compagnies de cavalerie et s'avance au milieu d'une grêle de flèches vers l'autre bord qui était très escarpé et couvert d'armes et de chevaux. Il lutte avec effort contre la rapidité du courant qui l'entraîne et qui le couvre de ses ondes ; conduisant ses troupes, eût-on dit, plutôt en furieux qu'en général prudent. Malgré ces difficultés, il s'obstine à passer et gagne enfin le bord après beaucoup de peine et de fatigue, parce que la vase dont le rivage était couvert le rendait humide et glissant.

À peine eut-il franchi le fleuve qu'il fut obligé de combattre pêle-mêle, homme contre homme, assailli qu'il était par les ennemis postés sur le rivage, et sans avoir eu le temps de se mettre en ordre de bataille. Les Perses tombèrent sur la cavalerie, en jetant de grands cris, et, la serrant de près, ils combattirent d'abord à coups de lance, puis à coups d'épée, quand les lances furent rompues. Une foule d'ennemis se précipitèrent sur Alexandre ; car on le reconnaissait à l'éclat de son bouclier et au panache de son casque, surmonté de deux ailes d'une blancheur éclatante et d'une imposante grandeur. Il fut atteint d'un javelot au défaut de la cuirasse ; mais le coup ne pénétra point. Rhoesacès et Spithridate, deux généraux de Darius, viennent ensemble l'attaquer, mais il évite le dernier et il frappe de sa lance la cuirasse de Rhoesacès. La lance vole en éclats ; Alexandre met sur-le-champ l'épée à la main. Tandis qu'ils se combattent avec fureur, Spithridate s'approche, pour le prendre de flanc et, se dressant sur son cheval, lui décharge sur la tête un coup de cimeterre qui lui abat le panache avec une des ailes. Spithridate s'apprêtait à asséner un second coup, lorsqu'il en est empêché par Clitos le Noir qui le transperce de sa javeline. En même temps, Rhoesacès tombe mort d'un coup d'épée qu'Alexandre lui porte[5].


Arrien donne une suite au récit de cette bataille, très importante stratégiquement mais aussi moralement puisqu'elle est la première qu'engage Alexandre le Grand et prend donc force de symbole :

Une partie de la cavalerie a passé le fleuve et rejoint Alexandre. Les Perses et leurs chevaux, enfoncés en avant par les piques et de tous côtés par la cavalerie, gênés par les archers mêlés à leurs rangs commencent à fuir face à Alexandre. Dès que le centre plie, la cavalerie des deux ailes étant renversée, la déroute est complète [...]. Alexandre arrête la poursuite et pousse aussitôt vers l'infanterie figée à sa place plus par stupeur que par tactique. Il fait donner la phalange et charger en même temps toute sa cavalerie ; en peu de temps ce fut un massacre. Il n'échappa que ceux qui se cachèrent sous des cadavres ; deux mille tombèrent vivants au pouvoir du vainqueur. De nombreux officiers généraux des Perses périrent, notamment Mithridate, gendre du roi Darius, et Arboupalos, fils de ce même roi, Pharnace, son beau-frère, et Omarès, général des étrangers. Du côté des Macédoniens, il périt, dans le premier choc, vingt-cinq Hétaires. Alexandre leur fit élever à Dium des statues d'airain de la main de Lysippe, le seul des statuaires grecs auquel il permît de reproduire ses traits. Le reste de la cavalerie ne perdit guère plus de soixante hommes et l'infanterie trente. Le lendemain Alexandre les fit ensevelir avec leurs armes et leur équipage. Il exempta les auteurs de leurs jours et leurs enfants de payer, chacun sur leur territoire, un tribut de leur personne et de leurs biens. Il prit le plus grand soin des blessés, s'enquérant de la nature des plaies de chacun d'eux et comment ils les avaient reçues, leur donnant toute liberté de s'entretenir avec orgueil de leurs exploits. Il accorda aussi les derniers honneurs aux généraux persans et à ceux même des Grecs à leur solde qui avaient péri avec eux au combat ; mais il fit mettre aux fers ceux d'entre eux qui avaient été pris vivants et les envoya en Macédoine pour être esclaves, parce que, désobéissant aux lois de la patrie, ils s'étaient unis aux Barbares contre les Grecs[6].

Alexandre associe aussi ces derniers à l'honneur de sa victoire et envoie aux Athéniens en particulier trois cents boucliers pris à l'ennemi en faisant graver au nom de toute la Grèce cette glorieuse inscription sur le reste des dépouilles : « Alexandre, fils de Philippe, et les Grecs, à l'exception des Lacédémoniens, ont remporté ces dépouilles sur les Barbares qui habitent l'Asie[7]. » Les Lacédémoniens, en effet, ont été réduits en esclavage parce qu'ils s'étaient unis aux Barbares contre les Grecs.

« Pour la vaisselle d'or et d'argent, les tapis de pourpre et tous les meubles de ce genre pris sur les Perses, Alexandre n'en réserva qu'une partie et envoya le reste à sa mère[8]. » Cette profession de foi panhellénique montre bien l'idéologie d'Alexandre dans cette conquête, sa manière de regarder la Grèce comme unifiée, désormais à l'écart du régime ancien des cités, sa façon de ne point évoquer les Macédoniens pour ne point blesser les susceptibilités encore vives des villes grecques conquises et vaincues par lui, sa méfiance à l'égard des Lacédémoniens, c'est-à-dire des Spartiates, et sa préférence, puisqu'il lui adresse les dépouilles ennemies, pour Athènes, ville phare d'une civilisation dont il entend étendre l'influence au monde entier.

Après la victoire du Granique, Alexandre montre ses compétences administratives en nommant Calas, satrape de la province de Phrygie, c'est-à-dire en lui donnant la même titulature que celle octroyée par les Perses à leurs gouverneurs d'origine grecque, et le charge de percevoir les mêmes tributs qu'on payait naguère à Darius. Il envoie Parménion s'emparer de la ville de Daskylion qui lui ouvre ses portes sans combattre.

Comme tous les bons généraux, Alexandre entend exploiter sa victoire et ne point s'attarder. Il marche vers Sardes dont le gouverneur Mithrénès, accompagné de tous les membres de son munipe, vient à sa rencontre en lui apportant des trésors et les clefs de la citadelle. Alexandre campe au bord du fleuve Hermus qui se jette dans le golfe de Smyrne et marque la frontière entre Ionie et Éolide. Bien loin de se montrer annexionniste, il rend la liberté aux habitants de Sardes et de toute la Lydie et leur permet de se gouverner selon leurs anciennes coutumes et lois. Mais il marque en quelque sorte son territoire en faisant bâtir sur le sommet de la citadelle magnifiquement fortifiée un temple et un autel dédiés à Zeus Olympien, laissant à Pausanias, un des Hétaires, la garde de ces lieux, et à Nicias le soin de percevoir et de répartir les tributs.

Cette politique, faite à la fois de diplomatie, de souplesse mais aussi de rigueur quand les circonstances l'exigent, montre en Alexandre un stratège civil tout aussi doué et réfléchi que le tacticien militaire. Il a compris qu'il ne faut point heurter les populations autochtones en respectant souvent leur administration d'origine perse, mais en leur montrant aussi les avantages de se réunir à son grand projet d'un hellénisme universel. Il marche alors vers Éphèse dont les garnisons étrangères ont pris la fuite sur deux trirèmes. Alexandre est accompagné lors de son entrée dans la ville de ses partisans qui en avaient été jadis bannis. Il y abolit l'oligarchie et rétablit la démocratie et le gouvernement populaire. Il rend ostensiblement un culte à Artémis, la Diane des Grecs, en faisant défiler en grande pompe ses troupes sous les armes dont il a pris la tête, et alloue à celle-ci les tributs naguère payés aux Barbares. La populace commence à se déchaîner contre ses anciens maîtres, en lapide et en massacre un certain nombre. Mais Alexandre met un terme à cette violence. « Il prévoyait qu'abusant bientôt de son pouvoir, le peuple le tournerait non seulement contre les coupables, mais aussi contre les innocents pour satisfaire sa vengeance ou son avidité[9]. »

Il établit son quartier général à Éphèse, dépêchant ses principaux lieutenants dans les provinces et les villes voisines. Parménion s'installe, sur la proposition même des députés de Magnésie et de Tralles, dans ces deux cités, avec une garnison de deux mille cinq cents hommes d'infanterie étrangère autant que macédonienne et deux cents cavaliers du corps des Hétaires. « Il détache vers les villes de l'Éolie et de l'Ionie, encore au pouvoir des Barbares Alcimale, une troupe du même effectif que celle de Parménion, avec ordre de détruire partout l'oligarchie, de rétablir la démocratie, de rendre aux peuples leur ancienne constitution et d'abolir les tributs qu'ils payaient aux Barbares[10]. »

Reste la ville de Milet, aux mains d'Hégésistrate qui, dans un premier temps, a écrit à Alexandre qu'il est prêt à lui remettre la ville, mais dans un second temps, encouragé par l'annonce de l'arrivée d'un renfort de l'armée perse, est décidé à résister au roi de Macédoine. « Alexandre, à la tête des restes de l'infanterie, des archers, de la cavalerie des Thraces et du premier corps des Hétaires, suivi de trois autres, s'empare de la ville extérieure, abandonnée sans défense, y installe son camp, résolu à cerner la ville intérieure par une circonvallation[11]. »

Il est heureusement aidé dans cette entreprise difficile par Nicanor, le chef de sa flotte, qui réussit à mouiller son escadre non loin de Milet, à l'île de Lade, avant l'arrivée des quatre cents vaisseaux des Perses qui sont contraints de se retirer à Mycale où ils se retrouvent en quelque sorte dans un cul-de-sac. À ce moment intervient une discussion entre Alexandre et Parménion sur le meilleur moyen de réduire la flotte perse.

Parménion conseille à Alexandre de tenter le combat naval [...]. En effet, de la poupe du vaisseau d'Alexandre on avait vu un aigle s'abattre sur le rivage. La victoire était à la portée des Grecs [...]. « Parménion se trompe ; il interprète mal l'augure », répond Alexandre. Quelle imprudence d'attaquer avec des forces inégales une flotte si nombreuse, de compromettre des soldats inexpérimentés à la manœuvre avec les hommes les plus exercés sur la mer, les Chypriens et les Phéniciens ! [...] Une défaite navale suffirait pour ruiner la première réputation de nos armes. La nouvelle de ce revers ébranlerait la Grèce : après avoir tout pesé, il semble peu convenable dans ces circonstances de livrer un combat sur mer. L'augure doit s'interpréter différemment. Il est favorable, sans doute, mais l'aigle, en s'abattant sur le rivage, semble nous présager que c'est du continent que nous vaincrons la flotte des Perses[12].

Alexandre fait approcher les machines à catapulte des remparts de Milet, ébranle une partie de ceux-ci et renverse l'autre partie. Par la brèche ainsi ouverte, il fait avancer ses troupes sous l'œil des Perses qui, sur leurs vaisseaux, au loin, ne peuvent même pas intervenir, d'autant plus que Nicanor a occupé le port là où il est le plus étroit en y rangeant ses galères, les proues en avant, interdisant par là même aux Perses toute entrée et aux habitants de Milet tout espoir de secours. Ces derniers finissent par se rendre, même si un certain nombre d'entre eux tentent d'échapper à l'encerclement en se jetant à la mer, leurs boucliers leur servant de radeaux. Ils gagnent une île voisine contre laquelle Alexandre dirige ses vaisseaux. Les fugitifs finissent par se rendre contre la promesse qu'ils seront intégrés à la troupe d'Alexandre, ce qui sera le cas de quelque trois cents Grecs, mercenaires des Perses.

Alexandre épargne les habitants de Milet qui n'ont pas été tués. Sa clémence comme sa largeur de vues seront une nouvelle fois appréciées et la renommée saura les diffuser dans toute l'Asie. Pendant ce temps, la flotte perse passe plusieurs fois en vue de Milet pour provoquer sans doute Alexandre et l'inciter à engager un combat naval. Mais, privés d'eau potable, les marins perses font voile vers Samos, reviennent ensuite vers Milet, tentent d'engager un combat qui tourne à leur désavantage et la flotte perse est obligée de se retirer. Alexandre se résout alors à dissoudre la sienne, en raison certes de sa faiblesse en nombre de vaisseaux, mais ayant surtout compris que son infanterie, maître des villes maritimes, serait capable à elle seule d'interdire leurs ports, en les fermant, à la flotte des Perses.

Après quelques jours passés à Milet, où il reçoit l'hommage de ses habitants reconnaissants pour son humanité, il se met en marche avec ses troupes pour la Carie dont il espère prendre rapidement la capitale, Halicarnasse, où se trouve le célèbre tombeau du roi Mausole. S'il n'a pas de difficultés à se rendre maître de toutes les villes et bourgades qu'il traverse, en revanche le siège d'Halicarnasse est indispensable. D'autant plus que c'est Memnon, gouverneur de l'ensemble de la côte occidentale, qui commande la cité et la flotte de Darius, qu'il a fait fortifier la ville déjà ceinte de murailles par le roi Mausole depuis fort longtemps, et qu'il rêve de prendre sa revanche sur la bataille du Granique. La garnison d'Halicarnasse est imposante, composée pour partie d'étrangers à la solde du roi des Perses. Son port est couvert de trirèmes fort bien protégées de toute attaque surprise.

Prudemment, Alexandre s'approche des murs de la ville et se heurte aussitôt à une sortie des assiégés qui sont rapidement repoussés à l'intérieur. Mais le conquérant a pu prendre conscience de la détermination des habitants à se battre. Quelques jours plus tard, Alexandre, accompagné du gros de sa troupe, composée d'Hétaires et des phalanges d'Amyntas, de Perdiccas et de Méléagre, ainsi que des archers et des Agriens, cherche une faille dans le mur d'enceinte. De nuit, il fait avancer sa phalange du côté du quartier de Mynde, et les sapeurs se mettent à l'ouvrage pour ouvrir une brèche dans la muraille. Une tour est renversée, mais les fortifications résistent.

Alexandre fait combler les fossés afin d'approcher ses machines de guerre, des tours, pour abattre plus sûrement les murailles à coups de bélier. Les combats sont violents. Les guerriers ennemis font une sortie pour brûler les tours. L'issue de la bataille reste incertaine. Les escarmouches se succèdent au cours des jours suivants et les faits d'armes sont nombreux. Des deux côtés on fait assaut de bravoure et d'ingéniosité, mais Alexandre ne réussit pas à vaincre la résistance des Halicarnassiens, en dépit de toutes ses machines de guerre dont beaucoup sont incendiées, tandis que la phalange reçoit une pluie de flèches tirées par les archers persans.

Les Macédoniens, à force d'acharnement, réussissent à lancer du haut des tours d'énormes pierres sur les ennemis qui sont mis en fuite et bientôt pourchassés dans la ville, massacrés dans des impasses, égorgés dans des goulets, quand ils ne périssent en grand nombre lorsque leur poids fait s'écrouler un pont qu'ils avaient jeté. Des fuyards s'étant mêlés aux Macédoniens veulent rentrer à nouveau dans la ville mais sont repoussés et même tués par leurs concitoyens qui craignaient que les soldats d'Alexandre ne profitent de la situation pour envahir leur ville.

Alexandre, qui préfère abandonner le combat, mais non le siège, devant le grand nombre de morts des deux côtés et attendre qu'Halicarnasse capitule d'elle-même, laisse une troupe imposante de fantassins et des chevaux sous la direction de Ptolémée, fils de Séleucos. Après de longs mois d'attente, la ville finit par être prise et rasée.

Fort astucieusement, il cherche une solution politique à cette victoire militaire qui n'est guère satisfaisante, et fait alors appel à une vieille princesse de Carie, Ada, qui s'est retirée à Alinde, ville dont elle fait don à Alexandre qu'elle adopte même pour fils. Pour la remercier, le conquérant lui confie le commandement de la place et, avec le titre de satrape, le gouvernement de l'ensemble de la Carie. Comme on est en plein hiver, une courte trêve de fait s'établit et les soldats macédoniens qui s'étaient mariés au cours de cette première campagne militaire sont autorisés à passer leur lune de miel en Macédoine. La popularité d'Alexandre sort grandie de tant d'égards envers sa troupe. Parménion est chargé de conduire la cavalerie et les bagages à Sardes d'où il partira pour la Phrygie.

En attendant le printemps, Alexandre se lance dans une rapide expédition en direction de la Lycie et de la Pamphylie afin de s'emparer de toutes les villes côtières et empêcher ainsi que la flotte perse ne puisse y mouiller. Il prend d'assaut Hyparne puis Telmisse et passe ensuite le fleuve Xanthos. Une trentaine de cités n'hésitent pas à ouvrir leurs portes à un homme qu'elles considèrent moins comme un occupant que comme un libérateur. Les Phasélites lui offrent une couronne d'or, tandis que plusieurs villes lui envoient des députés pour lui demander son alliance. Fidèle à sa prati-

que consistant à ne pas bouleverser l'administration, Alexandre nomme un nouveau satrape pour
les deux provinces de Lycie et de Pamphylie. C'est
Néarque, proche parmi les proches, qui plus tard
entrera lui aussi, vivant, dans la légende aux côtés
de son maître, ami et roi, en prenant le commandement d'un périple maritime, dit périple de Néarque, de l'Indus au golfe Persique, qui n'a pas d'égal
dans l'Antiquité.

La réaction de Darius est lente. Il soudoie, par
l'intermédiaire d'Arsinès, un ambassadeur persan,
Alexandros, chef de la cavalerie thessalienne, pour
le faire entrer dans un complot qui vise à assassiner Alexandre, lui promettant la couronne de Macédoine et mille talents d'or. Parménion a vent de
la conspiration et livre Arsinès au roi de Macédoine qui ne s'arrête pas à cet incident, pressé
qu'il est d'en finir avec son avancée facile et victorieuse à travers les territoires d'Asie Mineure. En
effet, un prodige récent l'a alerté :

Alexandre se trouvant encore en train d'assiéger Halicarnasse et s'étant livré au sommeil vers le milieu du jour, on vit
une hirondelle voltiger autour de sa tête avec un grand babil ;
elle s'était abattue, à plusieurs reprises sur les différents côtés
de son lit, en redoublant, plus que de coutume, ce bruit importun. Le prince, accablé de fatigue, ne s'éveillait point ; cependant, incommodé par ses cris, il étendit la main pour l'écarter :
mais loin de s'envoler, elle vint se percher sur sa tête, et ne
cessa de chanter que lorsqu'il fut entièrement éveillé. Frappé
de ce prodige, il consulta le devin Aristandros de Telmisse qui
répondit que sans doute un ami d'Alexandre lui dressait des
embûches, mais qu'elles seraient découvertes : que l'hirondelle était la compagne, l'amie de l'homme et le plus babillard

des oiseaux. Alexandre rapprocha alors ce discours du devin de celui du Persan Arsinès[13].

S'empressant alors de faire arrêter le traître, Alexandre repart en campagne le long des côtes :

On ne peut suivre cette dernière route que sous la direction des vents du Nord ; lorsque le vent du Sud règne, elle est impraticable. Contre toute espérance et non sans quelque faveur des dieux, ainsi que le crurent Alexandre et sa suite, les vents heureux s'élevèrent plutôt que les autres et favorisèrent la rapidité de son passage[14].

Plutarque et bien des commentateurs et historiens de l'Antiquité ont montré leur surprise devant la rapidité de la campagne militaire d'Alexandre et surtout sa facilité, qui leur ont paru tout à fait étrange et, pour ainsi dire, impossible sans l'existence d'interventions divines ou de prodiges :

Il y a près de la ville de Xanthos, dans la Lycie, une fontaine qui déborda, dit-on, en ce temps-là et qui détourna son cours sans aucune cause visible. Il sortit du fond de son lit une tablette de cuivre sur laquelle étaient gravés d'anciens caractères qui affirmaient que l'empire des Perses finirait renversé par les Grecs[15].

Alexandre n'ignore pas cette prophétie et il est encouragé à poursuivre au plus vite sa marche.

Plutarque se fait aussi l'écho d'autres historiens qui affirment devant la rapidité de la course du conquérant à travers la Pamphylie que « la mer, par faveur divine, se retira devant Alexandre, quoiqu'elle soit d'ordinaire très houleuse sur cette côte éternellement battue par les vagues et qu'elle laisse rarement à découvert des pointes de rocher qui bordent le rivage, au pied des sommets escarpés des montagnes[16] ». Plutarque, plus que sceptique devant ce prodige, cite Ménandre, l'auteur grec de comédies qui fait allusion, pour s'en moquer, à ce phénomène :

Que cela sent bien son Alexandre : cherchais-je quelqu'un,
Il se présentera à moi de lui-même. Et si je veux passer
La mer en quelque endroit, cet endroit me sera guéable[17].

Alexandre, pour sa part, n'a jamais évoqué un tel prodige. Il continue sa route et promet aux Aspendiens de ne pas occuper leur ville en échange d'un tribut et de chevaux. Comme ceux-ci ne tiennent pas leur promesse, il double l'imposition. Il encercle la ville de Telmisse et se porte vers Salagasse, dont il s'empare après de violents combats, perdant un de ses plus fidèles généraux, Cléandros, et une vingtaine de soldats. Franchissant la frontière de la Phrygie, il poursuit ses conquêtes, puis se rend à Gordes, après avoir écrit à Parménion de venir l'y rejoindre avec son armée :

Ce général arrive avec elle, renforcée des Grecs de retour de Macédoine et des recrues conduites par Ptolémée, Coenos et Méléagre, au nombre de trois cents chevaux thessaliens et cent cinquante Éléens sous la conduite d'Alcias d'Élée. Dans la ville de Gordes, Alexandre reçoit une députation venue d'Athènes qui demande la liberté pour leurs concitoyens, alliés des Perses, qui ont été faits prisonniers lors de la bataille du Granique. Il lui répond que la guerre terminée, il accédera à ses vœux[18].

La ville de Gordes est considérée depuis toujours comme une sorte de ville sainte de l'Anatolie où se trouve un omphalos qui marque le nombril de la terre :

Arrivé à Gordes, Alexandre monte à la citadelle et au palais de Gordius et de son fils, le célèbre et mythique roi Midas, curieux de voir le char de ce roi et le nœud qui en retenait le joug : on faisait grand cas de ce nœud dans les contrées voisines. Gordius était, disait-on, un homme peu fortuné de l'ancienne Phrygie, propriétaire d'un petit champ qu'il cultivait et de deux paires de bœufs dont l'une lui servait à traîner un char et l'autre à labourer. Un jour qu'il conduisait la charrue, un aigle vint se percher sur son joug et y demeura jusqu'à ce que l'instrument aratoire fût dételé. Étonné de ce prodige, Gordius consulta les devins de Telmisse qui passaient pour les plus habiles et qui, dès leur plus tendre jeunesse, avaient, ainsi que leurs femmes et leurs enfants, le don de prophétiser. Il approchait d'un hameau quand il croisa une jeune fille qui allait puiser de l'eau à une fontaine : il lui raconta son aventure. Cette fille était de race prophétique : elle lui ordonne d'aller dans la ville et d'y sacrifier à Zeus Basileos. Gordius la pria de l'accompagner et de lui enseigner le mode de sacrifice ; la jeune fille y consentit. Gordius la prit pour femme et en eut un fils du nom de Midas. Parvenu à l'adolescence, celui-ci se distinguait autant par sa beauté que par son courage, lorsque de graves troubles domestiques éclatèrent en Phrygie. On consulta l'oracle : il répondit que la sédition s'apaiserait lorsqu'on verrait arriver sur un char celui qui était destiné au trône. L'assemblée des habitants délibérait sur cette réponse, lorsque Midas parut au milieu d'elle, accompagné de ses parents et monté sur un char. On voit en lui ce que l'oracle a prédit et on l'élit roi. Il met un terme aux divisions et consacre, en action de grâces au souverain des dieux, le char sur lequel l'aigle messager s'était abattu. On ajoutait que celui qui délierait le nœud qui attachait le joug obtiendrait l'empire souverain de l'Asie. Ce nœud était formé d'écorce de cornouille, tissée avec un art tel que l'œil ne pouvait en démêler le commencement ni la fin. Alexandre ne voyant aucun moyen d'en venir à bout et ne voulant point renoncer au défi qu'il s'était assigné, dont l'insuccès aurait ébranlé négativement les esprits, tira, dit-on, son épée et tranchant le nœud gordien, s'écria : « Il est défait[19] ! »

Le prince et ceux qui l'entourent abandonnent le char, comme si les conditions de l'oracle avaient été remplies. La foudre qui éclate pendant la nuit semble le confirmer. Le lendemain, Alexandre sacrifie aux dieux pour les remercier de l'inspiration et des prodiges qui lui ont été envoyés. Ainsi naquit le proverbe encore utilisé aujourd'hui, « Trancher le nœud gordien », lorsqu'il s'agit de prendre une décision radicale.

Si Alexandre, en dépit d'âpres combats et grâce à une conjoncture qui lui est souvent favorable, peut estimer qu'en peu de temps il a conquis un nombre de territoires et de villes considérable, il sait aussi qu'il lui reste encore de grandes batailles à mener, et qu'il va retrouver en face de lui un ennemi particulièrement coriace, Memnon, commandant de la flotte perse qu'il avait défaite à la bataille du Granique. Peut-être, après s'être emparé de l'île de Chios, a-t-il pour dessein de porter la guerre en Macédoine et en Grèce. Il navigue alors vers Lesbos, s'empare de toutes les villes de cette île et revient au printemps de l'année 333 faire le siège de Mytilène qui avait refusé de lui ouvrir ses portes. Mais Memnon meurt subitement d'une courte maladie. « Sa mort fut la plus grande perte éprouvée par Darius[20] », fait remarquer Arrien, en même temps qu'elle permet à Alexandre de voir disparaître un de ses plus farouches ennemis. Les deux successeurs de Memnon réussissent à s'emparer de Mytilène, après avoir négocié avec ses habitants une paix fort avantageuse pour ces derniers, et poursuivent dans les Cyclades leurs raids et leur politique d'intimidation sur les insulaires qui, « plus par crainte que par affection[21] », sont contraints de se rallier aux Perses.

Alexandre réagit aussitôt et charge Protée, sous les ordres d'Antipater, de rassembler quelques vaisseaux le long de l'Eubée et du Péloponnèse pour couvrir les îles et la Grèce elle-même, si, comme on le redoute, la flotte perse tentait une invasion. Avec sa petite flotte et profitant de l'effet de surprise, Protée va réussir à détruire l'escadre perse qui mouille à Siphnos, une des Cyclades de la mer Égée.

# La bataille d'Issos :
# première défaite de Darius

Alexandre, poursuivant son avancée sur les terres du roi Darius, entre en Cilicie. Mais il se heurte à Arsamès, un ami de Memnon qui pratique la politique de la terre brûlée, ravageant « par le fer et la flamme la Cilicie pour n'y laisser à l'ennemi qu'un désert[1] ». Cette façon de faire la guerre suscite l'ire des populations de Cilicie qui se tournent alors vers Alexandre comme vers un libérateur. L'armée d'Alexandre parvient jusqu'à la ville de Tarse où les Perses viennent de mettre le feu à l'instant même pour éviter que ses richesses ne tombent aux mains de l'ennemi. Parménion, envoyé en hâte avec un corps de troupe, arrête l'incendie et, lorsque Alexandre voit que l'arrivée des siens a mis en fuite les Barbares, il entre dans la ville qu'il vient de sauver de la destruction.

C'est alors qu'il commet une imprudence qui aurait pu lui être fatale, mais dont s'emparent les commentateurs pour en faire une légende :

Couvert de poussière et de sueur, il se laisse attirer par la limpidité des eaux du Cydnos qui traverse la ville de Tarse et prétend y baigner ses membres encore tout échauffés. Déposant ses vêtements à la vue de toute l'armée et croyant d'ailleurs s'honorer en montrant aux siens qu'une mise simple et peu coûteuse lui suffisait, il plongea dans le fleuve. Mais à peine y était-il entré que ses membres, saisis d'un tremblement soudain, commencèrent à se raidir ; bientôt la pâleur se répandit sur tout son corps et la chaleur de la vie sembla l'avoir totalement abandonné. C'est dans cet état voisin de la mort que ses serviteurs le reçoivent dans leurs bras et le portent dans sa tente, évanoui[2].

Tous sont en larmes, tous maudissent le sort qui fait que Darius va être débarrassé d'un de ses plus glorieux ennemis sans l'avoir jamais combattu, tous déplorent qu'un homme aussi jeune et vigoureux puisse périr « accidentellement ». S'étant trempé dans une eau glacée, en plein été, alors que son corps est en sueur, Alexandre est victime de ce qu'on pourrait appeler une hydrocution.

Grâce à sa robuste constitution, il parvient à lutter contre la mort :

Cependant la respiration commençait à être plus libre : le roi entrouvrait les yeux et, reprenant peu à peu ses esprits, il avait reconnu ses amis qui l'entouraient [...]. Les tourments de l'esprit aggravaient les souffrances du corps : « Dans cinq jours, lui annonçait-on, Darius serait en Cilicie. » Ainsi donc il allait être livré pieds et poings liés ! Une si grande victoire lui serait arrachée des mains et c'était d'une mort obscure et commune qu'il allait expirer dans sa tente[3] !

Sur la voie de la guérison, il fait appeler aussitôt amis et médecins :

« Les circonstances ne me permettent ni remèdes lents ni médecins timides ; mieux vaut pour moi une mort prompte qu'une guérison tardive. Si donc il y a quelque soulagement, quelque ressource à attendre des médecins, qu'ils sachent que je cherche un remède, non pas qui m'empêche de mourir, mais qui me permette de combattre. »

Cette fougueuse impatience avait causé à tout le monde une vive alarme ; chacun, de son côté, se mit à le supplier de ne pas accroître le péril par la précipitation, mais de s'en remettre aux médecins. Les remèdes non éprouvés leur étaient, disaient-ils, à bon droit suspects, puisque à ses côtés l'or de l'ennemi cherchait à soudoyer des assassins. En effet, Darius avait fait publier qu'il donnerait dix mille talents à celui qui ferait périr Alexandre ; et ils en concluaient que nul ne se trouverait assez téméraire pour hasarder un remède dont la nouveauté pût inspirer le moindre soupçon.

Parmi les médecins les plus fameux se trouvait Philippe, Arcanien de naissance, qui était venu de Macédoine avec le roi, et lui était très fidèlement dévoué. Attaché à son enfance et chargé du soin de sa santé, il ne l'aimait pas seulement comme son roi, mais lui portait, comme à son nourrisson, la plus vive tendresse. Ce médecin promit un remède qui ne serait pas d'un effet immédiat, mais efficace : avec une simple potion il ferait disparaître toute la morbidité de la maladie. Cette proposition ne plut à personne, hormis à Alexandre [...]. Sur ces entrefaites, il reçoit une lettre de Parménion, le plus dévoué de ses courtisans. Il l'avertissait de ne pas confier sa guérison à Philippe, gagné, disait-il, à Darius qui lui avait promis mille talents et la main de sa sœur[4].

Cette lettre jette évidemment le doute dans l'esprit d'Alexandre qui, pendant deux jours, s'interroge sur la véracité de cette allégation. Puis il prend sa décision :

Philippe entre avec la coupe où il avait préparé la potion. Dès qu'il le voit, Alexandre s'appuie sur son coude pour se lever, et, tenant de la main gauche la lettre de Parménion, il prend de l'autre le breuvage et l'avale sans crainte : après quoi il ordonne à Philippe de lire la lettre, ne détournant pas un instant les yeux de son visage dans l'espoir d'y surprendre des indices [...]. Mais Philippe, après avoir achevé la lecture de la missive, montra plus d'indignation que de frayeur et jetant au pied du lit la lettre et son manteau, il s'écria :

« Roi, ma vie a toujours dépendu de toi ; mais aujourd'hui c'est vraiment par ta bouche sacrée et vénérable que je respire. Cette accusation de parricide dont on me charge, ta guérison la détruira : sauvé par moi, tu m'accorderas la vie. Je t'en supplie donc et t'en conjure, bannis toute crainte et laisse ce breuvage se répandre dans tes veines ; calme ton esprit que des amis fidèles, je veux le croire, mais trop zélés, ont troublé par des terreurs intempestives. » Ces paroles firent plus que rassurer le roi, elles le remplirent de joie et d'espérance. Alors, s'adressant à Philippe, il lui dit : « Si les dieux t'avaient donné à choisir le meilleur moyen d'éprouver mes sentiments, sans doute tu en eusses préféré un autre ; mais un plus sûr que celui dont tu as fait l'épreuve, tu n'eusses pas même pu l'imaginer. J'avais reçu cette lettre et pourtant j'ai pris la potion préparée de tes mains. Et maintenant, crois bien que, s'il me reste quelque inquiétude, c'est autant pour ton honneur que pour ma propre vie. » Ayant ainsi parlé, il tendit la main à Philippe[5].

Cependant l'action du médicament est longue et on se demande dans l'entourage d'Alexandre si Parménion n'avait pas raison, tant on voit, dans un premier temps, Alexandre respirer difficilement, tandis que Philippe le médecin applique des topiques, soutient « psychologiquement » son patient en lui parlant de sa mère et de ses sœurs, ainsi que des victoires qui l'attendent lorsqu'il sera guéri. Trois jours après cette crise, Alexandre est en état de se lever et de se présenter à ses troupes. Chacun des soldats serre la main du roi avec effusion, lui adresse des actions de grâces comme à un dieu tutélaire. Par sa maladie et la crainte qu'elle ne l'emporte, Alexandre a accru sa popularité. Les soldats lui montrent à quel point ils lui sont attachés pour des raisons sentimentales certes, mais aussi parce qu'« il sait prendre part à leurs exercices d'entraînement ; il sait se vêtir et vivre à peu près comme un particulier ; il leur donne l'exemple de la vigueur guerrière ; et toutes ces qualités, qu'il les dût à la nature ou à l'éducation, le faisaient à la fois chérir et respecter[6] ».

Informé de la maladie du roi et de son incapacité à commander, Darius en a profité pour s'avancer rapidement sur l'Euphrate et a construit des ponts pour y faire passer son armée afin d'atteindre le plus vite possible la Cilicie. Alexandre dépêche alors Parménion pour occuper, avec l'infanterie des auxiliaires, des Grecs, des Thraces et une escouade de cavaliers thessaliens, les défilés qui mènent de la Cilicie à la plaine d'Issos. Alexandre, ayant retrouvé ses forces, ne reste pas inactif, il quitte Tarse et arrive à Soles où il est assez mal accueilli par les habitants qu'il condamne alors à une amende de deux cents talents d'argent pour s'être alliés ouvertement aux Perses. Dans cette ville, désormais occupée par une garnison, il apprend la bonne nouvelle d'une succession de batailles gagnées sur les Perses par ses lieutenants Ptolémée et Asandros. Heureux, il sacrifie à Esculape, dieu des médecins, en prenant la tête d'un grand défilé de son armée à la lueur des flambeaux et fait célébrer des compétitions de lutte et de lyre. Puis il part pour Malles où « il apaise les dissensions entre les citoyens et leur remet les tributs qu'ils payaient à Darius, en considération pour ce peuple, issu d'une colonie des Agriens qui tirait comme lui son origine d'Héraklès[7] ».

Parménion l'avertit alors que Darius approche à la tête d'une armée de plus de six cent mille combattants, et que la confrontation avec le Grand Roi est inévitable. Ce dernier est encouragé dans son offensive par « un songe que les Mages interprétaient à son avantage, bien plus par le désir de lui plaire que pour lui dire la vérité », assure Plutarque qui poursuit : « Il avait vu, dans ce songe, la phalange macédonienne tout environnée de flammes. Alexandre le servait comme son domestique, vêtu de la même robe qu'il avait autrefois portée lui-même, lorsqu'il était astande[*], puis Alexandre était entré dans le temple de Bélus et avait disparu. Le dieu annonçait assez manifestement par cette vision le haut degré de grandeur et d'éclat réservé à la puissance des Macédoniens[8]. »

Mais Darius, trop confiant en ses forces, commet des erreurs de tactique et ne veut point écouter les conseils de ses officiers et des transfuges : « Il y avait dans l'armée de Darius un Macédonien, nommé Amyntas, qui s'était enfui de Macédoine[**] et qui connaissait bien le caractère d'Alexandre. Quand il vit Darius se disposer à passer les

---

[*] Sorte de secrétaire des commandements du roi.
[**] À ne pas confondre avec l'autre Amyntas, un des compagnons les plus proches d'Alexandre.

défilés des montagnes pour marcher contre Alexandre, il le conjura d'attendre dans le pays où il se trouvait, afin de combattre dans des plaines spacieuses et découvertes un ennemi qui lui était si inférieur en nombre. Darius répondit qu'il craignait que les ennemis, ayant compris le piège, prennent la fuite et qu'Alexandre lui échappe. "Ah, pour cela, seigneur, dit Amyntas, sois sans inquiétude ; car Alexandre marchera certainement contre toi ; et sans doute il est déjà en chemin"[9]. »

Darius n'écoute point les observations d'Amyntas ; il lève son camp et s'avance vers la Cilicie, pendant qu'Alexandre se rend en Syrie au-devant de lui. Mais ils se manquent dans la nuit et reviennent chacun sur leurs pas. Alexandre, utilisant cette heureuse circonstance, se hâte de joindre son ennemi dans les défilés, tandis que Darius cherche à reprendre son premier camp et à dégager son armée des défilés. Car Darius commence à reconnaître son erreur. Se jeter dans ces lieux étroits entre mer et montagnes, coupées en deux par le fleuve Pinaros, c'est aller droit à la défaite. Un tel champ de bataille, peu commode aux évolutions de la cavalerie, peut offrir une occasion inespérée à un ennemi inférieur en nombre.

Les deux armées se retrouvent donc en présence, mais hors de portée des flèches. Voici la version de l'historien Arrien qui rapporte comment Alexandre harangue son armée :

« Rappelez-vous tous vos exploits et redoublez de confiance ; vainqueurs, vous allez attaquer des vaincus : un dieu combat pour nous ; c'est lui qui a poussé Darius à quitter de vastes plaines pour s'enfermer dans cet espace étroit ou notre phalange peut se déployer aisément mais où le grand nombre de ses troupes devient inutile ; ils ne nous sont pas comparables ni en force ni en courage. Vous, Macédoniens, endurcis, aguerris par toutes les fatigues des combats, vous marchez contre les Perses et les Mèdes amollis depuis longtemps par le repos et les plaisirs. Libres, vous combattez des esclaves. Les Grecs de chaque parti n'ont point le même avantage. Ceux de Darius se battent pour une solde misérable, ceux qui accompagnent les Macédoniens, pour la Grèce et volontairement. Si l'on considère les auxiliaires, ici les Thraces, les Péones, les Illyriens, les Agriens les plus forts et les plus belliqueux des peuples de l'Europe, et là des Asiatiques énervés et efféminés : enfin c'est Alexandre contre Darius. Tels sont les avantages dans le combat, mais que d'autres dans le succès ? Vous n'avez plus devant vous les satrapes de Darius, la cavalerie du Granique, les vingt mille soldats étrangers ; voilà toutes les forces des Perses et des Mèdes, toutes les nations qui leur obéissent dans l'Asie, le Grand Roi lui-même : cette journée vous livre tout ; vous commandez à l'Asie entière et vos nobles travaux parviennent à leur terme. »

Alexandre leur rappelle alors les victoires qu'ils avaient remportées en commun, faisant ressortir les exploits de chacun d'eux qu'il cite et parlant même des siens mais avec retenue ; il rappela même la retraite de Xénophon et les exploits des Dix Mille qui ne pouvaient sous aucun rapport être comparés aux leurs. Ils n'avaient en effet ni les chevaux, ni les troupes de la Béotie et du Péloponnèse, ni les Macédoniens, ni les Thraces, ni même la cavalerie semblable à la leur, ni frondeurs et archers, à la réserve près de quelques Crétois et de quelques Rhodiens, levés à la hâte par Xénophon ; et que cependant, dénués de toutes ces ressources, ils avaient sous les murs de Babylone mis en fuite le Grand Roi avec son armée et dompté dans leur retraite toutes les nations qui avaient voulu leur fermer la route du Pont-Euxin. Il ajouta tout ce qu'un grand général peut rappeler avant le combat à des soldats éprouvés. Ils se disputent l'honneur de l'embrasser, l'élèvent jusqu'au ciel et demandent à marcher sur-le-champ contre l'ennemi[10].

Enhardi par le succès de son discours, Alexandre se fait alors visionnaire pour donner à ses soldats un ultime élan patriotique avant la bataille :

Libérateurs de l'univers et destinés à accomplir la course glorieuse d'Héraklès et de Dionysos, ils imposeraient leur joug, non seulement aux Perses mais à toutes les autres nations : la Bactriane et l'Inde feraient partie de la Macédoine. C'était peu de chose que ce qu'ils voyaient maintenant ; mais tout devait être acquis par la victoire. Il ne s'agissait pas ici de se consumer en fatigues stériles autour des rocs escarpés de l'Illyrie et des montagnes de la Thrace, c'étaient les dépouilles de l'Orient tout entier qui s'offraient à eux. À peine auraient-ils à se servir de leurs épées ; le choc de leurs boucliers suffirait pour disperser ces bataillons déjà plongés dans le désordre par la peur. Il invoquait ensuite la mémoire de Philippe, son père, vainqueur des Athéniens, il leur remettait en mémoire l'image de la Béotie, récemment conquise, et de la plus illustre de ses cités rasée jusqu'en ses fondements [...]. Lorsqu'il s'approchait des Grecs, il leur rappelait les anciennes guerres faites à la Grèce par ces Barbares, l'insolence de Darius et celle de Xerxès qui étaient venus demander à leurs pères la terre et l'eau, leur enviant jusqu'à la jouissance de leurs fontaines et au pain qui les nourrissait chaque jour. Il leur parlait de leurs temples ruinés et dévorés par les flammes, leurs villes emportées d'assaut, de toutes les lois divines et humaines tant de fois violées. Quant aux Illyriens, accoutumés à vivre de rapines, il appelait leurs regards sur cette armée resplendissante d'or et de pourpre, portant moins des armes que du butin : « Allez, leur disait-il, allez, vous qui êtes des hommes, arracher leur or à ces femmes, échangez les âpres sommets de vos montagnes, leurs roches nues et hérissées d'une glace éternelle, contre les plaines et les riches campagnes de la Perse[11]. »

La bataille qui s'engage le 12 novembre 333 av. J.-C. est décisive pour Alexandre qui joue là toute sa politique de conquête et pour Darius qui entend conserver son empire. Elle pourrait se raconter en détail et même faire le sujet d'un cours à l'école de guerre. Disons simplement qu'en dépit de l'infériorité numérique de son armée, Alexandre sait se faire tacticien avec habileté : « Il fit déborder son aile droite sur l'aile gauche des ennemis ; et, s'étant réservé le commandement de cette aile, il mit en fuite les Barbares qu'il avait en tête, combattant lui-même au premier rang[12]. » Le combat finit par se faire au corps à corps. « Des flots de sang coulèrent, car les deux armées se touchaient de si près que les armes se croisaient et que les coups ne pouvaient frapper que les visages. Le timide et le lâche n'avaient point là le pouvoir de reculer : pied contre pied, et comme un combat singulier, ils restaient attachés à la même place, jusqu'à ce qu'ils se fussent ouvert un passage par la victoire. Ils ne faisaient un pas en avant que sur le corps d'un ennemi terrassé, mais, fatigués, ils trouvaient un nouvel adversaire et il était impossible de retirer, comme on le fait toujours, les blessés de la mêlée : devant, ils avaient l'ennemi ; derrière, ils étaient poussés par leurs compagnons[13]. »

Tous les historiens de l'Antiquité, grecs comme romains, s'accordent à dire que le carnage est épouvantable, le nombre de morts énorme du côté de Darius, sans doute des dizaines de milliers, tandis qu'Alexandre n'a perdu que quelque huit cents hommes, tués ou blessés. Alexandre, racontent certains, ne fut pas épargné et fut atteint à la cuisse par un coup d'épée, blessure qui, comme il l'écrit peu après à son compagnon Antipater, n'eut pas de suites fâcheuses. « Autour du char de Darius gisaient les chefs les plus distingués de son armée [...]. Cependant, les chevaux qui traînaient Darius, percés de traits et effrayés par la douleur, commençaient à secouer le joug et à faire chanceler le roi sur son char. Craignant alors de tomber vivant au pouvoir de ses ennemis, Darius saute à bas et monte sur un cheval qui le suivait pour cet usage ; il craint aussi que les ornements de la royauté ne signalent sa fuite et les rejette au loin[14]. » Voyant leur chef prendre la fuite, les Perses jettent leurs armes et font retraite en désordre. La défaite des Perses à Issos est totale. Les Macédoniens pénètrent dans leur camp qui regorge de richesses et s'emparent de tout l'or et de tout l'argent, même si Darius et sa suite sont parvenus à emporter une partie du trésor jusqu'à Damas. Le pillage s'accompagne de cruautés et de viols, comme toujours en semblable situation. Car Darius avait emmené avec lui toute sa suite, y compris les femmes de sa famille et celles de ses officiers. « Leurs personnes n'étaient pas respectées par la brutale passion des soldats[15] », rapporte Quinte-Curce.

Mais dans l'ensemble, les historiens louent la libéralité d'Alexandre qui, après avoir tenté de poursuivre Darius en vain, mais sans non plus de conviction, revient à son camp vers le milieu de la nuit, épuisé, ne rêvant que d'un bon bain et des plaisirs de la table.

Quelqu'un annonça alors à la femme et à la mère de Darius qu'Alexandre victorieux était revenu de sa poursuite. La désolation et les larmes se renouvelèrent parmi ces femmes et les captifs dont elles étaient environnées les accompagnaient de leurs gémissements et de leurs cris pitoyables. Alexandre qui apprit le destin de ces femmes leur envoya sur-le-champ Léonatus, un de ses favoris, pour les calmer et pour apprendre particulièrement à Sisygambis, mère de Darius, que son fils vivait, que pour lui il prendrait d'elle et de toutes les princesses le soin qui convenait à leur sexe et à leur rang et que dès le lendemain il irait les voir lui-même et les assurerait de sa propre bouche et par toute sa conduite de ses promesses. À cette annonce inespérée, elles regardèrent toutes Alexandre comme un dieu ; elles essuyèrent leurs larmes et cessèrent de se plaindre de leur sort.

Le lendemain, le roi prenant avec lui Héphestion qui tenait le premier rang entre ses amis, se rendit, suivant sa promesse, sous la tente des princesses captives. Ils étaient tous deux habillés de la même façon ; mais Héphestion avait meilleure mine et un plus beau visage que le roi ; de sorte que la reine, le prenant pour lui, se jeta d'abord à ses genoux. Les assistants l'avertirent aussitôt de son erreur et lui montrèrent Alexandre : Sisygambis, honteuse de sa méprise, se tourna aussitôt vers le roi et se prosterna devant lui. Le roi, la relevant, lui donna le nom de mère. Par ce titre de mère, le roi lui annonçait aussi bien qu'aux autres princesses l'humanité et la politesse dont il userait avec elles [...]. Il fit rendre à la reine tous les ornements royaux et rétablit autour d'elle une maison aussi nombreuse que celle que Darius lui avait donnée. Il en ajouta même de sa part une seconde aussi complète que la première : il promit aux princesses de pourvoir à leur établissement et d'une manière encore plus avantageuse que n'aurait fait Darius lui-même et il se chargea de faire donner au fils du roi de Perse une éducation digne d'un souverain. Ayant fait venir devant lui le jeune prince, il l'embrasse et remarquant que cet enfant le regardait d'un œil ferme et assuré, il se tourna vers Héphestion et lui dit : « Voilà un prince de six ans qui est déjà plus brave que son père. » Il assura la femme de Darius qu'elle ne verrait rien autour d'elle qui fût indigne de la majesté de son ancien rang. Ces promesses et beaucoup d'autres paroles pleines non seulement d'humanité mais de politesse firent fondre en larmes ces illustres captives : il leur présenta sa main comme gage de sa parole et par toutes ses marques d'humanité et de générosité, non seulement il gagna les cœurs des personnes auxquelles il faisait tant de bien, mais encore il se fit dans toute son armée la réputation du plus généreux de tous les vainqueurs[16].

En arrivant, Alexandre a trouvé le camp de Darius totalement dévasté. Cependant, les Macédoniens lui ont réservé la tente de Darius :

Toute remplie de serviteurs richement vêtus, de meubles précieux et d'une grande quantité d'or et d'argent. Alexandre quitte ses armes et se met au bain : « Allons laver dans le bain de Darius, commente-t-il, la sueur de la bataille. — Dis plutôt dans le bain d'Alexandre, réplique un de ses amis ; car les biens des vaincus doivent appartenir au vainqueur et en porter le nom. » Lorsque Alexandre vit les bassins, les baignoires, les urnes, les boîtes à parfums, tous meubles d'or massif et d'un travail parfait ; quand il respira l'odeur délicieuse des aromates et des essences dont la chambre était embaumée ; quand de là il fut passé dans la tente même et qu'il en eut admiré l'élévation et la grandeur, la magnificence des lits et des tables, la somptuosité et la délicatesse du souper, il se tourna vers ses amis et il leur dit : « Voilà donc ce qu'on appelle être roi ! »

Le lendemain et les autres jours, Alexandre permit aux femmes perses d'enterrer autant de guerriers qu'elles désireraient, et de prendre dans les dépouilles pour ces funérailles toutes les étoffes et tous les ornements dont elles auraient besoin. Il leur conserva tous les officiers qu'elles avaient à leur service, toutes les distinctions de leur rang ; il leur assigna même des revenus plus considérables que ceux dont elles disposaient auparavant. Mais la faveur la plus belle donc et la plus royale que pussent recevoir dans leur captivité des femmes d'un noble cœur et qui avaient toujours vécu chastement, c'est que jamais elles n'entendirent proférer un seul mot déshonnête et qu'elles n'eurent jamais lieu de craindre ni même de soupçonner rien, de la part d'Alexandre, qui pût attenter à leur pudeur [...]. Et pourtant la femme de Darius était, à ce qu'on assure, la plus belle des reines qu'il y eût au monde, comme Darius était lui-même le plus beau et le mieux fait de tous les hommes ; et leurs filles leur ressemblaient[17].

Alexandre, qui n'a pas réussi à s'emparer de la personne de Darius, cherche par tous les moyens à lui prendre ses richesses et sa fortune. Grâce à la trahison d'un familier de Darius et du gouverneur, Parménion arrive aux portes de Damas et trouve à l'extérieur des murs le trésor du roi avec ses effets les plus précieux. Le traître est suivi de milliers d'hommes et de femmes :

Il se proposait de conduire à l'ennemi une proie bien plus agréable que pouvaient être tous les trésors, la noblesse du royaume, les épouses et les enfants des lieutenants de Darius et avec eux les députés des villes grecques. Les Perses appellent « gangabas » les hommes qui font métier de porter les fardeaux : or ceux que le gouverneur employait ne pouvant endurer le froid (car une tempête soudaine avait fait tomber une neige épaisse et la terre gelait) se mirent à déployer les robes tissées d'or et de pourpre qu'ils transportaient avec l'argent du roi et s'en revêtirent sans que personne osât les en empêcher, la fortune de Darius permettant tout contre lui, même aux hommes des rangs les plus inférieurs. Parménion, trompé par l'apparence, les prit pour une troupe qui n'était pas à mépriser ; il commande aux siens de presser leurs chevaux de l'éperon et de fondre sur l'ennemi avec impétuosité. Mais ceux qui portaient des fardeaux, saisis de terreur, les laissent derrière eux et prennent la fuite : les soldats qui les escortaient, emportés par la même crainte, jettent leurs armes et gagnent des sentiers détournés qui leur sont connus [...]. Les richesses royales jonchaient au loin la campagne : là était l'argent destiné à la solde d'une si grande armée ; là, les parures d'or, des freins d'or, des tentes ornées avec une magnificence royale ; des chariots abandonnés de leurs conducteurs et chargés de toute sorte de richesses [...]. Il fallait voir en effet ce qu'avait amassé pendant des siècles une fortune si prodigieuse et si incroyable, déchiré par les buissons ou plongé dans la fange dont on l'arrachait. Les mains qui pillaient ne suffisaient pas au pillage [...]. Le montant de l'argent monnayé était de deux mille six cents talents ; le poids de l'argent travaillé en valait cinq cents : trente mille hommes et sept mille bêtes de somme chargées de bagages tombèrent en outre au pouvoir des vainqueurs[18].

S'il y eut des abus, si des femmes perses furent victimes des derniers outrages de la part des soldats de Parménion, une fois de plus Alexandre et son général veillèrent à ce que cesse très vite l'atteinte aux personnes, comme le premier venait de le faire au soir de la bataille d'Issos :

Je crois que de tant de belles actions d'Alexandre, il n'en est aucune qui soit plus glorieuse pour lui, qui ait mérité de plus grands éloges et qui soit plus digne d'avoir une place dans son histoire que celle-ci. Car enfin les prises de villes, le gain des batailles et les autres avantages remportés à la guerre dépendent de bien des circonstances ; et le succès en est dû plus souvent à la fortune qu'à la valeur. Mais la compassion et les égards pour les vaincus sont un pur effet du choix et de la volonté du vainqueur. Il y en a eu beaucoup qui n'ont tiré de leurs succès que de l'orgueil et de la fierté et à qui le hasard qui les a fait vaincre a fait oublier qu'ils pouvaient être vaincus et avoir besoin de la compassion qu'ils ont refusée eux-mêmes à ceux qui ont eu le malheur de tomber entre leurs mains. Le bonheur a été pour eux un poids qu'ils ne savaient porter. Alexandre, quoique né longtemps avant nous, est à cet égard un modèle digne de nos plus grands éloges et qui mérite que nous le fassions passer nous-mêmes à ceux qui nous suivront[19].

Alexandre ne touche pas aux captives, mais prend tout de même pour maîtresse Barsine, veuve de Memnon, le chef de la flotte perse, qui a été faite prisonnière près de Damas. Alexandre est certes attiré par sa beauté mais aussi par son goût pour les lettres grecques. Cependant, devenir l'amant d'une femme barbare, même de haute naissance, lui donne des scrupules. C'est Parménion qui l'incite à la choisir pour favorite en hommage autant à son élégance d'esprit qu'à sa perfection physique. Alexandre se plaît alors à jouer au chaste et au continent et passe devant les belles femmes perses captives « comme devant de belles statues inanimées[20] ».

Le comportement d'Alexandre se conjugue avec une grande discipline personnelle. Il est sobre par tempérament, même si parfois on l'a vu quelque peu aviné au cours de banquets avec ses amis. En fait, s'il aime vider des coupes avec eux, c'est moins pour le plaisir de la boisson que pour celui de la conversation. À chaque coupe bue, il ne manque pas de lancer un débat philosophique. Et il ne sacrifie jamais ses exploits guerriers au vin, au sommeil, au jeu, à l'amour même le plus légitime, et aux spectacles les plus beaux.

Il sait faire preuve également de frugalité. Évoquant volontiers le conseil d'un de ses gouverneurs, Léonidas, pour ne pas le nommer, qui préconisait une promenade chaque matin avant le lever du jour. Lorsqu'il sera au repos dans son camp, il n'oubliera pas cette discipline de vie qui fait sa force et son endurance. Il sacrifiera aux dieux, dès l'aube, puis dînera assis et passera sa journée à chasser, à juger les différends entre ses soldats ou bien à lire, notamment son cher Homère dont les œuvres ne le quittent jamais. Lorsqu'il partira en campagne militaire, et s'il n'est pas pressé, il s'exercera en chemin à tirer à l'arc, à monter sur un char et à mettre le cheval qui le tire au galop. Il s'amusera à chasser le renard et les oiseaux.

Lorsqu'il rentre au camp, il prend toujours un bain et se fait frotter le corps d'huile. Il s'enquiert auprès de ses cuisiniers si on lui a préparé un bon repas qu'il ne prend que couché, une fois la nuit tombée. Il veille lui-même à ce que tous ses convives soient servis également et que rien ne soit négligé. Il reste parfois des heures non pour faire ripaille ou s'enivrer, mais pour se livrer à l'art de la conversation :

C'était, pour tout le reste, le plus aimable des rois dans le commerce de la vie : il ne manquait d'aucun moyen de plaire ; mais à table, il se rendait importun à force de se vanter et il devenait un peu trop un fanfaron. Outre qu'il exaltait ses propres exploits, il se livrait aux flatteurs.

Après le souper, il prenait un second bain et se couchait. Il dormait souvent jusqu'à midi, parfois tout le jour. Il était d'ailleurs si tempérant dans l'usage des mets recherchés que lorsqu'on lui apportait des pays maritimes ce qu'il y avait de plus rare en fruits et en poissons, il en envoyait à chacun de ses amis et souvent ne s'en réservait aucun[21].

# De l'Asie Mineure à l'Égypte

Ces traits de caractère fort positifs dans leur ensemble montrent bien qu'Alexandre n'est pas un conquérant et un souverain qui s'endort sur ses lauriers. Il ne nourrit qu'une seule ambition, la conquête de l'Asie et peut-être du monde, et il entend y parvenir par tous les moyens. Il peut se permettre d'être magnanime envers les cités grecques qui ont presque toutes joué Darius contre lui, au premier rang desquelles Athènes, poussée par Démosthène, puis Thèbes qui n'a pas pardonné au roi de Macédoine sa brutalité, Sparte enfin, l'ennemi héréditaire. La victoire d'Issos fait taire toutes les revendications des cités du Péloponnèse. Alexandre s'autorise même à relâcher des prisonniers de marque issus de trois de ces cités, gardant un diplomate dans ses geôles pour bien marquer sa rancune et une différence de traitement. Les généraux et les gouverneurs de Darius se sont quelque peu débandés ou sont morts.

Alexandre est libre, mais il sait garder la mesure et peser les différentes options qui se présentent à lui. Soit occuper le cœur de la Perse et ses villes prestigieuses, soit achever la réduction des cités d'Asie Mineure et surtout anéantir ou désarmer la flotte perse qui reste encore dangereuse puisqu'il ne peut pas lui opposer de navires assez nombreux et assez puissants. Avec sagesse, même si sa forte imagination et le symbole du nœud gordien tranché ne lui font pas renoncer à devenir le premier empereur du monde, il choisit, dans un premier temps, la seconde option.

Alexandre part alors avec le gros de son armée pour la Syrie, tout en réorganisant administrativement les territoires conquis, les plaçant sous la férule de satrapes à sa solde. Parvenu à Marathos sur la côte de Phénicie, il reçoit un message de Darius qui paraît le traiter de haut : il lui reproche d'être passé en Asie à la tête d'une armée et d'avoir traité les Perses en ennemis, rompant avec une ancienne alliance signée entre les Perses et son père Philippe. Il ajoute qu'il a dû prendre les armes pour défendre son pays et l'honneur du trône, que la volonté des dieux avait décidé de l'issue du combat, mais qu'il redemandait sa mère, sa femme et ses enfants captifs et le priait de lui envoyer des députés avec une réponse. Alexandre trouvant les explications de Darius embarrassées et ses prétentions exorbitantes confie à son ami Thersippos une lettre peu amène destinée au roi des rois, et rédigée en ces termes :

Vos ancêtre entrèrent en Macédoine [...] et en Grèce et les ravagèrent ; ils n'avaient reçu de nous aucun outrage. Généralissime des Grecs, j'ai passé en Asie pour venger leur injure et la mienne. Mon père a péri sous le fer des meurtriers que vous avez soudoyés ; et, partout dans vos lettres, vous avez fait gloire de ce crime. Après avoir fait assassiner Arsès et Bagoas*, vous avez usurpé le trône contre toutes les lois de la Perse ; coupable envers les Perses, vous avez écrit ensuite des lettres vindicatives à la Grèce pour l'inciter à prendre les armes contre moi ; vous avez tenté de corrompre les Grecs avec de l'argent, ce qu'ils ont refusé à l'exception des Lacédémoniens ; et, cherchant à ébranler, par l'intermédiaire d'émissaires cauteleux, la foi de mes alliés et de mes amis, vous avez voulu rompre la paix dont la Grèce m'est redevable. C'est pour venger ces injures dont vous êtes l'auteur que j'en ai appelé aux armes. J'ai d'abord vaincu vos satrapes et vos généraux, ensuite votre armée et vous-même. La faveur des dieux m'a rendu maître de votre empire ; vos soldats, échappés du carnage et réunis auprès de moi, se louent de ma bienveillance ; ce n'est point la contrainte, mais leur volonté qui les retient sous mes étendards. Je suis le maître de l'Asie, venez me trouver à ce titre [...]. Venez, et je jure non seulement de vous rendre votre mère, votre femme et vos enfants mais encore de vous accorder tout ce que vous me demanderez. Du reste, lorsque vous m'adresserez vos lettres, souvenez-vous que vous écrivez au souverain d'Asie ; que vous n'êtes pas mon égal ; que l'empire est à moi. Autrement, je l'aurai par la force. Si vous en appelez au titre de roi à un autre combat, ne fuyez pas, je vous atteindrai partout[1].


Bref, Alexandre considère que Darius est un roi déchu, qu'il vient de lui succéder, et il exige sa soumission. On ne peut afficher plus clairement et plus franchement son ambition et, d'une certaine façon, son insolence.

Alexandre n'est pas un improvisateur, en dépit de la fougue de sa jeunesse. Il ne peut se lancer

* Deux concurrents au trône de Perse.

dans de nouvelles conquêtes, sans avoir pacifié auparavant les cités annexées de l'Asie Mineure. Il se montre tolérant envers elles, entend cependant qu'elles retournent à la démocratie, après l'intermède de l'occupation des Achéménides et l'ère des satrapes et des tyrans, même si parfois il autorise les gouverneurs à conserver le nom de satrapes. Quelques villes comme Éphèse ou des îles telle Chios se montrent récalcitrantes, mais Alexandre sait les faire rentrer dans le rang, sans les heurter et en usant de la diplomatie plus que de la coercition. La ligue de Corinthe devient une référence démocratique à laquelle les pays conquis sont incités à se rallier. Alexandre veille aussi à éteindre les vieilles querelles entre les cités. La souplesse de cette politique est bien accueillie et permet au roi de pacifier ses arrières avant d'entreprendre en profondeur la conquête de l'Asie. Il est moins sensible aux honneurs civils que lui décernent certaines villes qu'aux honneurs religieux qu'on lui accorde. Il aspire aux privilèges sacrés : voir son nom inscrit sur les temples, construire des sanctuaires à ses frais. Une façon de relever la religion des Grecs dans un pays soumis à celle des Perses pendant longtemps, mais aussi de montrer qu'il est désigné par les dieux pour une mission sacrée, celle de répandre l'hellénisme dans le monde : les honneurs divins auxquels il semble prétendre le rapprochent insensiblement d'une héroïsation de sa personne, propre à tous les conquérants de l'Antiquité, qu'ils soient grecs ou romains.

De même, il réorganise les finances de l'Asie Mineure, conservant bien des points de l'administration fiscale mise en place par les Perses, comme le paiement des tributs, mais pour le seul profit des caisses de la Macédoine, instituant des sortes d'intendants des finances de formation militaire, avec un grand argentier à leur tête et relevant de la personne du roi de Macédoine.

On peut s'étonner que, victorieux à Issos, Alexandre n'ait pas cherché à s'emparer de Suse, la capitale de l'Empire perse, ou, à tout le moins, de la personne du roi Darius. Mais le conquérant Alexandre est un stratège prudent qui, sachant la force de la flotte ennemie et la faiblesse de la sienne, préfère dans un premier temps protéger ses arrières et occuper tout le littoral méditerranéen encore aux mains des Perses. Il gagne donc la Phénicie et joue sur la désunion entre Sidon et Tyr. À la première il redonne sa constitution, mais la seconde résiste pendant plusieurs mois au point qu'Alexandre commence à éprouver des doutes sur son avenir. En effet, il a décidé d'entrer dans Tyr dont le temple est dédié à Héraklès qui, comme on sait, est aussi son ancêtre. Mais les Tyriens lui ont fermé les portes de la ville, comptant que Darius leur en serait reconnaissant, car il pourrait ainsi gagner du temps et reconstituer son armée. Tyr, qui est bâtie sur une colline, est difficile à prendre, et la cité attend le secours de ses alliés carthaginois. Alexandre est contraint de faire le siège de la ville. Furieux de cette résistance inattendue des Tyriens qui lui fait perdre un temps plus que précieux, il convoque ses généraux et son armée et leur tient le langage de la stratégie à laquelle, nous l'avons vu, il a déjà réfléchi :

Amis, camarades, leur dit-il, nous ne pouvons tenter sûrement une expédition en Égypte tant que la flotte ennemie tiendra la mer, ni poursuivre Darius, tant que nous ne serons pas assurés de Tyr et que les Perses seront maîtres de l'Égypte et de Chypre. Plusieurs considérations, mais entre autres, l'état de la Grèce, font craindre que l'ennemi, reprenant les villes maritimes, tandis que nous marcherions vers Babylone et contre Darius, ne transporte la guerre dans nos foyers avec une flotte formidable, au moment où les Lacédémoniens se montrent nos ennemis déclarés et où la fidélité des Athéniens est moins due à l'affection qu'à la crainte. En revanche, la prise de Tyr et de toute la Phénicie enlève aux Perses l'avantage de la marine phénicienne et nous en rend maîtres ; car il n'est pas à présumer que les Phéniciens, nous voyant dans leurs murs, tournent contre nous leurs forces maritimes pour défendre une cause étrangère. Chypre se joindra à nous ou peu de forces suffiront pour la conquérir. Notre flotte ainsi réunie à celle des Phéniciens, Chypre soumise, nous tenons l'empire de la mer, nous attaquons l'Égypte avec succès : vainqueurs de ces contrées, la Grèce et nos foyers ne nous laissent plus d'inquiétudes ; les Perses sont chassés de toutes les mers et repoussés au-delà des rives de l'Euphrate ; nous marchons vers Babylone avec plus de gloire et d'assurance[2].

Ce discours produit tout son effet. D'ailleurs un nouveau prodige semble commander le siège de Tyr. Cette nuit même, en effet, un songe transporte le prince au pied de ses remparts : il croit voir l'image d'Héraklès qui lui tend la main et lui ouvre les portes de la ville. Cette vision signifie, selon Aristandros, que l'on ne prendra Tyr qu'après de grands efforts :

Plusieurs Tyriens crurent pendant leur sommeil entendre Apollon leur dire qu'il s'en allait vers Alexandre, parce qu'il était mécontent de ce qui se faisait dans la ville. Les Tyriens traitèrent le dieu comme un traître pris sur le fait ; ils chargèrent de chaînes son colosse et ils le clouèrent sur sa base, en l'appelant Alexandriste. Alexandre eut, en dormant, une seconde vision : il lui semble voir apparaître un satyre qui jouait de loin avec lui et qui s'échappa lorsqu'il s'approcha pour s'en saisir. Vivement pressé et longtemps poursuivi par Alexandre, le satyre finit par se livrer entre ses mains. Les devins donnèrent à ce songe une interprétation qui n'eut pas trop d'incrédules : ils partagèrent en deux le mot satyre, et ils dirent à Alexandre que la ville serait « sa Tyr ».

Mais non sans mal. Car le siège paraissait d'abord très difficile. La ville formait elle-même une île entourée de hautes murailles. La puissance maritime des Tyriens se fondait sur la quantité de leurs vaisseaux et sur l'appui des Perses qui étaient maîtres de la mer[3].

Alexandre a compris, par ce songe, et parce qu'il connaît les lieux, que ce siège sera redoutable. Il fait preuve d'inventivité comme à son habitude et entreprend de construire une chaussée entre le rivage et l'île. Mais la tâche devient de plus en plus rude aux soldats du génie de l'armée macédonienne. En effet, les archers tirent sur ceux-ci tandis que les trières les harcèlent. Les tours installées sont la proie des flammes et les Tyriens commencent à prendre pied sur la chaussée. Alexandre comprend qu'il ne parviendra jamais à s'emparer de la ville sans l'aide de sa flotte. Il fait rassembler tous les navires des cités de la Phénicie qui se sont ralliées à lui, ceux de Byblos et ceux d'Arade, soit, selon Arrien, 80 bâtiments, sans compter les trières venues de Rhodes, de Soloi, de Mallos, de Lycée, et 120 navires des Chypriotes naguère du côté des Perses, mais qui viennent de se rallier à Alexandre. Cette flotte se lance trois fois à l'assaut de Tyr, trois fois elle est repoussée par les Tyriens qui ne manquent pas d'ingéniosité et de ruse et savent fort bien manœuvrer leurs vaisseaux.

Comme toujours lorsque Alexandre se trouve en difficulté, rêves et prodiges abondent pour le conseiller :

Le hasard voulut qu'un monstre marin, d'une grosseur extraordinaire, surmontant les vagues de son dos, vint appuyer sa masse gigantesque contre la chaussée qu'avaient construite les Macédoniens. Comme il battait les flots d'une grande partie de son corps ou se cachant dans la mer qui le couvrait tout entier, il alla se mettre au pied des remparts de la ville. La vue de ce monstre parut favorable aux deux partis : les Macédoniens prétendaient qu'il était venu leur marquer la ligne que devait suivre leur chaussée ; selon les Tyriens, Poséidon, vengeur de son élément envahi, avait entraîné le monstre au fond de l'eau, signe certain de la ruine prochaine des travaux ennemis. Heureux de ce présage, ils se livrèrent à la joie des festins, burent avec excès, et, encore accablés de leur ivresse, au lever du soleil ils montèrent sur leurs vaisseaux, ornés de guirlandes et de fleurs : réjouissances de leurs succès[4].

Mal leur en prend, car Alexandre parvient à couler la totalité de leur flotte grâce aux prouesses de ses trirèmes :

Après avoir accordé deux jours de repos aux soldats, il fit approcher sa flotte et ses machines pour presser de toutes parts l'ennemi épouvanté, lui-même monta sur une tour fort élevée avec un grand courage et un danger plus grand encore. En effet, remarqué entre tous par les marques de la royauté et par l'éclat de son armure, il était le principal et l'unique but de toutes les flèches et on le vit alors faire des choses dignes d'être offertes en spectacle au monde entier. Il perça de sa lance un grand nombre de ceux qui défendaient les murailles ; il en fit rouler d'autres du haut en bas en les frappant de près avec son épée ou avec son bouclier : car la tour d'où il combattait touchait presque les murs de la place[5].

Les machines des Macédoniens finissent par abattre les murailles. Les Tyriens cèdent du terrain. Comprenant que la partie est perdue, ils vont se réfugier dans les temples ou dans leurs maisons dont ils ferment les portes. D'autres se jettent, comme pour se suicider, dans la mêlée, et certains, montés sur les toits des maisons, lancent des pierres sur l'armée d'Alexandre. C'est un baroud d'honneur qui se termine dans un bain de sang. Cette fois-là, le chef macédonien ne manifeste aucune clémence :

Alexandre ordonna que l'on fît périr tous les habitants, sauf ceux qui s'étaient réfugiés dans les temples, et que l'on mît le feu aux maisons. Cet ordre fut publié par des hérauts, cependant aucun de ceux qui portaient des armes ne se résigna à demander le secours des dieux. Les enfants et les jeunes filles avaient rempli les temples ; les hommes se tenaient chacun à l'entrée de sa demeure, troupe réservée aux coups du vainqueur. Toutefois beaucoup d'entre eux furent sauvés par les Sidoniens intégrés à l'armée macédonienne [...]. Quinze mille hommes furent soustraits à la barbarie des vainqueurs ; et l'on peut juger de tout le sang répandu, en songeant que, seulement dans l'enceinte des remparts, six mille combattants furent massacrés. La colère du roi donna ensuite un triste spectacle à son armée victorieuse : deux mille hommes qu'avait épargnés la rage épuisée du soldat furent attachés à des croix et pendus au loin le long du rivage[6].

Pendant qu'il assiège Tyr, Alexandre, qui a le don d'ubiquité, continue à négocier avec Darius. Ce dernier, dans une missive, propose sa fille Statira en mariage à Alexandre :

Elle aurait pour dot tout le pays situé entre l'Hellespont et le fleuve Halys ; pour lui, Darius, il se contenterait désormais des contrées tournées vers l'orient. Que si par hasard le roi Alexandre hésitait à accepter ce qui lui était offert, il devait se souvenir que la fortune ne reste jamais longtemps au même point et que les hommes, quelque brillante que soit leur prospérité, sont toujours plus enviés qu'heureux. Darius craignait que, semblable aux oiseaux emportés vers les astres par leur légèreté naturelle, il ne s'abandonnât à un vain et puéril sentiment d'orgueil. Rien n'était plus difficile que de porter, en un si jeune âge, le poids d'une si grande fortune. Lui-même d'ailleurs avait encore des débris considérables de sa puissance : on ne pourrait pas toujours le surprendre dans les défilés*. Alexandre devrait passer l'Euphrate, le Tigre, l'Araxes et l'Hydaspe, ces grands boulevards de l'empire des Perses ; il lui faudrait paraître dans des plaines où il aurait à rougir du petit nombre de ses soldats. Et la Médie, et l'Hyrcanie, la Bactriane, les Indiens, voisins de l'océan, quand y pénétrerait-il ? Sans parler des Sogdiens, des Arachosiens et des autres peuples qui habitaient près du Caucase et du Tanaïs ; il s'épuiserait à parcourir, même sans combattre, une aussi grande étendue de pays[7] [...].

* Allusion à la bataille d'Issos.

Après sa proposition alléchante, Darius joue du chantage et de l'intimidation, ce qui est mal connaître le caractère d'Alexandre, insensible à de tels arguments. Sa réponse est on ne peut plus claire : « J'épouserai la fille de Darius, si c'est ma volonté sans attendre celle de son père. S'il veut éprouver ma générosité, qu'il vienne[8]. »

Darius est averti. Alexandre n'est prêt à aucune concession et la guerre entre les deux rois est inévitable. Pour bien montrer sa détermination, le roi de Macédoine entreprend la conquête de la Syrie, occupe Damas, passe devant Jérusalem qui, à cette époque, n'est pas une ville stratégique, mais fait le siège de Gaza en Palestine, commandée par l'eunuque noir, Batis, qui peut disposer de nombreuses troupes arabes à sa solde ainsi que de provisions pour résister à un long encerclement.

Gaza est une ville stratégique dont les auteurs grecs et latins ont tenu à souligner l'importance. Située au sommet d'une colline et défendue par de fortes murailles, elle commande l'entrée du désert et est la clef de l'Égypte du côté de la Phénicie. Pendant deux mois, en septembre et octobre 332, Gaza résiste aux assauts et aux attaques d'Alexandre et ses soldats font de furieuses sorties, repoussant les assaillants macédoniens. Même les machines de guerre d'Alexandre ne résistent pas. Il est vrai que ce dernier, couronne en tête, ouvre le sacrifice, selon les rites consacrés, mais « un oiseau de proie, volant au-dessus de l'autel, laisse tomber sur la tête du prince une pierre qu'il tenait dans ses serres. Il consulte Aristandros sur ce présage et le devin lui répond : "Vous prendrez la ville, mais gardez-vous de cette journée"[9] ». Celle-ci en effet sera néfaste au roi de Macédoine. Un trait lancé par une catapulte perce son bouclier et sa cuirasse et vient se ficher dans son épaule :

La flèche fut arrachée par Philippe, son médecin. Le sang jaillit en abondance ; tous en furent effrayés ; jamais ils n'avaient vu un trait pénétrer si avant à travers la cuirasse. Pour Alexandre, sans changer même de couleur, il ordonna que l'on arrêtât le sang et que l'on bandât la plaie. Longtemps, on le vit encore aux premiers rangs, soit qu'il dissimulât sa souffrance, soit qu'il la maîtrisât ; mais le sang, retenu d'abord par le pansement, recommença à couler avec plus d'abondance et la blessure, qui, dans les premiers moments, avait été indolore, s'enfla à mesure que le sang se refroidissait. Bientôt ses forces l'abandonnèrent, ses genoux se dérobèrent sous lui ; ceux qui l'entouraient le prirent dans leurs bras et le reportèrent au camp, pendant que Batis, qui le croyait mort, rentrait dans la ville, triomphant de sa victoire[10].

Mais il en faut davantage pour décourager Alexandre dont la résistance à la fatigue et à la douleur est exceptionnelle.

Plusieurs fois il se lance à l'assaut des murailles à la tête de ses troupes. Plusieurs fois il est repoussé. Et de nouveau, le voilà blessé par une pierre à la jambe. Les soldats de Gaza, épuisés par la furie incessante de la phalange macédonienne, finissent par se rendre et par livrer la ville. Batis qui a combattu jusqu'au bout est pris, vivant, et conduit devant Alexandre. Celui-ci, rendu furieux par la résistance de Gaza et par la bravoure de Batis, traite celui-ci avec rage :

« Tu ne mourras pas, Batis, lui dit-il, comme tu le voulais, mais tout ce qu'on peut inventer contre un captif, attends-toi à le souffrir. » Celui-ci, regardant le roi sans que son visage ne manifeste d'émotion, et même semblant le braver, ne répondit pas un seul mot à ces menaces. Alexandre s'écria alors : « Voyez-vous comme il est obstiné à se taire ? A-t-il fléchi le genou ? A-t-il prononcé une seule parole de soumission ? Je saurai bien pourtant vaincre ce silence et si je ne le lui fais pas rompre, ce sera du moins par des gémissements. » Sa colère s'était tournée en rage [...] : on le vit, alors que son ennemi respirait encore, lui faire traverser les talons par des courroies et, attaché à un char, le faire traîner par des chevaux autour de la ville. Il se glorifiait d'imiter ainsi, dans sa vengeance, Achille*, le premier jalon de sa race[11].

Gaza fut certes vidée de ses habitants, déportés ou réduits en esclavage, mais elle fut rapidement colonisée par des populations des environs et devait rester un passage commercial obligé sur la route des caravanes d'aromates. On raconte que ces dernières étaient entreposées dans la ville de Gaza en si grand nombre qu'Alexandre, ébloui comme s'il venait de découvrir un merveilleux trésor, envoya généreusement à quelques-uns de ses amis les plus chers la plus grande partie de ce butin très particulier. Mais il n'oublia pas non plus son gouverneur, Léonidas, et lui adressa cinq cents talents d'encens et cent talents de myrrhe, au nom d'un souvenir d'enfance partagé en com-

* Rappelons qu'Achille avait fait le tour de la ville de Troie en traînant derrière son char le corps d'Hector.

mun : « Un jour, comme Alexandre prenait de l'encens à pleines mains pour le jeter dans le feu d'un sacrifice, Léonidas lui avait dit : "Alexandre, quand tu auras conquis le pays des aromates, tu pourras être prodigue en encens. Pour le moment, il faut utiliser ce bien avec sagesse." "Je t'envoie, lui écrit donc Alexandre, une abondante provision d'encens et de myrrhe, afin que tu cesses de traiter mesquinement les dieux[12] [...]". »

Les biens matériels n'intéressent Alexandre que dans la mesure où ils renforcent son armée et sa popularité. Au fond, personnellement, il n'y est guère attaché. Pour preuve cette anecdote :

On lui avait apporté une cassette que les gardiens des trésors et des meubles enlevés à Darius jugèrent la plus précieuse chose qu'il y eût au monde : il demanda à ses amis ce qu'ils croyaient le plus digne d'y être renfermé. Chacun ayant proposé ce qu'il estimait le plus haut, il répliqua : « Et moi, j'y renfermerai l'*Iliade*[13]. »

Une fois Gaza défaite, Alexandre voit s'ouvrir devant lui les portes de l'Égypte qui l'a déjà rallié en lui envoyant à Issos un contingent d'auxiliaires. Il lui faut une semaine pour aller de Gaza à Péluse où il rejoint sa flotte qui remonte le Nil. Alexandre emprunte la voie du désert, soumet toutes les villes qu'il trouve sur son passage et parvient devant Héliopolis. Il traverse alors le fleuve et entre dans la capitale de l'Égypte pharaonique.

Pendant ce temps, ses lieutenants, chargés de réduire au Proche-Orient les dernières poches de résistance, volent de victoire en victoire. Ténédos se rallie à Alexandre, Chios également, ainsi que Lesbos et Mytilène. Tous les tyrans de la côte sont chassés, tués ou mis aux fers par les habitants des cités qui considèrent les Macédoniens comme des libérateurs. Alexandre fait établir une base navale en Crète afin de s'opposer aux Lacédémoniens si jamais ceux-ci tentaient une attaque. Dès lors, en quelque sorte « couvert » du côté de la mer, il peut se consacrer en toute tranquillité à cette terre riche et mythique, l'Égypte.

Alexandre se garde bien d'apparaître comme un conquérant uniquement obsédé par l'appât des richesses de ce pays. Il entend montrer, au contraire de l'occupation perse qui a laissé de très mauvais souvenirs, qu'il est respectueux des coutumes pharaoniques et des dieux ancestraux égyptiens. Il se rend à Memphis, capitale religieuse de l'Égypte, et cité où les pharaons ont l'habitude de se faire couronner. Il immole des victimes au temple de Ptah, en l'honneur du dieu Apis, et ne craint pas de monter sur le trône du couronnement ni de se couvrir la tête du fameux pschent, la double couronne symbolisant l'union entre la Basse et la Haute-Égypte. Constatant les destructions dont s'étaient rendus coupables les Perses, il fait reconstruire le sanctuaire de Thoutmès III à Karnak et celui d'Aménophis III à Louqsor.

Mais Alexandre entend bien prouver aussi qu'il se trouve en Égypte en qualité de Macédonien et plus généralement de rassembleur de toute la Grèce avec ses valeurs. C'est pourquoi il y fait célébrer des jeux gymniques, des concours de musique, et notamment de lyre, en faisant venir de Grèce les acteurs et les musiciens les plus célèbres.

Depuis Memphis il descend le Nil jusqu'à son embouchure où « il s'embarque avec les Hypaspistes, les archers, les Agriens et la cavalerie des Hétaires ; il passe à Canope, contourne les Palus Maréotides, et aborde au lieu même où il devait bâtir Alexandrie[14] ». Son rêve, en effet, est de construire une nouvelle métropole grecque « grande et populeuse » et qui portât son nom :

Déjà, sur l'avis des architectes, il en avait mesuré et tracé l'enceinte, lorsque la nuit, pendant qu'il dormait, il eut une vision merveilleuse. Il lui sembla voir un vieillard à cheveux blancs et d'une figure vénérable qui s'arrêta près de lui et qui prononça ces vers :

« Puis il est une île, dans la mer aux vagues tumultueuses,
Sur la côte d'Égypte : on la nomme Pharos[15]. »

Aussitôt il se lève, et il va voir Pharos qui n'était encore qu'une île en ces temps-là, un peu au-dessus de la bouche Canopique ; mais aujourd'hui elle tient au continent par une chaussée. Il fut frappé par l'admirable disposition des lieux ; car cette île est une bande de terre assez étroite, placée comme un isthme entre la mer et un étang considérable* et qui se termine par un grand port. « Homère, dit-il, ce poète merveilleux, est aussi le plus habile des architectes » ; et il ordonna qu'on traçât un plan de la nouvelle ville, conforme à la position du lieu. Comme on n'avait pas de craie sous la main, on prit de la farine et on traça sur le terrain, dont la couleur est noirâtre, une enceinte arrondie en forme de chla-

* Le lac Maréotis.

myde<sup>*</sup>, dont la surface était fermée à la base par deux lignes droites de longueur égale et qui en étaient comme les deux franges. Le roi considérait ce plan avec plaisir, lorsque tout à coup un nombre infini de grands oiseaux de toute espèce vinrent fondre, semblables à des nuées, sur le lieu où on avait dessiné l'enceinte et ne laissèrent pas trace de toute cette farine. Alexandre fut troublé par ce prodige ; mais les devins le rassurèrent, en lui disant que la ville qu'il bâtirait aurait en abondance toutes sortes de biens et qu'elle nourrirait un grand nombre d'habitants, venus de tous les pays du monde. Il ordonna donc aux architectes de se mettre sur-le-champ à l'œuvre[16].

Alexandre a compris que cette ville se trouvera à un carrefour commercial remarquable, capable de concurrencer à la fois Le Pirée, port d'Athènes, Rhodes ou même Syracuse en Sicile, et de remplacer la domination de Tyr, désormais anéantie. Mais comme Alexandre est un homme de goût et que, à l'instar des futurs rois hellénistiques, il est un souverain évergète, il est décidé à ce que la construction des monuments de cette nouvelle cité soit confiée à un architecte de renom, Dinocratès de Rhodes, aidé par des commissaires : « Des habitants des villes voisines, appelés à Alexandrie, remplirent d'une grande population les murs de la cité nouvelle. Celle-ci fut vite colonisée par des marchands de toutes nations, et par de nombreux Grecs qui y firent, comme jadis dans d'autres villes méditerranéennes, fonction de colonisateurs[17]. »

* Manteau militaire des Macédoniens.

# Alexandre et l'oracle d'Ammon

Alexandre ne peut se contenter de cette œuvre de conquérant et de bâtisseur. Sa culture universelle et religieuse le pousse à se rendre au cœur de l'Égypte en pèlerinage au temple d'Ammon. Comme il ne craint pas les difficultés, il souhaite rendre hommage à ce dieu non pas à Thèbes, mais dans un autre sanctuaire situé en plein désert, au cœur de l'oasis de Siwah. Ce voyage sacré, il entend d'autant plus l'accomplir qu'il sait que Persée et surtout Héraklès ont consulté l'oracle d'Ammon, et que le demi-dieu aux douze travaux avait reçu l'ordre de marcher en Libye contre Antée et en Égypte contre Busiris. Il s'avance donc le long des côtes jusqu'à Paraetonium, par une chaleur intense et sans trouver de points d'eau. Mais Alexandre a foi en sa bonne étoile et « son courage lui donnait dans toutes ses entreprises cette obstination invincible qui force non seulement les ennemis mais les lieux et les temps même[1] ».

Il est un autre danger que le sable lui-même, c'est le simoun. Arrien en fait mention : « Quand le vent du midi souffle dans ces contrées, il élève une si grande quantité de sable qu'il en couvre les chemins disparus. Alors ces plaines offrent l'aspect d'un océan immense ; ni arbres, ni hauteur pour se reconnaître ; rien n'indique la route qu'un voyageur doit emprunter, plus malheureux que le nocher dont les astres du moins dirigent la navigation[2]. » Quinte-Curce confirme : « Nul arbre, nulle trace de culture, l'eau même qu'ils avaient chargée dans des outres sur le dos de leurs chameaux commençait à leur manquer et il n'y en avait point à trouver sur ce sol aride et brûlant. Ajoutez à cela que les feux du soleil avaient tout embrasé : leurs bouches étaient sèches et brûlantes[3]. »

Le péril semble donc extrême pour Alexandre et les siens, mais les dieux viennent une fois encore à son secours. « Zeus fit d'abord tomber des pluies abondantes qui dissipèrent la crainte de la soif et qui, tempérant la sécheresse brûlante du sable que l'eau affaissa en y pénétrant, rendit l'air plus pur et plus facile à respirer[4]. »

Un autre danger les guette, celui de se perdre. En effet, sous l'effet du vent les bornes qui servent de repères aux guides et aux voyageurs ont disparu. Les soldats d'Alexandre errent de tous côtés, se séparent les uns des autres, s'éloignent, se dispersent. Mais une fois de plus les dieux protègent Alexandre, comme ils ont protégé si souvent les héros de l'*Iliade* : « Il parut tout à coup une troupe de corbeaux qui vinrent voleter en tête de l'armée en marche, la précédant quand elle s'avançait, et attendant lorsqu'elle s'arrêtait ou ralentissait. Et le comble du prodige, c'est que la nuit, à ce qu'en dit Callisthène, les corbeaux rappelaient par leurs cris ceux qui s'égaraient et qu'ils remettaient ainsi sur la bonne voie[5]. »

Enfin se découvre le temple d'Ammon. Alexandre et sa troupe sont étonnés de voir le sanctuaire, en plein désert et caché par des arbres aux frondaisons touffues :

Des sources nombreuses y répandent de côté et d'autre leurs eaux vives qui nourrissent la fraîcheur des bois. La température de l'air y est aussi admirable : c'est la douce tiédeur du printemps régnant dans toutes les parties de l'année avec une salubrité toujours égale. Les habitants de ce lieu sont voisins des Éthiopiens, du côté de l'orient ; vers le midi, ce sont les Arabes, appelés Troglodytes, dont le pays s'étend jusqu'à la mer Rouge. À leur limite occidentale se trouvent d'autres Éthiopiens qui portent le nom de Simues ; au nord les Nasamobiens, nation des Syrtes, qui sont des naufrageurs. Sans cesse ils assiègent la côte et vont au milieu des bas-fonds qui leur sont connus chercher les bâtiments que la mer y a laissés en se retirant. Les habitants du bois que l'on nomme Ammoniens vivent dans des cabanes dispersées ; le milieu du bois leur sert de citadelle, il est entouré d'une triple muraille. La première enceinte renfermait le palais de leurs anciens tyrans. Dans la seconde séjournent leurs femmes avec leurs enfants et leurs concubines. C'est aussi là que réside l'oracle du dieu : les derniers remparts étaient occupés par les gardes et les hommes de guerre. Il y a un autre bois d'Ammon : au milieu se trouve une fontaine que l'on appelle l'eau du soleil : le matin, elle coule tiède ; à midi, lorsque la chaleur a le plus de force, elle est froide ; à l'approche du soir, elle s'échauffe ; devient bouillante au milieu de la nuit et, à mesure que les ténèbres font place au jour, elle perd de sa chaleur nocturne jusqu'à ce que le matin elle retourne à sa tiédeur habituelle et quotidienne.

Tel est le lieu étrange et presque fantastique, oasis de tous les mystères, qu'abordent Alexandre et ses soldats. Le roi s'approche du temple et le plus âgé des prêtres vient à sa rencontre en le saluant du nom de fils, lui assurant que c'est ainsi que Zeus l'appelle. Alexandre accepte cette filiation et, après avoir avoué qu'il en oublierait presque sa condition humaine, pose plusieurs questions au prophète d'Ammon : « Il l'interroge sur l'empire qui lui est destiné et il demande si le dieu lui accorde le droit de régner sur tout l'univers. Le dieu lui répond par la bouche du prophète qu'il lui accorde ce pouvoir. Alors Alexandre fait à Zeus des offrandes magnifiques et aux prêtres de riches présents[7]. » Alexandre permet à ses amis de consulter à leur tour Ammon-Zeus. La seule question que ceux-ci lui posent c'est de savoir s'ils ont le droit de rendre à leur roi les honneurs divins. L'interprète sacré leur répond aussitôt que rien ne ferait plus plaisir à Zeus.

Dans une lettre à sa mère, Alexandre lui-même dit qu'il a reçu de l'oracle des réponses secrètes et qu'il les lui communiquera à elle seule, à son retour.

Pourquoi Alexandre a-t-il pris un si grand risque pour se rendre dans cette oasis perdue et pour entendre l'oracle d'Ammon ? Les historiens latins, grecs et contemporains en ont longuement discuté. Les uns soutiennent la thèse idéologique qui veut que le roi de Macédoine soit venu chercher dans le temple d'Ammon la confirmation de ses origines divines, héroïques et mythiques : c'est le cas de la plupart des auteurs antiques. Il sort de son entretien avec le dieu doté d'une légitimité suprême qui lui donne une sorte de puissance impériale et divine incontestée.

D'autres historiens prétendent que là où Cambyse, fils du roi des Perses, Cyrus le Grand, avait vu s'engloutir dans les sables son armée partie à la conquête de l'Égypte, Alexandre réussit à sauver la sienne et peut donc en tirer une gloire nouvelle.

Enfin, il ne faut point oublier la culture d'Alexandre qui retrouve dans cet oracle d'Ammon, qui en quelque sorte le sacralise, des parentés avec l'oracle de Dodone qui fait parler Zeus à travers le bruissement des feuilles de chêne, et celui de Delphes où Apollon s'exprime. Grand lecteur de littérature grecque, il n'ignore pas qu'il vient de mettre dans le temple d'Ammon ses pas dans ceux de Persée et d'Héraklès qui vinrent, eux aussi, consulter le dieu suprême. De même, il se souvient du poète Pindare qui chanta également l'oasis sacrée dans ses *Épinicies*, tout comme il sait que les Athéniens et les Spartiates sont venus consulter en ces lieux désertiques pour connaître leur destinée. Ce ne sera pas un hasard s'il fera frapper des monnaies où sur son front seront gravées les deux cornes d'Ammon, symbole à la fois de puissance et d'immortalité. Il montre ainsi qu'il est dépositaire de la pensée et de la civilisation grecques et qu'il se doit de les diffuser désormais dans le monde entier, justifiant par là même ses conquêtes orientales futures. Mais il a l'adresse de respecter les dieux égyptiens et il donne l'exemple à ses successeurs en Égypte et dans d'autres territoire de la tolérance, indispensable à la paix civile des pays occupés ou assimilés.

Une fois accomplie cette dévotion, le désignant comme un héros quasi divin ayant désormais en main le destin du monde, il revient par le désert vers le Nil puis vers Memphis. À ce moment survient un incident dramatique qui témoigne du sens de l'amitié qu'avait Alexandre, qui n'était sans doute pas étranger au fameux amour grec :

Comme le roi descendait le fleuve, Hector, fils de Parménion, jeune homme dans la plus belle fleur de l'âge et l'un de ceux que distinguait l'amitié d'Alexandre, était monté, désireux de le suivre, sur un petit bâtiment où l'on avait reçu plus de monde qu'il n'en pouvait contenir. La barque chavira et laissa au courant de l'eau tous les passagers. Hector lutta longtemps contre le fleuve et, quoique ses vêtements mouillés et ses pieds embarrassés dans des chaussures l'empêchassent de nager, il parvint cependant à gagner la rive à demi mort ; mais, épuisé, il ne put retrouver sa respiration, n'ayant nul secours autour de lui et tous ses compagnons s'étant dispersés, il expira. Le roi fut vivement affligé de sa perte ; et, quand on eut retrouvé le corps, il lui fit faire de magnifiques funérailles[8].

Retrouvant son énergie Alexandre installe sa cour à Memphis afin d'y recevoir l'hommage des députations envoyées vers lui par les principales cités grecques, notamment celle d'Athènes, de Rhodes et de Chios, ces dernières se plaignant des garnisons qui leur étaient imposées. Assuré de leur loyauté, il leur donne satisfaction. Il récompense les habitants de Mytilène de leur dévouement à sa cause et leur rend l'argent qu'ils ont dépensé pour le soutenir. Il paye largement les Chypriotes qui lui ont fourni une flotte, après avoir abandonné Darius, pour vaincre Tyr et il charge le commandant de sa flotte, Amphotéros, de purger la mer de tous les pirates qui l'infestaient depuis longtemps. Enfin, il réorganise son armée et « reçoit une recrue de quatre cents Grecs, soudoyés par Antipater, sous la conduite de Ménidas, et une cavalerie de cinq cents chevaux thraces, commandée par Asclépiodore[9] ». Pour donner le plus d'éclat possible à sa présence à Memphis, « il sacrifie à Zeus-Basileos, conduit la pompe avec toutes ses troupes sous les armes et fait célébrer des jeux dramatiques et gymniques. Il s'applique à remettre de l'ordre dans le gouvernement de l'Égypte en y plaçant des hommes compétents et fidèles, comme les deux satrapes égyptiens, Doloaspis et Pétisis, qui se partagent le pays[10] ».

Parmi ses Hétaires, qui forment sa garde de fantassins, compagnons les plus proches, il choisit Pantaléon de Pydne et Polémon de Pella, afin de diriger, pour le premier sa garnison de Memphis, et pour le second celle de Péluse. D'autres nominations interviennent qui assurent la cohésion de l'armée d'Alexandre, aussi bien sur terre que sur mer. Il finit par diviser « le gouvernement de l'Égypte, entre plusieurs, frappé de l'importance et des forces du pays qu'il croyait dangereux de mettre dans les mains d'un seul[11] ». Les Romains auront compris la leçon d'Alexandre, qui ne confieront jamais le proconsulat de l'Égypte à un sénateur mais à un chevalier, gradé de moindre importance et qui ne pourra jamais prétendre à manifester quelque ambition personnelle dans son gouvernement.

Quinte-Curce et Diodore de Sicile affirment que Darius cherche par deux fois à négocier avec Alexandre. Arrien n'en parle pas. Mais peut-être cette ultime tentative est-elle réelle, du moins les précisions données en particulier par Diodore de Sicile sont-elles suffisamment importantes pour qu'on y prête attention. Les voici :

Darius avait envoyé des ambassadeurs à Alexandre, par lesquels il lui avait offert toutes les provinces qui sont en deçà du fleuve Halys avec en outre deux mille talents d'or. Alexandre ayant refusé ces offres, Darius lui envoya une autre ambassade*, par laquelle il le remerciait avant toutes choses de la manière honnête et généreuse dont il avait traité sa mère et toutes ses autres captives. Après quoi, il le priait d'accepter pour gage de son amitié tout le pays qui s'étendait jusqu'à l'Euphrate, trois mille talents d'or et la seconde de ses filles qu'il lui offrait en mariage : ajoutant même que devenant ainsi son gendre et lui tenant lieu de fils, il entrerait dans le partage même de l'empire de Perse. Sur ces propositions,

* Il s'agit de la troisième ambassade.

Alexandre fit assembler tous ses amis et leur exposa fidèlement les offres qui lui étaient faites[12] [...].

Mais il finit par rejeter, malgré l'avis de Parménion qui leur était favorable, toutes les propositions de Darius, préférant la gloire aux richesses du monde :

Il répondit aux ambassadeurs que comme la constitution de l'univers serait dérangée par la présence de deux soleils, de même l'empire de la terre tomberait dans la confusion et le désordre sous la puissance égale de deux rois. Il chargea donc les ambassadeurs de Darius de dire à leur maître que s'il prétendait être le premier prince du monde, il aurait à combattre pour soutenir un si beau titre auquel lui-même Alexandre s'opposait. Mais que, si se souciant peu de ce qui concerne la gloire, il n'aspirait qu'au repos et aux douceurs d'une vie tranquille et agréable, il fallait qu'il se déclarât dépendant d'Alexandre et que commandant aux autres princes, il le reconnût lui-même pour sien[13].

C'était une dernière fin de non-recevoir où l'orgueil se mêlait à l'insolence. Il fallait que Darius une fois pour toute comprenne qu'Alexandre ne ferait jamais de concessions.

Au début du printemps 331, il quitte l'Égypte et fait jeter des ponts sur tous les bras du Nil afin d'y faire passer son armée rapidement avant de se diriger vers la Phénicie. À Tyr où il installe sa cour, il fait une étape de quelques semaines :

Il fit des sacrifices et des pompes solennelles en l'honneur des dieux. Il fit célébrer des chœurs de danses et des jeux où l'on disputa le prix de la tragédie et qui furent remarquables non seulement par la magnificence du spectacle, mais encore par l'émulation de ceux qui s'y distinguaient. C'étaient les rois de Chypre qui s'étaient chargés de ce soin, comme le font à Athènes les chorèges tirés au sort dans les tribus ; et il y eut une ardeur merveilleuse à se surpasser les uns les autres. Mais personne ne se piqua plus de magnificence que Nicocréon le Salaminien et Pasicratès de Soli* ; car c'est à eux qu'il échut d'équiper les deux acteurs le plus en renom : Pasicratès fit paraître sur la scène Athénodoros, Nicocréon, Thessale. Alexandre favorisait Thessale, mais il ne montra son intérêt pour lui qu'après qu'Athénodoros eut été proclamé vainqueur par les suffrages des juges : « J'approuve le jugement, dit-il alors, en sortant du théâtre, mais j'aurais donné avec plaisir une portion de mon royaume pour ne pas voir Thessale vaincu. » Athénodoros, ayant été condamné à l'amende par les Athéniens pour ne pas s'être trouvé aux fêtes de Dionysos, pria le roi d'écrire en sa faveur. Alexandre n'écrivit pas, mais il paya l'amende pour lui. Lycon le Scarphien** jouait sur le théâtre avec un succès extraordinaire : il inséra dans la comédie un vers, par lequel il demandait dix talents. Alexandre sourit et les lui donna[14].

Avant de reprendre la route qui doit le mener à une nouvelle confrontation avec Darius, Alexandre, comme il l'a fait pour l'Égypte, réorganise l'administration de la Phénicie. C'est ainsi que Harpalos est chargé de l'administration du trésor royal. Ménandre, l'un des Hétaires, est nommé satrape en Lydie et Cléarque lui succède au commandement des auxiliaires étrangers. Asclépiodore s'installe à Damas remplaçant, dans le gouvernement de Syrie, Arimnas qui a été destitué.

Une délégation athénienne, conduite par Diophante et Achille, monte à bord du vaisseau per-

* Une ville de Chypre également.
** De Scarphium : une ville de Locride sur le golfe Maliaque.

sonnel d'Alexandre où les députés des villes maritimes se sont réunis. Faisant preuve de générosité, le roi accède à leurs suppliques et rend aux Athéniens ceux de leurs concitoyens alliés de Darius et faits prisonniers à la bataille du Granique. Cette décision diplomatique est destinée à faire pièce aux Lacédémoniens qui tentent dans le Péloponnèse de reconstituer une ligue. Pour les contrer, Alexandre ordonne aux Phéniciens et aux Chypriotes d'équiper une flotte de cent voiles qu'Amphotère conduira devant les côtes du Péloponnèse pour y faire une démonstration de force.

On peut admirer la maîtrise d'Alexandre qui, en dépit de son très jeune âge, fait preuve d'une maturité stratégique remarquable. Il ne se lance jamais dans une aventure militaire sans y avoir réfléchi longuement auparavant, sans en avoir pesé tous les aléas, sans avoir prévu toutes les données politiques et militaires complexes qui s'imposent. Il ne fait jamais preuve d'une fougue téméraire et inconsidérée. Il ne laisse jamais rien au hasard, mais il se montre, en revanche, un calculateur qui examine toutes les données qui se présentent à lui. Il sait faire ses choix. Il a compris qu'il ne peut se permettre de quitter des régions non pacifiées qui risqueraient de le prendre à revers dès qu'il s'enfoncera au plus profond des territoires occupés par Darius. Son intelligence militaire est assurément nourrie de toute l'histoire de la Grèce dont il connaît parfaitement les faits, tout comme l'*Iliade* lui enseigne la tactique utilisée par les héros guerriers du livre d'Homère. En lui se conjuguent, au moment de la grande confrontation avec Darius, la réalité et le mythe, l'homme et le héros, le capitaine de guerre et l'être divinisé.

Darius, naturellement, connaît, par ses espions et ses transfuges, les intentions belliqueuses d'Alexandre et se prépare à faire la guerre :

Il ordonne que les secours des nations lointaines de son empire se rassemblent tous dans la province de Babylone. Les Bactriens, les Scythes et les peuples de l'Inde s'y rendent. Les troupes des autres contrées sont déjà venues se ranger sous ses ordres. Cependant, comme l'armée se trouvait presque deux fois plus nombreuse qu'elle ne l'avait été en Cilicie, les armes vinrent à manquer en grand nombre et l'on n'épargna pas les efforts pour leur en procurer. Les cavaliers et les chevaux étaient couverts de lames de fer qui se tenaient les unes aux autres ; à ceux qui, auparavant, n'avaient reçu que des javelots pour toute armure, on donna en plus des boucliers et des épées : on distribua aux fantassins des troupeaux de chevaux à dompter pour accroître la force de la cavalerie ; et ce qui, selon l'avis de Darius, devait frapper l'ennemi d'une extrême épouvante, deux cents chariots armés de faux, l'unique ressource de ces peuples, furent placés à la suite de l'armée. De l'extrémité du timon sortaient des piques garnies de fer : les deux côtés du joug étaient chacun armés de trois lames d'épée, et entre les raies des roues des pointes de dards se montraient en plus grand nombre ; enfin des faux, les unes attachées au haut du cercle des roues, les autres abaissées vers la terre, devaient couper tout ce que les chevaux, impétueusement lancés, rencontreraient sur leur passage[15].

Alexandre et le gros de ses troupes arrivent au bord de l'Euphrate. Mazaios, un ancien satrape de Cilicie, tient pour Darius les rives du fleuve avec une puissante cavalerie forte de trois mille chevaux dont deux mille montés par des mercenaires grecs. Pour impressionner l'ennemi, Parménion jette deux ponts de bateaux grâce aux pontonniers de son génie qui ont déjà fait preuve de leur compétence. Mazaios prend alors la fuite, ayant réussi son plan, c'est-à-dire attirer l'armée d'Alexandre là où Darius souhaitait lui livrer bataille. Mais c'est aussi l'intention du roi de Macédoine que d'affronter le souverain de Perse en ces lieux.

Alexandre traverse l'Euphrate et passe ainsi en Mésopotamie, « laissant ce fleuve à sa gauche et les montagnes d'Arménie, et se gardant bien de marcher sur Babylone par la route directe, mais choisissant celle qui, plus facile, fournissait abondamment des vivres, des fourrages et où la chaleur était plus tolérable. On rencontra quelques éclaireurs de l'armée de Darius qui s'étaient avancés trop avant, on les fit prisonniers : ils annoncèrent que Darius était campé sur les bords du Tigre dont il se préparait à défendre le passage avec une armée plus nombreuse que celle qui avait combattu en Cilicie[*16] ». Bien renseigné par les aveux recueillis auprès des prisonniers, Alexandre se dirige promptement vers le Tigre dont il atteint la rive droite. Stupeur ! Il ne trouve ni Darius ni aucun militaire perse pour l'arrêter ! Le roi de Perse a commis une erreur tactique énorme. Alexandre s'apprête donc à franchir le fleuve mais se heurte à deux difficultés, la profondeur du lit et la puissance du courant :

* C'est-à-dire à Issos.

Il détacha quelques cavaliers pour aller sonder le lit du fleuve. Les chevaux eurent d'abord de l'eau jusqu'au poitrail ; bientôt, quand ils furent au milieu du courant, elle leur monta jusqu'au cou. Il n'est dans les contrées de l'Orient aucun fleuve dont le cours soit aussi impétueux : outre les eaux d'un grand nombre de torrents, il roule encore avec lui des pierres ; et c'est de la rapidité avec laquelle il coule que lui est venu le nom de Tigre : car, dans la langue des Perses, Tigris veut dire une flèche. L'infanterie, divisée en deux ailes et couverte, des deux côtés, par la cavalerie, pénétra sans peine jusqu'au fond du lit du fleuve, en portant ses armes élevées au-dessus de la tête. Le roi, qui, le premier d'entre les fantassins, aborda sur l'autre rive, montrait de sa main le gué à ceux de ses soldats auxquels sa voix ne pouvait parvenir ; mais il leur était difficile d'assurer leurs pas, entraînés par la rapidité du courant. Les plus fatigués étaient ceux qui portaient les bagages sur leurs épaules : incapables de se conduire eux-mêmes, ces fardeaux embarrassants les entraînaient dans des tourbillons rapides ; et, pendant que chacun d'eux s'attachait à ressaisir ce qu'il avait perdu, ils étaient plus occupés de lutter entre eux que contre le fleuve : la plupart même furent heurtés par les amas de bagages qui flottaient çà et là. Le roi leur criait de se contenter de sauver leurs armes ; qu'il leur rendrait le reste ! Mais il n'y avait ni conseil ni commandement qui pût leur parvenir : la crainte leur fermait les oreilles, sans compter les clameurs dont, en perdant pied, ils s'étourdissaient les uns les autres. Enfin ils parvinrent à sortir du fleuve à l'endroit où le courant plus doux rendait le gué facile et l'on n'eut à regretter que la perte de quelques bagages[17].

L'armée d'Alexandre peut tranquillement camper sur la rive gauche du fleuve. C'est alors que se produit le 20 septembre 331 une éclipse totale de lune qui inquiète l'armée d'Alexandre, toujours prête à écouter les mauvais présages. Leur chef sait admirablement retourner la situation : il fait des sacrifices à la Lune, à la Terre et naturellement au Soleil, premier responsable de cette éclipse. Aristandros, une fois de plus consulté, s'écrie que cet augure est heureux, promet le succès des armes d'Alexandre, affirme qu'il convient d'engager sans plus tarder le combat et que la victoire serait assurée.

Fort de ce présage et ne souhaitant pas perdre de temps, Alexandre traverse l'Assyrie, avec à droite le Tigre et à gauche les montagnes des Gordiens. Le quatrième jour, plusieurs éclaireurs envoyés en avant-garde reviennent pour annoncer que dans la campagne s'est déployée une cavalerie ennemie dont il leur a été impossible de reconnaître le nombre. Alexandre, nullement inquiet mais prudent, dispose son armée en ordre de bataille. De nouveaux éclaireurs, envoyés au renseignement, arrivent à brides abattues et rapportent que ce qu'on a pris pour la cavalerie ennemie n'est qu'un détachement de mille cavaliers dirigé naturellement par Mazaios. Prenant avec lui l'Agéma, une compagnie d'Hétaires, et l'avant-garde légère des Péones, commandée par Ariston, Alexandre se porte à la rencontre des cavaliers perses en donnant ordre à l'armée de le suivre au petit pas. À l'approche d'Alexandre, la cavalerie ennemie se débande ; il se lance à leur poursuite, un grand nombre s'échappe. Plusieurs tombent de leurs chevaux affolés et sont tués. Ariston blesse Satropatès, le commandant des escadrons perses, à la gorge d'un coup de lance. Il le poursuit au milieu des rangs ennemis, le renverse de son cheval, et, comme il lui résiste, lui coupe la tête, revenant, couvert de gloire, la déposer aux pieds d'Alexandre.

Des prisonniers perses sont interrogés et affirment que Darius n'est pas loin et avance à la tête d'une puissante armée :

On compte parmi celle-ci des Indiens auxiliaires, peuples voisins de la Bactriane ; ceux mêmes de la Bactriane et de la Sogdiane, conduits par le satrape Bessos ; et les Saques, famille des Scythes d'Asie, indépendants mais alliés de Darius, tous archers à cheval sous le commandement de Mabacès. Barsaentès, satrape d'Arachosie, amenait avec eux les Indiens montagnards. Satibarzane commandait les Ariens ; Phrataphernès, la cavalerie des Parthes, des Hyrcaniens et des Topyriens ; Atropatès, les Mèdes joints aux Cadusiens, aux Albaniens et aux Sacénisiens. Les habitants des bords de la mer Rouge étaient conduits par Orimobates, Ariobarzane et Orxinès ; les Susiens et les Uxiens par Oxatre ; les Babyloniens, les Sitaciniens et les Cariens par Bupare ; les Arméniens par Oronte et Mithraustès ; les Cappadociens par Ariacès ; ceux de la Coélé-Syrie et de la Mésopotamie par Mazaios[18].

Une énorme armée, mais qui n'atteint certainement pas le chiffre monstrueux d'un million d'hommes, comme l'affirme Arrien, voulant ainsi grandir sans doute la témérité déterminée d'Alexandre le Grand, mais qui doit être imposante, même si elle a la faiblesse d'être fort composite, donc de manquer de cohérence. C'est moins une armée qu'une innombrable cohue, comme l'a décrite l'historien Gustave Glotz. Certes, il y a les fameux chars avec leurs faux, mais aussi quelques éléphants, une quinzaine sans doute. Darius a ordonné qu'on ravage et incendie le pays que devait traverser Alexandre. Mais cette politique de la terre brûlée ne gênera guère le Macédonien. Darius passe par le bourg d'Arbèles où il laisse une partie de ses provisions et de ses bagages, jette un pont sur la rivière de Lycos, et fait traverser son armée. Il avance encore et campe sur les bords d'une autre rivière, Boumélos :

Le pays était fait pour qu'une armée pût s'y déployer : c'était une plaine vaste et bonne à la cavalerie ; pas un arbrisseau, pas un buisson n'y poussent. L'horizon y est vaste et rien ne cache à la vue même des objets très éloignés. Darius voulut encore que l'on rasât les moindres hauteurs qui pourraient s'y rencontrer et que la surface en fût nivelée dans toute son étendue « afin que rien ne puisse empêcher la manœuvre de ses chars ou de sa cavalerie ». Cette vaste plaine est connue dans l'histoire sous le nom de Gaugamèles.

Instruit de la tactique de Darius, Alexandre fait mettre sa troupe au repos pendant quatre jours dans un camp fortifié, pour y laisser les malades, les blessés ainsi que les prisonniers. Parmi ceux-ci figurent toujours les membres de la famille de Darius, dont son épouse. Pendant un de ses déplacements pour aller repérer les lieux, en se cachant, de la future bataille, Alexandre voit venir à lui les serviteurs eunuques de l'épouse de Darius qui lui déclarent que celle-ci agonise et respire à peine. Accablée par la fatigue d'une marche continuelle et le poids de ses chagrins, elle était tombée puis s'était éteinte entre les bras de sa belle-mère et des jeunes princesses, ses filles : c'est ce qu'un autre messager vint dire au roi Alexandre. Celui-ci, comme si on lui eût annoncé la mort de sa propre mère, poussa de douloureux gémissements ; et, versant des larmes telles que les eût versées Darius lui-même, il se transporta dans la tente où était la mère de Darius auprès de l'épouse du Grand Roi. Là, il sentit la douleur se renouveler en voyant la malheureuse reine gisante sur la terre : ramenée par cette dernière infortune au souvenir de ses infortunes passées, elle tenait appuyées contre son sein les jeunes princesses bien faites pour la consoler d'une douleur qui leur était commune [...]. Devant elle se tenait son petit-fils, jeune enfant, d'autant plus à plaindre qu'il ne sentait pas encore le malheur dont il aurait dû être le plus accablé. On eût dit qu'Alexandre pleurait au milieu de ses parents et qu'au lieu de donner des consolations, il en cherchait ; du moins il s'abstint de toute nourriture et fit rendre au corps de la reine tous les honneurs qui lui étaient dus selon la coutume des Perses [...][19].

Un des eunuques de la reine profite du trouble et de la douleur suscités par cette mort pour s'enfuir et gagner le camp de Darius auprès duquel il est conduit, le visage baigné de larmes et les vêtements déchirés. Il annonce à Darius la mort de son épouse : « On entendit alors dans tout le camp, non seulement des gémissements, mais des cris lamentables : Darius ne douta pas qu'on ne l'eût assassinée parce qu'elle n'avait pas voulu consentir à son déshonneur[20]. »

Mais l'eunuque lui fait comprendre que la reine n'a été victime d'aucun attentat à sa pudeur et que même Alexandre a pleuré sa mort et versé d'aussi abondantes larmes qu'en verse le roi Darius lui-même. Pour être sûr que l'eunuque ne lui ment pas, il le fait mettre à la torture, mais le serviteur ne fait que confirmer ses propos et Darius finit par le croire.

Quinte-Curce, qui, comme tous les historiens, entend montrer une fois de plus la sensibilité d'Alexandre et sa grandeur d'âme pour l'édification des peuples et de ses lecteurs, prétend que Darius en est si touché qu'il se serait écrié : « Ô dieux de mon pays, affermissez avant tout mon empire ; mais si déjà mon arrêt est prononcé, faites, je vous en supplie, que l'Asie n'ait pas d'autre roi que cet ennemi si juste, ce vainqueur si généreux[21]. »

La scène est bien trop édifiante pour être vraiment crédible, mais elle mérite d'être notée comme un de ces faits qui peu à peu va transformer le personnage d'Alexandre en un héros quasi légendaire, et doté de toutes les plus belles qualités que puisse revendiquer un roi.

# La bataille de Gaugamèles

Pendant ce temps, l'armée d'Alexandre se met en marche pour engager l'action au lever du jour. Darius, averti, se prépare au combat. Alexandre, et son armée qui va bientôt entrer en contact avec l'ennemi perse, fait une halte et réunit son état-major. Une alternative se présente à lui : ou bien faire donner sans tarder la phalange ou bien, selon le conseil de Parménion, camper et attendre le moment favorable. C'est à cette seconde solution que se rallie Alexandre, après bien des discussions avec ses officiers qui, en majorité, préfèrent la première :

Alexandre, prenant avec lui les troupes légères et la cavalerie des Hétaires, fait le tour des lieux qui devaient être le théâtre du combat. De retour, il rassemble son état-major auquel il s'adresse :

« Braves guerriers, leur dit-il, je n'enflammerai point votre courage par des discours, vos propres exploits parlent d'eux-mêmes. Allez, dites seulement aux soldats qu'il ne s'agit plus ici de la conquête de la Coélé-Syrie, de la Phénicie ou de l'Égypte, mais de l'empire d'Asie à qui cette journée doit donner un maître. Ce peu de mots suffit à des héros éprou-

Il ordonne à ses troupes de bien se nourrir et de
bien dormir, n'écoute pas Parménion qui lui conseille de profiter de la nuit pour attaquer les Perses. Il est trop fier pour se livrer à ce genre de tactique de la surprise sournoise et le dit bien haut :
« Il serait honteux de dérober la victoire ; c'est
ouvertement et non par un détour que je veux
triompher[2]. » En effet, non seulement dans la nuit
les Macédoniens pouvaient fort bien, faute de se
reconnaître, s'entre-tuer, mais encore Darius,
vaincu en ces circonstances, ne serait pas humilié
au grand jour.

Darius profite des quelques heures de répit qui
lui restent pour mettre ses troupes en ordre de bataille, avec sa cavalerie qui forme l'aile gauche de
l'armée ainsi que des corps mixtes de cavaliers et
d'archers. Devant eux, les cavaliers scythes et les
chars à faux. Au centre, sous le commandement
de Darius, la garde à cheval et la garde à pied
avec des chars et les éléphants ainsi que tous les
mercenaires et les auxiliaires que le roi perse a pu
soudoyer. À droite, une infanterie composée de
différents représentants des nations d'Asie et en
avant des cavaliers et des chars. « En bref, comme
l'écrit Glotz, des divisions alternées de fantassins,

de cavaliers et de charriers, flanquées aux deux extrémités d'une masse de cavalerie légère[3]. »

Alexandre, de son côté, dispose d'une armée de moindre importance, tant en fantassins qu'en cavaliers. Aussi son ordonnancement est-il capital. À droite, se trouve la partie la plus offensive de son armée avec les Hétaires à cheval, c'est-à-dire un escadron de cavalerie de soixante-quatre chevaux que Philotas dirige en personne. Au centre les Hypaspistes, garde à pied, porteurs de boucliers, cinq unités, les Taxis, de la phalange, ainsi que des éléments de la cavalerie, commandés, entre autres, par Parménion. Il renforce sa droite des archers et des mercenaires et sur son aile gauche des cavaliers d'autres nations, comme les Thraces. Il consolide tout ce dispositif par des prodomoï, des éclaireurs à cheval, une cavalerie de mercenaires, des archers et des javelotiers. Ce dispositif est d'autant plus ingénieux qu'Alexandre, inférieur en nombre, comme on l'a dit, a dû faire preuve d'imagination pour compenser cette faiblesse, comme cette armée de seconde ligne très mobile qui est chargée, dans le cas où les ailes seraient contournées par l'ennemi, de faire demi-tour, de manière à ce que l'armée puisse présenter une sorte de carré fermé de toute part.

Au petit jour, Alexandre harangue ses troupes :

Après avoir parcouru tant de pays dans l'espérance de la victoire pour laquelle ils allaient combattre, il ne leur restait plus, disait-il, que ce hasard à courir. Il leur rappelait et les bords du Granique et les montagnes de la Cilicie, et la Syrie et l'Égypte conquises sur leur passage, gages précieux d'espérance et de gloire. Si les Perses allaient livrer bataille, c'est qu'ils ne pouvaient plus fuir : depuis trois jours, pâles de crainte et ployant sous le fardeau de leurs armes, ils demeuraient immobiles : la plus sûre preuve de leur désespoir était qu'ils brûlaient les villes et les campagnes ; ils avouaient par là que tout ce qu'ils détruisaient n'était pas en possession de l'ennemi. Qu'ils se gardassent seulement de craindre ces vains noms de nations inconnues ! De quelle importance était-il pour le succès de la guerre que ces Barbares s'appelassent Scythes ou Cadusiens ? S'ils n'étaient point connus, c'est qu'ils ne méritaient pas de l'être ; jamais le courage ne restait ignoré. Des lâches arrachés de leurs retraites pouvaient-ils apporter au combat autre chose que leurs noms ? Les Macédoniens, au contraire, avaient gagné par leur bravoure que des guerriers comme eux ne fussent ignorés en aucun coin de l'univers. Qu'ils jetassent les yeux sur cette multitude sans ordre : l'un ne portait avec lui qu'un javelot, l'autre une fronde pour lancer des pierres ; un très petit nombre avait une armure complète. Ainsi, d'un côté, il y avait plus d'hommes, de l'autre, plus de soldats. Il ne leur demandait pas de se battre vaillamment, si lui-même ne leur donnait l'exemple de la vaillance ; ils le verraient combattre en tête des premiers rangs : ses cicatrices, qui étaient pour son corps autant d'ornements, en répondaient pour lui. Ils savaient d'ailleurs que presque seul il s'exceptait du partage commun du butin ; c'était à enrichir et à parer ses soldats qu'il consacrait les fruits de la victoire. C'était là ce qu'il avait à dire à des gens de cœur ; que s'il s'en trouvait parmi eux qui ne fussent pas de ce nombre, voici comment il leur parlerait : ils étaient arrivés au point qu'il ne leur était plus possible de fuir. Après avoir parcouru de si vastes espaces de terre et laissé derrière eux tant de fleuves, tant de montagnes, il n'y avait plus pour eux de retour dans leur patrie et au sein de leurs pénates que le fer à la main[4].

Ce discours, quelle que soit sa part d'invention ou de reconstitution, est intéressant par l'idéologie impérialiste qu'il révèle chez Alexandre, par la manière dont le roi de Macédoine entend entraîner ses hommes, en les rendant en quelque sorte complices, par l'ambition qui est la sienne et dont il souhaite qu'elle devienne la leur, en leur faisant miroiter l'appât du gain. C'est vraiment un discours de chef à son armée, mais aussi un discours de rupture : Alexandre ne cherche plus à demeurer un simple roi décider à abattre un ennemi héréditaire, mais à devenir le maître d'un monde qui sera colonisé par la Grèce. C'est la première ébauche d'une civilisation hellénistique.

De son côté, Darius s'adresse également à son armée sur le point de combattre. Il lui tient lui aussi un discours révélateur, plus inquiet, car malgré la puissance de ses armes, il n'ignore pas que devant Alexandre et ses troupes, il doit faire face à un conquérant, et non plus seulement à un roi décidé à mettre fin à la dynastie des Achéménides, et à détruire les structures de la Perse. Discours pathétique que prononce Darius, monté sur son char de commandement et du haut duquel son regard s'étend sans cesse de droite à gauche ainsi que ses mains vers les bataillons qui l'entourent. Il sait qu'une bataille suprême va s'engager. Et il fait appel au passé prestigieux des Perses pour susciter chez ses armées un sursaut salutaire d'orgueil et d'esprit combatif. Les Perses sont acculés. Il le sait. Cette bataille est celle de la dernière chance :

Maîtres naguère des contrées que baigne d'un côté l'Océan et l'Hellespont borne de l'autre, ce n'est déjà plus pour la gloire que vous avez à combattre mais pour votre existence et pour un bien qui vous est plus cher encore, la liberté. Ce jour va affermir ou renverser le plus grand empire qu'ait jamais vu aucun âge. Sur les bords du Granique nous n'avons opposé à l'ennemi que la moindre partie de nos forces. Vaincus en Cilicie, la Syrie nous offrait une retraite : les grands boulevards de cet empire, le Tigre et l'Euphrate, restaient en notre possession. Aujourd'hui les choses en sont à ce point que, si nous sommes repoussés, la fuite même ne nous est plus permise : derrière nous, une guerre si longue a tout épuisé : les villes n'ont plus d'habitants, les campagnes plus de laboureurs. Nos femmes aussi et nos enfants suivent cette armée, proie réservée à l'ennemi, si nous ne couvrons de nos corps ces gages de tendresse.

Pour ma part, vous le voyez, j'ai rassemblé une armée telle, que cette plaine immense a peine à la contenir. J'ai fourni des armes et des chevaux, j'ai pourvu à ce que les vivres ne manquassent pas à une si grande multitude, enfin j'ai choisi un terrain où mon armée pût se déployer. Le reste dépend de vous : osez seulement vaincre et méprisez le renom de votre ennemi, la plus faible de toutes les armes contre des gens de cœur. Ce que vous avez craint jusqu'ici comme du courage n'est que de la témérité : le premier feu jeté, vous ne trouverez plus que de la faiblesse, comme chez certains animaux dès qu'ils ont lancé leur dard. Il fallait ces vastes plaines pour mettre en évidence leur petit nombre que les montagnes de Cilicie nous avaient dérobé. Vous voyez comme leurs rangs sont clairsemés, leurs ailes étendues, leur centre faible et dégarni : les derniers rangs, le dos tourné, semblent déjà prêts à fuir[*].

En vérité, poursuit Darius, ce serait assez du pied de nos chevaux pour les écraser, alors même que je ne lancerais contre eux que mes chars armés de faux. Et, songez-y bien, victorieux en ce combat, nous sortons victorieux de toute la guerre. Nulle part, en effet, le chemin ne leur est livré pour

---

[*] C'est là la tactique géniale d'Alexandre que nous avons évoquée un peu plus haut, celle d'un bataillon qui certes prendra du large par rapport au champ de bataille, mais pour mieux revenir afin de rendre carrée et impénétrable l'armée macédonienne.

fuir : l'Euphrate d'un côté, le Tigre de l'autre, leur ferment le passage. Tout ce qui auparavant était pour eux leur est désormais contraire. Notre armée est légère et facile à mouvoir ; la leur, surchargée de butin. Nous les égorgerons au milieu de nos dépouilles qui les embarrassent et qui seront à la fois pour la cause et le prix de la victoire. Que s'il en est parmi vous qui s'effrayent du nom de cette nation, qu'ils songent bien que nous avons devant nous les armes des Macédoniens, non les Macédoniens eux-mêmes. Des flots de sang n'ont-ils pas coulé de part et d'autre ? Car enfin, cet Alexandre, quelque grand qu'il puisse paraître à des âmes timides et lâches, ce n'est qu'un homme et, si vous m'en croyez, un homme téméraire et insensé, plus heureux jusqu'ici de notre peur que de sa vaillance. Mais rien ne peut durer sans avoir pour fondement la raison ; et si le bonheur semble d'abord sourire à la témérité, il ne l'accompagne pas jusqu'au bout. Les choses humaines d'ailleurs, dans leur rapide cours, sont sujettes à mille changements et jamais la fortune n'accorde franchement ses faveurs. Peut-être était-ce la volonté des dieux que l'empire des Perses, élevé par leurs mains au faîte de la puissance à travers deux cent trente années de prospérité, fût ébranlé plutôt qu'abattu par une violente secousse et que nous fussions ainsi avertis de la fragilité humaine, trop facilement oubliée au sein du bonheur.

Naguère c'était nous qui allions porter nos armes en Grèce. Aujourd'hui la guerre est apportée chez nous et nous la repoussons : ainsi tour à tour Grecs et Perses, nous sommes ballottés par les jeux de la fortune. Apparemment l'empire que nous nous disputons est trop grand pour être le partage d'une seule nation. Au reste, quand l'espérance ne nous soutiendrait pas, la nécessité devrait aiguillonner nos courages. Nous voilà aux dernières extrémités. Ma mère, mes deux filles, Ochus, ce jeune prince né pour hériter de l'empire, tous ces rejetons de la race royale, tous ces chefs qui sont autant de rois, l'ennemi les tient dans les fers : sauf l'espoir que j'ai encore en vous, je suis captif dans la meilleure partie de moi-même.

Arrachez de l'esclavage le plus pur de mon sang, rendez-moi ces êtres chéris pour lesquels je ne refuse pas de mourir, ma mère et mes enfants : car, mon épouse, je l'ai perdue dans cette prison. Voyez-les tous tendre vers vous leurs mains, implorer les dieux de vos pères, réclamer votre secours, votre compassion, votre fidélité pour que vous les délivriez de la servitude, des entraves d'une existence précaire. Pensez-vous qu'ils se voient volontiers les esclaves de ceux dont ils dédaignent d'être les rois ? Voici que l'armée ennemie s'avance. Mais plus j'approche du moment décisif, moins je puis être satisfait de ce que je vous ai dit. Par tous les dieux de notre patrie, par le feu éternel que l'on porte devant nous sur des autels, par l'éclat du soleil qui se lève au sein des nos États, par la mémoire immortelle de Cyrus qui, le premier, déposséda les Mèdes et les Lydiens de l'empire pour le donner à la Perse, sauvez notre nom, sauvez notre nation du dernier opprobre ! Marchez plein d'ardeur et de confiance, afin de transmettre à vos descendants la gloire que vous avez reçue de vos ancêtres. Votre liberté, toutes vos ressources, tout l'espoir de votre avenir sont aujourd'hui dans vos mains. On évite la mort en sachant la mépriser : le plus timide est toujours celui qu'elle atteint. Moi-même, ce n'est pas seulement pour obéir à la coutume de nos pères, c'est aussi pour qu'on puisse m'apercevoir, que je suis monté sur ce char : et je consens à ce que vous m'imitiez, que je vous donne l'exemple du courage ou celui de la lâcheté[5].

Ce discours appelle deux commentaires. Darius fait appel à la fibre sensible de ses soldats en évoquant sa famille prisonnière d'Alexandre, c'est un bon argument. En revanche, il commet la faute énorme chez un commandant en chef d'une armée de sous-estimer l'adversaire et, par conséquent, de donner à croire à ses soldats que celui-ci sera facilement vaincu. C'est un très mauvais argument.

La bataille a été décrite sobrement par Arrien et longuement par Quinte-Curce tandis que Diodore de Sicile en rédige un récit quelque peu confus. Il est vrai qu'une fois les armées ennemies en présence, la bataille fait aussitôt rage. La préoccupation d'Alexandre est d'éviter le plus possible les fameux chars à faux de Darius qui constituent un danger effrayant pour ses fantassins. Alexandre effectue alors une manœuvre et lance ses premières lignes sur la droite qui sont armées de piques afin de s'opposer aux conducteurs des chars. Les Perses suivent ce mouvement par leur aile gauche. Pour empêcher cette ruse d'Alexandre qui rendrait caducs ses chars en raison d'un terrain encore mouvementé, Darius lance sa cavalerie scythe et les Bactriens. Une partie de l'armée macédonienne se porte contre eux, perd beaucoup d'hommes, mais réussit à faire plier l'ennemi. C'est alors qu'interviennent les redoutables chars contre les premiers rangs de l'armée d'Alexandre qu'ils bousculent, mais ils sont vite repoussés par la phalange qui ouvre les rangs pour les laisser s'engouffrer, puis se referme sur eux, tel un mur :

De leurs piques étroitement serrées, ils perçaient, des deux côtés, les flancs des chevaux qui, totalement prisonniers, se lancent dans une lutte désordonnée. Bientôt ils investirent les chars et en firent tomber les conducteurs. Les chevaux et les conducteurs, confondus en un même carnage, encombraient le champ de bataille ; les hommes ne pouvaient plus conduire leurs coursiers effarouchés : ceux-ci, à force de secouer la tête, non seulement s'étaient séparés du joug, mais avaient même renversé les chariots ; blessés, ils ne traînaient plus que des morts. Il y eut pourtant quelques chars qui pénétrèrent jusqu'aux derniers rangs ; et ceux qu'ils trouvèrent sur leur passage périrent misérablement : la terre était jonchée de leurs membres coupés[6].

Derrière les chars suit le gros de l'infanterie de Darius. Une mêlée véritablement indescriptible s'ensuit. Tandis que les deux rois se rapprochent l'un de l'autre, les troupes macédoniennes et leurs alliés laissés à l'arrière doivent combattre les Perses. Leurs rangs étant très clairsemés, ils commencent à plier. Obsédés par l'idée de s'emparer du camp d'Alexandre, de piller les équipages et les provisions et de délivrer les prisonniers, les cavaliers perses ne profitent pas de cette situation qui aurait assuré la victoire de Darius. La phalange, en revanche, utilise ce moment de long répit pour se reformer et se lancer, aidée par la cavalerie de Simmias, contre les cavaliers ennemis qui doivent battre en retraite.

Pendant ce temps, Alexandre et Darius poursuivent la bataille à la tête de leurs gardes rapprochées, « chacun ambitionnant la gloire de tuer le monarque ennemi. Au reste, soit illusion, soit réalité, ceux qui entouraient Alexandre pour le protéger crurent voir un aigle planer d'un vol paisible un peu au-dessus de sa tête, sans s'effrayer du bruit des armes ni des gémissements des mourants [...]. Ce qu'il y a de certain, c'est que le devin Aristandros, vêtu de blanc et portant à sa main une branche de laurier, montra aux soldats, au plus fort de la bataille, un oiseau, présage infaillible de la victoire[7] ».

Dans les rangs d'Alexandre la joie explose, et d'autant plus que le conducteur des chevaux du char de Darius vient d'être tué d'un coup de javelot qui, dit-on, a été lancé par Alexandre en personne. On croit même un moment que le roi des Perses a subi le même sort ! Mais Darius, comme à Issos, finit par prendre la fuite au milieu du massacre des siens, et disparaît dans la poussière soulevée par son char et ceux de ses fidèles. Cependant, la bataille est loin d'être achevée. Parménion, mis en difficulté par l'aile droite de l'armée perse qui ignore que Darius a pris la fuite, supplie Alexandre de lui porter secours. Celui-ci arrête de poursuivre le roi, comme il avait commencé à le faire : « Revenant à la tête des Hétaires, il se lance contre l'aile droite des Barbares, mais tombe sur une partie de la cavalerie ennemie qui fuyait, composée des Parthes, des Indiens et des Perses les plus braves : le choc est des plus terribles ; car les Barbares, se retirant en ordre de marche et en masse, tombent sur Alexandre non plus à coups de javelots ou en développant leurs manœuvres accoutumées, mais en le pressant de front et de tout le poids de leur choc, combattant en désespérés, comme des gens qui ne disputent plus la victoire, mais leur propre vie[8]. » Certes, des Hétaires périssent parmi les chefs, d'autres sont blessés, mais Alexandre reste victorieux et maître du terrain le 1ᵉʳ octobre 331.

La cavalerie perse de Mazaios est la dernière à prendre la fuite. Elle passe le Tigre, puis, suivie des débris de l'armée vaincue, entre dans Babylone.

Darius, pendant ce temps, a passé le fleuve Lycos, mais n'a pas coupé le pont, selon son intention première, afin de permettre aux débris de son armée de passer le cours d'eau. Il arrive vers le milieu de la nuit à Arbèles. Alexandre le suit de peu. Il est parti à sa poursuite avec son armée et sa cavalerie qui se jettent sur les fuyards épuisés et en tuent un grand nombre. Alexandre ne s'arrête qu'à la nuit, suivi par Parménion qui continue avec ses contingents à sabrer les Perses. Il franchit à son tour le Lycos, et campe pour rafraîchir ses chevaux et faire reposer ses hommes, tandis que Parménion s'empare du camp des Barbares, de tout le bagage, des éléphants et des chameaux.

« Alexandre, ayant laissé reposer sa troupe, part vers le milieu de la nuit pour Arbèles où il espère surprendre Darius et tous ses trésors. Il y arrive le lendemain, après avoir poursuivi les fuyards l'espace de six cents stades[*]. » Darius avait traversé Arbèles sans s'y arrêter, mais il y avait laissé ses trésors, son char et ses armes dont Alexandre s'empara.

Darius a fui vers les montagnes d'Arménie, avec les Bactriens, des Perses alliés de sa famille et quelques Mélophores, ainsi que des mercenaires étrangers. Il entendait se réfugier chez les Mèdes, espérant qu'Alexandre prendrait la route de Suse et de Babylone parce qu'il y trouverait des vivres et plus de facilités dans sa marche[9].

Il parviendra à Ecbatane, capitale de la Médie.

---

[*] Soit environ 80 kilomètres.

La bataille de Gaugamèles, c'est ainsi qu'elle entre dans l'Histoire, ouvre à Alexandre un champ immense pour ses ambitions, puisque l'armée perse est anéantie. Mais le conquérant a d'autres soucis, notamment du côté du Péloponnèse où les Lacédémoniens mènent toujours la révolte.

Pour contrer ces velléités de sécession, « il se montre généreux envers les Grecs. Il leur écrit que toutes les tyrannies sont abolies dans la Grèce et que les peuples s'y gouverneront désormais selon leurs lois. Il promet en particulier aux Platéens de faire rebâtir leur ville, parce que leurs ancêtres ont cédé leur territoire aux Grecs, afin d'y combattre pour la liberté commune. Il envoie aux habitants de Crotone en Italie une partie du butin, en souvenir du dévouement et de la valeur de l'athlète Phayllus qui, au temps des guerres médiques, alors que les Italiotes* abandonnaient les Grecs qu'ils croyaient perdus, équipa une galère à ses frais et se rendit à Salamine pour défendre la Grèce en péril[10] ».

Et Plutarque de poursuivre dans sa *Vie des hommes illustres* au chapitre consacré à Alexandre le Grand : « Il multiplie, on le voit, les actes de générosité pour ne point s'aliéner les cités grecques. » Il part alors en direction des deux grandes cités perses, Babylone et Suse, puis Persépolis et Pasargades, deux villes saintes de la dynastie des Achéménides. En cours de route, il peut admirer « un gouffre d'où sort continuellement, comme d'une

---

* C'est-à-dire les colonies grecques d'Italie.

source inépuisable, un jet de feu et le torrent de naphte qui en déborde et forme non loin du gouffre un lac immense[11] ». On dit que c'est de ce bitume, d'une solidité unique, qu'on enduisit la plupart des enceintes et des demeures de Babylone.

Parvenu à la fin d'octobre 331 devant les murailles longues de 90 kilomètres de cette ville mythique, Alexandre se garde bien de les prendre d'assaut, sachant que Mazaios s'y est retranché avec plusieurs bandes armées, rescapées de la bataille de Gaugamèles. Mais la ville se rend sitôt qu'elle voit l'armée ennemie se mettre en ordre de bataille et accueille Alexandre comme un libérateur. Mazaios « vient en suppliant à sa rencontre avec ses enfants déjà grands pour lui remettre la ville et sa personne. Sa venue est agréable au roi [...] qui le reçoit avec bonté, lui et ses enfants[12] ». Puis Alexandre, monté sur son char et suivi de sa troupe, fait son entrée dans la ville. Les habitants se sont placés en foule sur les murailles, curieux de voir leur nouveau souverain. D'autres viennent à sa rencontre ; le gouverneur de la ville va même jusqu'à faire joncher de fleurs et de couronnes le chemin emprunté par Alexandre et dresse des autels d'argent où se mêlent aux senteurs de l'encens celles de mille autres parfums. Le gouverneur est suivi d'un cortège de troupeaux de bétail, de chevaux, de lions et de léopards enfermés dans des cages, ainsi que par des mages. Derrière eux viennent les mages et les poètes de Babylone ainsi que les musiciens avec leur lyre qui chantent les louanges de leur nouveau roi, tandis que les Chaldéens,

spécialistes des astres, doivent certainement prédire à Alexandre la plus extraordinaire des destinées. La marche du cortège du gouverneur est fermée par des cavaliers babyloniens qui sont,
comme leurs chevaux, parés avec luxe. Alexandre,
entouré de ses gardes, souhaite que la foule du
peuple se range derrière son infanterie, comme
pour bien montrer que toute hostilité a cessé et
que Macédoniens et Babyloniens peuvent désormais fraterniser. Il se rend au palais de Darius,
mais comme à son habitude, se garde bien de
heurter les consciences et les susceptibilités et reste
respectueux des mœurs, des coutumes et de la religion de ses nouveaux sujets.

Son instruction supérieure et sa connaissance
des autres civilisations lui donnent une hauteur et
une ampleur de vues qui n'ont point d'équivalent
à cette époque. C'est ainsi qu'il se fait reconnaître
comme roi à Mardouk, selon une tradition très
ancienne, encore appliquée jadis par Xerxès. Il demeure à Babylone plus d'un mois, avec ses troupes, tant il est fasciné par la beauté et la grandeur
de cette ville déjà mythique. Mais évidemment, la
discipline militaire se relâche au contact de cette
ville orientale :

Rien de plus corrompu que les mœurs de cette ville. Rien de
plus fait pour exciter les sens par l'attrait immodéré des
voluptés. Les parents et les maris permettent que leurs filles
et leurs épouses se prostituent à leurs hôtes, pourvu qu'on
leur paye leur déshonneur. Les joies des festins sont, dans
toute la Perse, la passion favorite des rois et des grands ; les
Babyloniens surtout se livrent sans réserve au vin et aux

désordres qui suivent l'ivresse. Les femmes, en assistant à ces repas, prennent d'abord une attitude réservée ; bientôt, elles se dépouillent de leurs vêtements qui voilent le haut de leur corps et, peu à peu, en viennent à oublier la pudeur ; on les voit alors rejeter leurs derniers vêtements ; et ce ne sont pas des courtisanes qui se déshonorent ainsi, ce sont des femmes de distinction et des jeunes filles pour lesquelles c'est un devoir de politesse que cette prostitution publique de leurs charmes[13].

On comprendra aisément que l'armée d'Alexandre va profiter pendant plus d'un mois de ce faste et de toutes ces réjouissances permises à côté desquelles celles de Capoue ne sont rien. Les soldats qui se battent depuis trois ans se livrent sans retenue à toutes les orgies et débauches du repos du guerrier, au grand dam d'Alexandre qui ne tient plus ses troupes et parfois s'en inquiète au point d'en renouveler les effectifs le plus régulièrement possible. Il ne tient pas à ce que son armée sombre dans l'oisiveté et dans l'ivrognerie, sachant que les luttes ne sont pas achevées. Mais il est assez avisé pour ne pas empêcher ses soldats de prendre du plaisir et de se vautrer dans l'indécence et l'immoralité, juste récompense de nombreuses victoires et de campagnes militaires épuisantes. Nul doute qu'entre les Grecs et les indigènes des relations vont se nouer qui aboutiront à quelques rejetons métissés.

Plutarque décrit la vie d'Alexandre et de ses principaux chefs au cours des étapes et des moments de repos :

Ses courtisans, livrés à un luxe excessif, menaient une vie voluptueuse et efféminée. Hagnon de Téos portait des clous d'argent à ses pantoufles ; Léonatos faisait venir, sur plusieurs chameaux, de la poussière d'Égypte, pour s'en servir à ses exercices ; Philotas avait pour la chasse des toiles qui embrassaient un espace de cent stades*. Ils se servaient pour les bains et les étuves de précieuses essences et presque jamais d'huile ; ils traînaient à leur suite des baigneurs, des valets de chambre pour faire leurs lits. Alexandre les reprit doucement de leur folie et d'une façon pleine de sagesse : « Je m'étonne, leur dit-il, que vous, qui avez livré tant et de si grands combats, vous oubliez que ceux qui se sont fatigués dorment d'un sommeil plus doux que ceux qui vivent dans l'inaction. Ne voyez-vous pas, en comparant votre genre de vie avec celui des Perses, que rien n'est plus servile que le luxe et la mollesse et rien de plus royal que le travail ? Et d'ailleurs comment pourra-t-il s'assujettir à panser lui-même son cheval, à fourbir sa lance et son casque, celui qui aura perdu l'habitude d'employer ses mains au soin de son propre corps qui le touche de si près ? Ignorez-vous, leur dit-il encore, que le moyen de rendre la victoire durable, c'est de ne pas imiter les vaincus ? »

Dès ce moment, il se livra avec plus de passion que jamais aux fatigues de la guerre et de la chasse, et il s'exposa sans ménagement aux plus grands des dangers. Aussi, un envoyé de Lacédémone l'ayant vu terrasser un lion énorme : « Alexandre, dit-il, tu as glorieusement disputé au lion la royauté. » Cratère consacra dans le temple de Delphes par un monument le souvenir de cette chasse : c'étaient des statues de bronze représentant le lion et les chiens, et Alexandre qui terrassait le lion et lui-même qui allait au secours du roi[14].


De plus, et c'est une véritable révolution mentale, il ne regarde plus les Perses comme des Barbares, il admire les raffinements de leurs coutu-

* Soit 25 kilomètres.

mes, les splendeurs de leurs cités, le courage de leurs chefs militaires qu'il a pu éprouver sur les champs de bataille. Son horizon s'est élargi hors des limites du monde grec, et il s'aperçoit que les autres nations ne peuvent être considérées comme inférieures. Il témoigne de cette confiance en conservant l'administration ancienne de Babylone et en confirmant Mazaios dans son rôle de satrape de la ville, même s'il lui adjoint un Hétaire comme gouverneur militaire. « Alexandre ordonne de relever les temples détruits par Xerxès, particulièrement celui de Bellus auquel les Babyloniens rendent un culte spécial [...]. Il a des entretiens avec les mages et les consulte sur tout ce qui concerne la restauration des temples. Il sacrifie, sur leurs conseils, à Bellus[15]. » Bref, il est macédonien, grec, mais n'éprouve aucun mépris pour d'autres dieux étrangers et va même jusqu'à préconiser entre ses administrateurs grecs et les ennemis d'hier, pourvu que ces derniers soient compétents, une sincère collaboration.

Certes, ces relations se font au plus haut niveau, mais elles servent d'exemples et de symboles. Les mesures d'Alexandre sont à ce point inhabituelles qu'elles doivent paraître étranges, voire bien imprudentes, aux yeux de nombre de ses soldats et de ses officiers. Mais en se liant avec des personnages perses haut placés, Alexandre sert sa propagande et apparaît aux yeux des peuples d'Orient moins comme un diviseur que comme un unificateur.

# Fin de Darius et de son empire

Alexandre se met en marche vers Suse, sans se presser. Au cours de la vingtaine de jours que dure son déplacement, il s'emploie à ranimer la flamme combative de son armée trop amollie par le doux et sensuel séjour de Babylone. Il ouvre une lice où entreront en joute ses soldats dont les plus vaillants seront récompensés par des commandements. Il renforce la discipline et la cohésion de la cavalerie en supprimant les distinctions entre chacun des corps issus de nations différentes.

Alors qu'il approche de Suse, Oxathrès, fils d'Aboulitès, gouverneur de la province, vient lui apporter la soumission de son père, et c'est sans combattre qu'Alexandre entre en décembre 331 à Suse, cette ville dont la légende homérique dit qu'elle était la patrie de Memnon, l'adversaire d'Achille. Il s'empare de tous les trésors, d'une somme de cinquante mille talents, qu'il distribue à ses soldats les plus courageux, mais aussi de meubles de prix et surtout de plusieurs objets que Xerxès « avait enlevés de la Grèce, entre autres les statues d'airain d'Harmodios et d'Aristogiton qui avaient mis fin au règne des Pisistratides, tyrans d'Athènes. Il renvoya les deux statues aux Athéniens[1] ».

Quinte-Curce raconte l'événement en ces termes :



Alexandre fait célébrer, selon l'usage des Grecs, une fête aux flambeaux et des jeux gymniques. Comme à Babylone, il nomme satrape de Suse un Persan, Aboulitès, assisté d'un Hétaire et d'un Macédonien pour tout ce qui concerne le trésor public et la défense armée :

C'est dans cette ville qu'Alexandre laissa la mère et les enfants de Darius. Des vêtements macédoniens et une grande quantité d'étoffes de pourpre lui avaient été envoyés en présent de Macédoine : il les offrit à Sisygambis avec les ouvrières qui les avaient fabriqués [...]. Il avait pour elle la tendresse d'un fils. Il lui fit dire en même temps que, si ce vêtement lui plaisait, elle accoutumât ses petites-filles à en faire de semblables et leur enseignât à les donner en présent. Les larmes que Sisygambis répandit en entendant ces mots témoignèrent de son aversion pour une pareille tâche : c'est en effet, pour les femmes persanes, le comble de la honte que de travailler la laine.

Ceux qui avaient porté les présents viennent annoncer au roi le chagrin de Sisygambis. Il crut lui devoir des excuses et des consolations. Il se rendit donc auprès d'elle et lui dit : « Ma mère, ce vêtement que je porte n'est pas seulement un présent de mes sœurs, mais aussi leur ouvrage : nos usages m'ont trompé. Garde-toi, je t'en supplie, de prendre mon ignorance pour une injure. Ce que j'ai su des coutumes de ta nation, j'ose croire que je l'ai assez exactement observé. Je sais que chez vous il est défendu à un fils de s'asseoir en présence de sa mère avant qu'elle le lui ait permis : toutes les fois que je me suis approché de toi, je suis resté debout jusqu'à ce que tu me fisses signe de m'asseoir. Souvent tu as voulu m'honorer en te prosternant à mes pieds, je m'y suis opposé, et ce nom chéri de mère que je dois à Olympias, je te le donne. »[3]

Cette piété filiale n'est certainement pas jouée, si on veut bien se souvenir qu'Olympias abandonna le domicile conjugal lorsque Alexandre était enfant et que le petit garçon, élevé par un père sévère, vécut très mal cette absence maternelle. Il a trouvé en Sisygambis une sorte de mère de substitution et il va demander à des précepteurs de lui apprendre, ainsi qu'à ses filles et à son fils, la langue grecque, avant de partir de Suse pour de nouvelles expéditions en janvier 330.

Il traverse tout d'abord sans difficulté le Pasitigre mais doit franchir très vite une montagne par de nombreux défilés et tenue par les Uxiens, peuple rebelle à tout pouvoir et qui demande à Alexandre de payer un droit de passage, comme il l'exigeait du roi des Perses. La réponse du Macédonien ne se fait pas attendre, et elle est implicitement menaçante : « Je vous conseille de vous rendre dans ces défilés où vous devez m'arrêter. C'est là que vous recevrez le tribut[4]. » On peut se douter que ce tribut se fera à coups de flèches et d'armes diverses :

Il prend avec lui ses gardes, les Hypaspistes ainsi que huit mille hommes et se dirigeant, de nuit, par un chemin détourné, ayant pour guides des habitants de Suse, il franchit des défilés inaccessibles et pénètre dans un bourg des Uxiens par surprise. Plusieurs sont tués dans leurs lits, les autres se dispersent dans les montagnes. Alexandre s'empare d'un butin considérable, marche rapidement vers les gorges où il avait donné rendez-vous aux Uxiens pour recevoir le tribut. Cratère, qu'il a détaché en avant, a occupé les hauteurs pour fermer la retraite à l'ennemi[5].

Les Uxiens s'enfuient sans combattre, poursuivis par les Macédoniens qui en tuent un grand nombre ou les jettent dans les précipices, tandis que les survivants sont attaqués par Cratère. Battus, les Uxiens finissent par obtenir, grâce à la médiation diplomatique de Sisygambis, la mère de Darius, qu'Alexandre leur laisse leur terre, moyennant le versement d'un tribut annuel de cent chevaux, de cinq cents bêtes de charge et de trente mille têtes de bétail, leurs seuls biens, puisque ce peuple nomade ignore tout de l'agriculture et de l'argent et ne vit que de troc.

Mais les difficultés ne font que commencer. Alexandre va devoir franchir avec son armée une sorte de barrière montagneuse, appelée Pyles persiques, et se heurte bientôt à Ariobarzanès, satrape de Perse qui a pris position à l'entrée de la montagne, avec quarante mille hommes et sept cents chevaux. Retranché dans des gorges, il les a fait fermer par des murs.

Alexandre s'engage imprudemment avec son armée dans ces passages étroits restés ouverts. L'ennemi perse, en embuscade, fait alors tomber sur la pente des montagnes « des roches d'une grandeur démesurée et qui, presque toutes, heurtant des saillies qu'elles trouvaient sur leur passage, allaient tomber avec plus de force et écrasaient non pas seulement des individus mais des bataillons entiers. De toutes parts pleuvaient aussi des pierres lancées par des frondes, ainsi que des flèches tirées par des archers perses[6] ». Les soldats d'Alexandre sont pris au piège et tentent en vain de résister en grimpant dans la montagne escarpée, ce qui leur est impossible. Ils ne peuvent même pas adopter la position de tortue, une des tactiques de la phalange macédonienne qui sera reprise par les légionnaires romains, tant les masses énormes de rochers qui dévalent la pente sont dévastatrices. Alexandre est contraint de faire sortir les soldats du défilé, tenant leur bouclier sur leur tête pour se protéger autant que faire se peut.

Jamais à court d'idées, il décide d'employer la ruse et, aidé par des prisonniers dont plusieurs étaient des pâtres qui connaissaient fort bien le pays, il laisse le gros de sa troupe dans le camp et en confie le commandement à Cratère. À la tête d'une formation allégée et composée de quelques archers et de cinq cents cavaliers, il passe par des sentiers escarpés, détournés et enneigés pour fondre par surprise sur les arrières d'Ariobarzanès. Parvenu en vue de celui-ci, il fait donner de la trompette afin que Cratère, averti par ce signal convenu d'avance, s'ébranle avec son armée et attaque alors l'ennemi de front, désormais coincé par les troupes macédoniennes. La victoire est totale, les troupes perses sont taillées en pièces et la plupart d'entre elles s'enfuient avec leur chef, non sans avoir dû combattre les Macédoniens qui tentaient de leur barrer la route. Ariobarzanès peut alors rejoindre Persépolis et tenter de la défendre.

Mais Alexandre n'est pas décidé à lui en laisser le temps. Il poursuit sa route, égorge les Barbares du premier poste de défense, ainsi que ceux du second tandis que les troisièmes fuient devant lui pour rejoindre les hauteurs de Persépolis. Alexandre attaque à l'improviste le camp d'Ariobarzanès qui n'est même plus protégé par les postes détruits. Cratère lui-même, au son de la trompette guerrière, se lance dans la bataille. L'ennemi s'enfuit une nouvelle fois, sans combattre, ou se retrouve face à Ptolémée et tombe sous ses coups. Ariobarzanès, le chef vaincu, s'enfuit avec quelques chevaux et quelques hommes dans les montagnes.

Alexandre force l'allure, surtout après avoir reçu une lettre de Tiridatès, gardien du Trésor royal de Persépolis, l'avertissant que les habitants de la ville, ayant appris son approche, veulent mettre au pillage le trésor, et lui demande d'arriver en toute hâte pour s'emparer lui-même de toutes ces richesses. Alexandre laisse son infanterie, marche toute la nuit avec sa cavalerie, arrive au bord de l'Araxe, et construit pour franchir le fleuve un pont grâce aux pierres des villages voisins qu'il a fait démolir.

En approchant de la ville, « une troupe de malheureux, rare et mémorable exemple des rigueurs de la fortune, vint à la rencontre du roi. C'étaient des prisonniers grecs, au nombre d'environ quatre mille, à qui les Perses avaient fait subir différentes sortes de supplices : aux uns, ils avaient coupé les pieds, aux autres les mains et les oreilles ; et, marqués avec un fer chaud de caractères barbares, ils les avaient réservés pour s'en faire un long objet de raillerie. Maintenant qu'à leur tour, ils se voyaient passés sous une domination étrangère, ils les avaient laissés aller au-devant du roi. On eût cru voir des spectres extraordinaires et non des hommes : on ne reconnaissait que leurs voix : aussi firent-ils couler plus de larmes qu'ils n'en avaient versé eux-mêmes[7] ».

Ce spectacle provoque à la fois l'émotion et la colère d'Alexandre. Il leur promet qu'ils reverront leurs femmes et leurs enfants. Mais ces suppliciés et ces éclopés n'entendent pas revenir dans leurs cités grecques natales, après un si long temps passé loin des leurs. Certains, certes, souhaitent regagner leur ville d'origine, mais le plus grand nombre demande à Alexandre de leur assigner des terres pour s'y établir : « Il leur fit distribuer à chacun trois mille deniers ; on y ajouta des vêtements, des troupeaux et du blé pour les mettre en état d'ensemencer et de cultiver les terres qui leur seraient désignées[8]. »

Cette scène a profondément marqué Alexandre et sa fureur est immense. Il convoque le lendemain ses officiers et ses amis et leur dit « qu'il n'y a pas de ville plus ennemie de la Grèce que la capitale des anciens rois de Perse[9] ». Il a donc décidé la mise à sac de la cité et sa destruction :

Les Barbares y avaient rassemblé les trésors de toute la Perse ; l'or et l'argent s'y trouvaient par monceaux ; les étoffes précieuses y abondaient et un ameublement y était étalé, moins destiné à des usages réels qu'à la vaine ostentation du luxe. Aussi y eut-il combat entre les vainqueurs eux-mêmes : on traitait en ennemi celui qui s'était saisi d'une plus riche part de butin ; et, comme ils ne pouvaient emporter tout ce qu'ils trouvaient, ils ne se hâtaient pas de prendre, ils choisissaient. On voyait les vêtements royaux déchirés par les mains qui se les disputaient ; des vases d'un travail exquis brisés à coups de hache : rien qui restât intact, rien qui passât sans dommage à celui qui l'emportait ; les statues même s'en allaient en débris, et chacun traînait ce qu'il en avait pu saisir. La cruauté ne se déploya guère moins que l'avarice dans le sac de cette cité malheureuse : chargés d'or et d'argent, les soldats égorgeaient leurs prisonniers, vil objet de mépris pour eux ; ceux que naguère le prix de leur possession avait fait trouver dignes de pitié tombaient égorgés à mesure qu'on les rencontrait. Aussi un grand nombre d'habitants prévinrent-ils les coups de l'ennemi par une mort volontaire : revêtus de leurs habits les plus précieux, ils se précipitèrent du haut des murailles avec leurs femmes et leurs enfants. D'autres, prévoyant ce qu'allaient bientôt faire les vainqueurs, mirent eux-mêmes le feu à leurs maisons pour s'y brûler vifs avec leurs familles[10].

Alexandre participe en personne à ce pillage en s'emparant du trésor de la citadelle. « Il fit offrir aux dieux des sacrifices de victoire pour leur rendre grâces de ses succès et il y traita magnifiquement ses amis et ses officiers. Enfin tous les conviés étant rassasiés et le vin ayant échauffé les têtes, on en vint jusqu'à la fureur et à la rage[11]. »

Plutarque raconte les mêmes faits que Diodore de Sicile :

Les femmes même vinrent boire et se réjouir avec leurs amants. La plus célèbre de ces femmes était la courtisane Thaïs, née dans l'Attique, et alors maîtresse de Ptolémée, celui qui fut depuis roi d'Égypte. Après avoir loué finement Alexandre et s'être permis quelques plaisanteries, elle s'avança, échauffée elle aussi par le vin, jusqu'à lui tenir un discours assez conforme à l'esprit de sa patrie : « Je suis bien payée, dit-elle, des peines que j'ai souffertes en errant en Asie lorsque j'ai la satisfaction d'insulter aujourd'hui à l'orgueil des rois de Perse. Mais que ma joie serait encore plus grande s'il m'était donné, pour compléter notre fête, de brûler le palais de Xerxès qui brûla Athènes et d'y mettre moi-même le feu en présence du roi. On dirait de par le monde que les femmes qui étaient dans le camp d'Alexandre ont mieux vengé la Grèce des maux que lui ont fait essuyer les Perses, que tous les généraux qui ont combattu sur terre et sur mer. »[12]

Ce discours est accueilli par des cris et des applaudissements. Alexandre lui-même, stimulé par cette invitation et les empressements de ses amis, s'élance de la table, la couronne de fleurs sur la tête, une torche à la main, et marche, suivi de tous les convives qui vont dansant et poussant de grands cris en direction du palais. Les autres Macédoniens, informés de ce qu'on allait faire, accourent avec des flambeaux, pleins de joie, espérant qu'Alexandre songe à retourner en Macédoine et ne souhaite plus rester parmi les Barbares, puisqu'il brûle et détruit lui-même les palais des rois. Voilà comment, suivant les uns, cet incendie eut lieu. Diodore de Sicile écrit :

Ainsi une femme de la plus vile profession conduite uniquement par un esprit de débauche vengea la ville d'Athènes où elle était née du sacrilège commis autrefois et bien des années auparavant par le roi Xerxès dans le temple de Minerve[13].

Et Plutarque :

Ainsi périt la capitale de tout l'Orient, cette cité où tant de nations venaient auparavant demander des lois, la patrie de tant de monarques, jadis l'unique terreur de la Grèce et qui envoya contre elle une flotte de mille vaisseaux et des armées dont l'Europe fut inondée[14].

Les historiens, y compris ceux d'aujourd'hui, se sont interrogés sur cette attitude d'Alexandre, peu conforme à la clémence dont il avait fait preuve à l'égard de Suse. Ils n'ont pas été choqués que le trésor des Perses soit tombé entre ses mains, ce qui était bien normal, mais ils ont été quelque peu étonnés que, en dépit de ses promesses, Alexandre ait incendié les palais de Persépolis, alors que les habitants ne lui avaient pas résisté, et qu'il n'avait aucun soulèvement à redouter. Il apprenait dans le même temps qu'en Grèce une victoire décisive avait été remportée par ses troupes sur les Spartiates en octobre 331.

Qu'a-t-il voulu prouver ou se prouver ? A-t-il voulu satisfaire les dieux grecs que les Perses avaient souillés au cours de leur occupation de la Grèce ? A-t-il perdu son sang-froid après un festin trop arrosé et sa capacité de jugement s'est-elle trouvée brouillée, se livrant à une sorte de bacchanale dans les rues de Persépolis et devenant un incendiaire ? L'intempérance, même provisoire, d'Alexandre est connue, elle a été soulignée par les auteurs antiques. Elle le poussera parfois à des crimes sur ses propres amis. Il est regrettable qu'un capitaine de guerre de cette envergure et de cette exception se soit souvent laissé aller au cours de ses campagnes à des exactions gratuites et à des manifestations de plus en plus violentes. À mesure qu'il s'enfoncera dans l'Orient, ces défauts ne feront que s'accroître.

Plutarque, historien qui aime jouer au moralisateur, nous a livré quelques anecdotes particulièrement significatives sur ce goût du luxe et du dispendieux qui peu à peu oblitère la conscience d'Alexandre au cours de ses campagnes militaires passées et à venir et le pousse à des faveurs, à des caprices et à des plaisanteries même, peu dignes d'un souverain de cette envergure, mais qui lui donnent une touche d'humanité et le replacent au rang d'un simple conquérant et non plus d'un dieu vivant :


Ariston qui commandait les Péoniens, ayant tué un ennemi, en apporta la tête aux pieds du roi, en lui disant : « Ô roi, cette sorte de présent est récompensée parmi nous d'une coupe d'or. — Oui, d'une coupe vide, repartit Alexandre ; mais moi je te la donne pleine de vin et je lève mon verre à ta santé. » Un soldat macédonien conduisait un mulet chargé de l'or du roi : à la fin, l'animal se trouva si fatigué qu'il ne pouvait plus se soutenir ; le soldat mit la charge sur son dos. Alexandre, qui le vit plier sous le poids et prêt à jeter le fardeau, apprenant ce qu'il avait fait : « Mon ami, dit-il, ne te fatigue pas plus qu'il ne faut ; fais seulement en sorte de terminer ta course pour porter cet argent chez toi ; car je te le donne. » En général, il savait plus mauvais gré à ceux qui n'acceptaient pas ses présents qu'à ceux qui lui en demandaient. Il écrivit à Phocion qu'il ne le regarderait plus comme son ami s'il continuait à refuser ses bienfaits. Sérapion, un des jeunes gens qui jouaient avec lui à la paume, ne lui demandait jamais rien et Alexandre ne pensait pas à lui donner. Un jour qu'on jouait, Sérapion jetait toujours la balle aux autres joueurs : « Tu ne me la donnes donc pas ? dit le roi. — Tu ne me la demandes pas, répondit Sérapion. » Alexandre se mit à rire et lui fit depuis beaucoup de présents. Un certain Protéas, homme plaisant et qui, à table, divertissait le roi par ses railleries, avait encouru sa colère. Les courtisans sollicitaient le pardon de Protéas ; et lui-même il le demandait avec larmes. Alexandre dit qu'il lui rendait ses bonnes grâces. « Ô roi, dit alors Protéas, donne-m'en donc d'abord un gage[*] »[15].

Alexandre et son armée restent quatre mois à Persépolis, jusqu'au printemps 330. Ses soldats, gor-

[*] Alexandre lui fait donner cinq talents.

gés de richesses et repus, pensent sans doute à retourner dans leur patrie, puisque a été détruite la cité mythique de leur ennemi héréditaire, mais Alexandre tient à retrouver Darius et à le défaire définitivement.

Il apprend que celui-ci s'est réfugié en Médie et attend peut-être que le conquérant de son empire se heurte à quelques difficultés afin de reprendre l'avantage. De la Médie, si jamais Alexandre cherche à le traquer, Darius peut fuir chez les Parthes. Il peut aussi pratiquer la politique de la terre brûlée et ravager le pays des Hyrcaniens et même la Bactriane afin d'ôter à Alexandre les moyens matériels de le poursuivre. Pour alléger son armée, il a envoyé aux Pyles caspiennes les femmes et les bagages qui l'encombrent et il fait étape à Ecbatane avec les quelques troupes qu'il a pu lever.

Darius essaye, dans un discours à ses proches, à ses ministres et à son dernier carré de fidèles, de se rassurer sur son sort et sur ses chances de récupérer un jour son royaume :

Si la fortune [...] m'avait associé à des lâches, préférant la vie, quelle qu'elle puisse être, à une mort honorable, je me tairais, au lieu de m'épuiser en vains discours. Mais je n'ai mis qu'à une trop sûre épreuve votre courage et votre dévouement et je dois bien plutôt m'efforcer de me rendre digne de pareils amis que de mettre en doute si vous êtes restés semblables à vous-mêmes. Parmi tant de milliers d'hommes qui m'obéissaient, vous seuls m'avez suivi, alors que j'étais deux fois vaincu, deux fois réduit à fuir. Grâce à votre fidélité et à votre constance, je puis encore croire que je suis roi. Des traîtres et des transfuges règnent dans mes villes, non, assurément, qu'on les juge dignes de tant d'honneur, mais pour que leurs récompenses constituent un appât qui vous tente.

Cependant, vous avez mieux aimé suivre ma fortune que celle du vainqueur, bien dignes sans doute, si vous ne l'êtes pas par moi, d'être récompensés par les dieux ; et les dieux ne sauraient manquer de le faire. Il n'y aura point de si sourde postérité, de si ingrate histoire, qui, dans sa juste admiration, ne vous élève jusqu'aux cieux. Aussi, si j'avais songé à fuir, ce qui est bien loin de ma pensée, votre courage m'eût donné la confiance de marcher au-devant de l'ennemi. Jusqu'à quand, en effet, serai-je exilé au sein de mon empire et fuirai-je à travers mes provinces devant un roi étranger, lorsque, en tentant la fortune des combats, je puis ou réparer mes pertes ou trouver une mort honorable ? À moins que toutefois, il vaille mieux attendre le bon plaisir du vainqueur, et, à l'exemple de Mazaios et de Mithrinès, recevoir de sa main le commandement précaire d'une province, si encore il daigne consulter son honneur plutôt que sa colère. Me préservent les dieux de me voir enlever ou rendre par grâce ce diadème qui orne mon front ! Non, jamais vivant je ne perdrai cet empire, et mon règne ne finira qu'avec ma vie !

Si ces sentiments, si cette résolution sont les vôtres, notre liberté nous est à tous assurée ; aucun de vous ne sera forcé de subir les dédains ni de soutenir les regards insolents des Macédoniens. Chacun saura de son propre bras venger ou achever tant de maux. Je puis m'offrir pour exemple des vicissitudes de la fortune et j'ai quelque droit à attendre d'elle un retour moins sévère. Mais si les dieux n'ont plus de faveurs pour les guerres justes et légitimes, du moins une mort honorable sera toujours permise à des gens de cœur. Par les hauts faits de mes ancêtres qui ont régné avec tant de gloire sur tout l'Orient ; par ces vaillants hommes auxquels la Macédoine venait jadis apporter ses tributs ; par toutes ces flottes envoyées contre la Grèce ; par les trophées de tant de rois, je vous supplie, je vous conjure de prendre des sentiments dignes de votre noble origine, dignes de votre nation : avec la même fermeté de cœur que vous avez montrée dans vos épreuves passées, supportez celles que le sort peut vous réserver dans l'avenir. Pour moi, du moins, je saurai ennoblir à jamais mon nom par une victoire éclatante ou par un combat glorieux[16].

Discours pessimiste qui ne peut guère ranimer le courage de ses proches ni leur faire espérer un retournement de situation. Darius est assez lucide pour comprendre que c'en est fini de son empire et peut-être de sa vie.

Alexandre, de son côté, est assez bien renseigné pour savoir que Darius se trouve à Ecbatane. Il quitte Persépolis aux alentours de mai 330, s'empare du pays des Parétaques qu'il confie au satrape Oxathrès, qui avait assumé la même fonction à Suse. Il allège son armée de tout bagage inutile et marche avec ses troupes vers la Médie où il parvient au bout de douze jours. À trois jours de marche d'Ecbatane, Bisthanès, un prince dont le père a régné sur la Perse avant Darius, se porte vers Alexandre pour lui dire que Darius vient de quitter Ecbatane avec neuf mille hommes et six mille fantassins, ainsi qu'un trésor de sept mille talents.

Parvenu à Ecbatane, Alexandre se défait de sa cavalerie thessalienne et de ses autres alliés qui lui servaient d'otages, tant que durait la guerre contre Sparte. Comme celle-ci vient d'être vaincue, Alexandre n'a plus besoin de ces otages qu'il renvoie chez eux en Eubée avec une belle solde, sur les navires de Menès. Certains de ces soldats préfèrent rester et servir le roi qui, pour les remercier, leur donne une grosse somme en talents.

Ce renvoi est symbolique. En se privant de soldats grecs, Alexandre semble abandonner l'idée
d'une Grèce qui se venge de la Perse, et qu'il est le
chef d'un panhellénisme qui va remplacer une civilisation barbare. Il personnalise cette guerre comme
un duel entre lui et Darius dont il ne cache pas
qu'il entend prendre la place et devenir ainsi un
souverain qui règne sur des peuples asiatiques. Il
donne l'ordre à Parménion de rassembler tous les
trésors de la Perse dans le fort d'Ecbatane, sous la
garde d'Harpalos, de six mille Macédoniens et de
quelques cavaliers. Celui-ci passe en Hyrcanie par
le territoire des Cadusiens, avec les auxiliaires
étrangers, les Thraces et le reste de la cavalerie, à
l'exception de celle des Hétaires.

Il écrit à Clitos, commandant les compagnies
royales et qu'une maladie retenait à Suse, de venir
le rejoindre chez les Parthes, en prenant à son passage les Macédoniens laissés à Ecbatane. Lui-
même, à la tête de la cavalerie des Hétaires, de
troupes légères et des chevaux des mercenaires, de
la phalange macédonienne dont une partie est restée à la garde du Trésor, des archers et des Agriens,
se lance à la poursuite de Darius. Il est tellement
pressé de rejoindre le roi des Perses qu'il doit laisser en route soldats et cavaliers épuisés par cette
trop rapide marche. En onze jours il a réussi à gagner Rhagae, une ville près de l'actuelle Téhéran,
ayant accompli plus de trente kilomètres par jour.
Mais dans cette cité, il apprend, désappointé, que
Darius a franchi les Pyles caspiennes. Une partie
de ses troupes l'a abandonné et les soldats sont

retournés dans leurs foyers. Une autre partie se rend à Alexandre qui, incapable de rejoindre aussi rapidement qu'il l'avait souhaité Darius, accepte de rester à Rhagae cinq jours pour que ses troupes puissent enfin se reposer.

Dans cette cité, Alexandre apprend des nouvelles tragiques sur le sort possible de Darius qui doit faire face à une scission de son armée, entre des fidèles prêts à le suivre jusqu'au bout, y compris des mercenaires grecs, et des satrapes et des officiers qui, sentant la fin du règne de leur souverain, sont prêts à le trahir. Même si Darius tient à ses troupes un langage de fermeté, même s'il est approuvé dans un premier temps par Nabarzanès, ce dernier est en train depuis quelque temps de fomenter un complot avec l'aide de Bessos : « Leur projet était, dans le cas où Alexandre les poursuivrait, de lui livrer le roi vivant et de gagner ainsi les bonnes grâces du vainqueur qui attacherait un haut prix à la prise de Darius ; si, au contraire, ils pouvaient lui échapper, ils devaient tuer Darius, s'emparer de sa couronne et recommencer la guerre[17]. »

Nabarzanès se dévoile un peu plus en tenant un discours défaitiste devant Darius et son état-major. Il conseille au roi des Perses d'abdiquer, tant les dieux lui sont contraires, et de se faire remplacer dans sa fonction souveraine par un autre de ses officiers, jusqu'à ce que ce dernier, enfin victorieux, lui rende la couronne. De plus, il lui recommande de trouver avec son armée refuge en Bactriane qui n'a pas encore été occupée par l'ennemi. Le piège est un peu gros, et Darius s'insurge :

« Misérable esclave, tu as trouvé le moment que tu désirais de dévoiler tes projets parricides ! » et tirant son cimeterre, il allait le tuer. Mais Bessos et les Bactriens, qui étaient résolus à l'enchaîner, s'il s'obstinait dans sa colère, l'environnèrent aussitôt[18].

Nabarzanès pendant ce temps s'éclipse et, après cette scène, qui ne connaît une suite immédiate, il est rejoint par Bessos. Tous les deux commandent aux troupes sous leur responsabilité de se séparer du reste de l'armée. Artabaze tente de calmer la colère du roi en lui expliquant la gravité des circonstances qui a fait perdre leur sang-froid à ses meilleurs officiers. Darius veut bien écouter l'avis d'Artabaze, et ne se décide pas à poursuivre les deux traîtres, mais il se retire, abattu par la tristesse et le désespoir, sous sa tente.

Dès lors la division et la confusion dans l'armée de Darius s'amplifient. Bessos s'emploie à pousser les Bactriens et les Perses à s'enfuir en Bactriane que la guerre n'a pas encore ravagée. De son côté Artabaze, qui a pris le commandement suprême, parcourt les tentes des Perses pour les encourager à ne pas abandonner leur roi. Il essaye également de remonter le moral de Darius, l'invite à prendre quelque nourriture et lui rappelle qu'il reste le roi légitime des Perses. Puis Artabaze se rend auprès de Bessos et de Nabarzane pour les convaincre de rester fidèle à leur roi, tout en leur promettant de transmettre à Darius leurs doléances.

Darius ordonne alors à son armée de faire mouvement et monte sur son char. Bessos et Nabarzanès font semblant de se soumettre et versent même des larmes. Pendant l'avancée de l'armée, Patron, chef des mercenaires grecs qui a compris les desseins coupables des deux conjurés, cherche à parler à Darius, mais il est surveillé de près par Bessos. Il y réussit pourtant et s'exprimant en grec, langue que connaît parfaitement le roi des Perses, lui dit : « Je te conjure et te supplie de placer ta tente au milieu de notre camp et de permettre que nous soyons les gardiens de ta personne. La Grèce est perdue pour nous ; nous n'avons pas de Bactriane qui nous soit ouverte ; toute notre espérance est en toi ; plût aux dieux que nous pussions la placer aussi en d'autres ! Il ne m'appartient pas d'en dire davantage. Mais, étranger comme je le suis, je ne solliciterais pas la garde de ta personne, si je croyais qu'elle pût être confiée à d'autres mains[19]. »

L'allusion à la trahison possible des officiers de Darius est claire. Celui-ci demande plus de précision à Patron qui ne croit pas devoir différer la vérité : « Bessos, dit-il, et Nabarzanès conspirent contre toi : tout à l'heure, peut-être, c'en est fait de ta fortune et de ta vie. Ce jour doit être le dernier pour toi ou pour les traîtres [...]. » La réponse de Darius est celle d'un homme à bout de forces qui ne cherchera même pas à punir les deux hommes et qui semble se soumettre au sort qui l'attend. Bessos continue à jouer devant Darius, qui ne se fait pas d'illusions, au plus loyal de ses officiers. Le soir venu le roi fait venir Artabaze sous sa tente et lui communique les révélations de Patron.

Artabaze confirme qu'il ne lui reste plus qu'une solution, se placer sous la protection des mercenaires grecs. Mais Darius ne s'y décide pas et « se résigne à sa destinée[20] ».

Sa garde rapprochée, qui se trouve trop faible pour s'opposer à un coup d'état armé, s'éloigne alors de la tente du roi Darius qui se retrouve seul, accompagné de quelques eunuques :

Le roi fait appeler Bubacès et lui dit : « Allez, songez à vous-mêmes, maintenant que vous avez rempli jusqu'au bout vos devoirs envers votre roi ; quant à moi, j'attends ici l'arrêt de ma destinée. Tu t'étonneras peut-être que je ne mette pas fin à mes jours ? C'est que j'aime mieux périr par le crime d'un autre que par le mien. » Les serviteurs, instruits par Bubacès, se mettent à crier de douleur. Avertis par ces cris Bessos et Nabarzanès croient que le roi s'est suicidé. Ils accourent, entrent dans la tente du roi, voient celui-ci bien vivant et le font prisonnier en le chargeant de chaînes.

Ce roi naguère monté sur un char et adoré comme un dieu par ses sujets, maintenant leur prisonnier, sans qu'aucune main étrangère n'ait pris part à cette violence, fut jeté sur un sale chariot, couvert de peaux de tous côtés ; ses trésors et son ameublement furent pillés, comme par le droit de la guerre. Et, chargés d'un butin qu'ils avaient acquis par le dernier des forfaits, les traîtres prirent la fuite. […] Les Perses […] se réunirent aux Bactriens et Darius fut chargé de chaînes d'or, ô dérision. En même temps, pour éviter que ses vêtements royaux le fissent reconnaître, le chariot fut recouvert de mauvaises peaux de bêtes : c'étaient des gens inconnus qui menaient les chevaux afin de ne pas avoir à le montrer aux curieux sur la route : les gardes suivaient à distance[21].

Alexandre est naturellement vite instruit du sort réservé à Darius et, comme il a toujours pour dessein de s'emparer du roi vivant, il impose à son armée des marches d'une longueur inhabituelle, allant jusqu'à parcourir soixante-dix kilomètres en une journée qui le mène aux Pyles caspiennes, qu'il franchit aisément avant de se retrouver en Parthie, où viennent le trouver deux officiers de Darius, lesquels, refusant de tremper dans le complot de Bessos, viennent se mettre sous sa protection. Alexandre voit aussitôt le danger et les intentions de Bessos : soit ce dernier, qui ne l'oublions pas est un parent de Darius et satrape de la Bactriane, lui livre le roi des Perses et obtient à ce prix sa grâce ainsi que celle des conjurés, soit ces derniers lèvent des troupes et décident de se partager l'empire.

Alexandre, qui sent que la prise de Darius peut lui échapper, convoque les chefs de l'armée :

« Une grande tâche nous reste, mais qui nous coûtera peu de peine : Darius n'est pas loin d'ici, abandonné des siens et peut-être leur victime. En sa personne est placée notre victoire, et ce grand avantage sera pour nous le prix de la célébrité. » Tous s'écrient d'une seule voix qu'ils sont prêts à le suivre et qu'il ne leur épargnât ni fatigues ni dangers. Il emmène donc en toute hâte son armée d'un pas qui ressemblait à une course plutôt qu'à une marche, sans même leur accorder le repos de la nuit pour les délasser des fatigues du jour[22].

Il s'agit d'une véritable poursuite infernale à laquelle se livrent Alexandre, ses troupes et sa cavalerie pour tenter de s'emparer de la personne de Darius, avant que les conjurés perses n'aient tué leur roi. Apprenant que les Barbares doivent marcher de nuit, Alexandre conjecture qu'il peut leur couper le chemin en prenant un raccourci. Mais il ne trouvera aucun point d'eau ; qu'importe, il s'y rend. Son infanterie se montre incapable de suivre le trot des chevaux. Cinq cents cavaliers cèdent les leurs à autant de fantassins d'élite et à leurs officiers qui les montent, sans changer d'armement. Nicanor, commandant les Hypaspistes, Attale, chef des Agriens, et quelques autres légèrement armés suivent la route empruntée par les fuyards. Le reste de l'infanterie marche derrière en bataillon formé en carré. Alexandre part au soir, galope sur Bucéphale à bride abattue et fait soixante-quatorze kilomètres d'une seule traite. Au point du jour, il aperçoit les Barbares qui fuient en désordre. Il attend sa troupe, qui le suit et qui vient de faire quatre cents kilomètres en six jours, et fond sur les Perses qui n'opposent aucune résistance, qui s'enfuient sans combattre ou périssent sous ses coups, faute d'armes, saisis d'épouvante, comme s'ils avaient devant eux un spectre vengeur, un dieu de la colère : Alexandre le Grand.

Bessos et ses complices qui se trouvent à l'avant-garde rejoignent alors le chariot de Darius, exigent que ce dernier, pour aller plus vite, monte sur un cheval et s'enfuie avec eux. Darius, qui garde sa dignité, n'entend pas manifester ainsi un sentiment de peur qui lui est étranger et déclare que ce sont les dieux vengeurs qui viennent à son aide. Certain de la loyauté d'Alexandre, il se refuse à suivre les traîtres qui l'ont enchaîné et qui osent lui donner des ordres.

Furieux, Bessos, Nabarzanès et ses complices criblent alors de flèches le corps de Darius et le laissent blessé à mort. Ils mutilent également les chevaux qui traînaient le chariot pour les empêcher d'avancer et tuent les esclaves au service du roi de Perse. Nabarzanès se dirige alors vers l'Hyrcanie et Bessos vers la Bactriane, tous les deux entourés d'une petite escorte de cavaliers. L'armée perse, privée de chefs, se disperse, mue par la peur ou dans l'espoir d'échapper à Alexandre.

Les soldats d'Alexandre qui étaient parvenus jusqu'au camp déserté « passent par-dessus des tas d'or et d'argent répandus à terre, pénètrent dans une quantité de chariots remplis de femmes et d'enfants et qui n'avaient plus de conducteurs et courent à toute bride vers les escadrons les plus avancés, où ils pensaient trouver Darius. Ils le découvrirent à la fin, couché dans son chariot, le corps percé de javelots et sur le point d'expirer. Dans cet état, Darius demande à boire ; et ayant bu de l'eau fraîche, il dit à Polystratos qui la lui avait donnée : "Mon ami, c'est pour moi le comble du malheur, d'avoir reçu un bienfait et de ne pouvoir le reconnaître. Mais Alexandre t'en donnera la récompense et les dieux récompenseront Alexandre de l'humanité avec laquelle il a traité ma mère, ma femme et mes enfants. Mets pour moi ta main dans la sienne, comme un gage de ma reconnaissance. " En achevant ces mots, il prit la main de Polystratos et il expira. Alexandre arriva sur ces entrefaites et montra une vive émotion. Il détacha son manteau et il en enveloppa le corps [...]. Il ordonna ensuite qu'on embaumât le corps de Darius avec toute la magnificence due à son rang ; après quoi il le renvoya à sa mère[23] » pour qu'il soit enterré au tombeau royal de Pasargades, en juillet 330.

Ainsi s'achève la vie de Darius III Codoman à l'âge de cinquante ans et avec lui la dynastie des Achéménides, qui avait, depuis Cyrus, régné sur un immense empire. Alexandre, qui par trois fois l'a vaincu, en tranchant le nœud gordien, à Issos et à Gaugamèles, se sent alors son héritier direct, et sans doute dans son esprit abandonne-t-il déjà le titre de roi pour celui d'empereur ou, du moins, pour celui de souverain qui entend régner sur l'univers tout entier.

# Alexandre le Conquérant

La mort de Darius est considérée par tous les
soldats d'Alexandre comme la fin de leurs épreuves et comme l'amorce inévitable et souhaitée de
leur retour dans leurs foyers. Mais Alexandre a
une tout autre vision de son destin, et il aspire
déjà à une sorte de monarchie universelle qui en-
globerait la totalité des mondes connus, aussi bien
à l'est qu'à l'ouest. Devant une troupe qui renâcle,
Alexandre, qui possède l'art de persuader, réunit
ses soldats et leur tient des discours pour les ex-
horter à rester afin de consolider une victoire qui
reste encore fragile.

Voyant que ses troupes ne sont pas encore bien
convaincues par ses propos, il décide alors de con-
gédier les auxiliaires grecs en donnant à chaque
cavalier un talent et à chaque fantassin dix mines
pour leur permettre de regagner leur patrie, ajoutant d'autres sommes pour services rendus. À
ceux qui désirent rester avec lui, il leur offre trois
talents, le tout, on s'en doute, prélevé sur
l'énorme trésor de Darius, sans compter les vases
d'or et d'argent. Ainsi fait-il preuve de libéralisme

et laisse-t-il à ses soldats le choix de poursuivre les conquêtes ou de rentrer dans leurs foyers. Ces mesures sont bien accueillies et Alexandre peut compter désormais sur une troupe qu'il n'aura pas contrainte à le suivre dans ses prochaines expéditions.

Malgré tout, et tous les historiens se retrouvent sur ce point, même les plus fidèles de ses soldats ou ceux qui sont attirés par l'appât du gain n'éprouveront plus pour leur chef l'admiration qui était auparavant la leur, même si, fortement disciplinés, ils ne se mutineront pas. Seuls quelques membres de l'état-major d'Alexandre exprimeront ouvertement leur mécontentement ou se révolteront, non sans subir par la suite les foudres de leur chef. Alexandre, qui a de son pouvoir une haute vision, entend réunir tous les pays et toutes les nations comme toutes les ethnies dans le sein d'une civilisation hellénistique dont il vient, par les armes, de montrer la supériorité.

Il est aussi habité, comme le seront tous les chefs de guerre de l'Antiquité, par ses origines mythiques. Un descendant d'Achille et d'Héraklès ne peut pas renoncer à des ambitions extrêmes, au risque de trahir ses ancêtres. Cette idéologie compte également dans les desseins suprêmes d'Alexandre qui s'apprête à pénétrer sur des terres à l'est où aucun Grec ne s'est jamais aventuré. Nul ne peut douter qu'une fois achevée cette conquête de terres inconnues, il se retournera avec la même détermination vers l'ouest de la terre pour y parfaire la domination hellénistique.

On reste confondu par la témérité d'un homme qui, comme tous ses contemporains, ignore en grande partie la géographie des terres qu'il s'apprête à fouler avec ses soldats. L'aventure ne lui fait pas peur : elle constitue pour lui une sorte de pari et, surtout, une manière de se dépasser et de montrer qu'il est à la hauteur du héros d'Homère et du demi-dieu de la mythologie dont il descend.

Il semble, au dire des historiens, qu'Alexandre, convaincu de ses filiations et surtout d'être un héros prédestiné à l'accomplissement d'une mission universelle, a pris le droit de se livrer après la mort de Darius à des comportements contraires à ceux qu'on lui connaissait :

Il lâcha librement le frein à ses passions : la continence et la modération, vertus qui honorent les plus hautes fortunes, firent place chez lui à l'orgueil et à l'insolence. Les mœurs de son pays, la vie régulière sagement ordonnée des rois de Macédoine, leurs habitudes populaires, tout cela lui semblait au-dessous de sa grandeur, et il affectait le faste hautain de la cour de Perse qui égalait la puissances des dieux. Il avait le vif désir de voir les vainqueurs de tant de nations étendus contre le sol pour le révérer, de les plier à des fonctions serviles et les traiter à l'égal des captifs. On le vit mettre autour de sa tête le diadème de pourpre, nuancé de blanc, tel que Darius l'avait porté, et se revêtir de l'habit des Perses, sans craindre même les présages qui pouvaient s'attacher à cet abandon du costume des vainqueurs pour celui des vaincus. C'étaient, disait-il, les dépouilles des Perses qu'il portait ; mais, avec ces dépouilles, il avait pris leurs mœurs et le faste des habits était suivi de l'arrogance des sentiments. Les lettres qu'il envoyait en Europe étaient, comme par le passé, scellées de la pierre de son anneau ; mais celles qu'il expédiait en Asie, il les cachetait du sceau de Darius, comme pour montrer que l'esprit d'un seul homme ne pouvait suffire à la fortune de deux. La cavalerie des Amis, et avec eux les officiers de l'armée n'osant s'en défendre, malgré leur répugnance, avaient pris, par son ordre, l'habit des Perses. Trois cent soixante concubines, autant qu'en avait eu Darius, remplissaient son palais ; à leur suite étaient des troupes d'eunuques, accoutumés eux-mêmes à se prostituer comme des femmes. Cette contagion honteuse du luxe et des mœurs étrangères était un objet public d'aversion pour les vieux soldats de Philippe, gens peu faits pour les voluptés ; et, dans tout le camp, il n'y avait qu'une seule opinion, un seul langage : on avait plus perdu, disait-on, par la victoire, que gagné par la guerre. C'était bien eux qui étaient vaincus désormais et asservis au joug des mœurs étrangères ; pour prix d'une si longue absence, ils retourneraient dans leurs foyers vêtus à peu près comme des captifs. Quelle honte pour eux de voir leur roi plus semblable aux vaincus qu'aux vainqueurs, et le chef des Macédoniens devenu satrape de Darius[1] !

Alexandre n'ignorait pas les graves mécontentements de ses principaux amis et de son armée, et il voulut éviter une sédition toujours possible dans le climat d'oisiveté où vivaient ses troupes. C'est pourquoi, dans un premier temps, il voit dans la lutte contre Bessos une diversion nécessaire.

Bessos et Nabarzanès ont assassiné Darius et ont osé lui confisquer, par cet acte sanglant, le plaisir de manifester sa clémence et sa tolérance envers un roi vaincu, trahissant ainsi la confiance qu'il avait mise en eux et manifestant de cette manière leur désir de s'affranchir de l'autorité du roi de Macédoine, crime pour le moins de lèse-majesté.

Alexandre se met donc en route vers l'Hyrcanie du côté de la mer Caspienne afin de rejoindre au plus vite Nabarzanès qui s'est retranché sur le mont

Elbrouz. Il divise son armée en autant de petites unités très mobiles et établit des postes militaires qui, de loin en loin, réduisent peu à peu le traître et ses troupes de mercenaires en partie grecs. Nabarzanès est bientôt tellement acculé qu'il se rend au camp d'Alexandre pour se soumettre. Le roi de Macédoine peut alors utiliser son droit de grâce envers le rebelle qui va lui permettre de rallier à lui un certain nombre de grands chefs perses et de satrapes, tels Ariobarzanês et Autophradates, ainsi qu'Artabaze et ses trois fils. En revanche, il refuse de recevoir les mercenaires grecs, disant « qu'ils avaient violé indignement la loi de leur patrie qui défendait aux Grecs de prendre parti contre les Grecs pour les Barbares ; qu'ils n'avaient qu'à se rendre à merci ou songer à leur salut. Ils se soumirent à merci, en demandant qu'il envoyât vers eux un de ses chefs auquel ils se rendraient. Ils étaient environ au nombre de quinze cents[2] ». D'autres refusent de se soumettre et Alexandre fait un grand nombre de prisonniers et tue tous ceux qui en avaient appelé aux armes contre lui et s'étaient réfugiés chez les Mardes. Quant aux quinze cents prisonniers, ils sont presque tous libérés, ainsi que les mercenaires grecs qui s'étaient mis au service de Darius. Nombre d'entre eux sont enrôlés dans l'armée macédonienne, sous la direction d'Andronique.

C'est sans doute lors de cette expédition en Hyrcanie et dans le pays des Mardes que se situe l'épisode du vol du cheval Bucéphale. En effet, Alexandre n'a éprouvé aucune pitié envers ceux qui ne voulaient pas se soumettre et a fait mettre le feu à leurs habitations, après les avoir chassés dans les montagnes :



Alors qu'il entamait une expédition contre Satibarzanès, satrape d'Arie, Alexandre aurait reçu la visite de Thalestris, reine des Amazones, femmes mythiques mais qui, aux yeux d'Alexandre, ne l'étaient point, instruit qu'il était depuis son enfance par les poèmes d'Homère et les légendes grecques dont la réalité lui paraissait évidente.

Cédons la parole à deux historiens, Diodore de Sicile et Quinte-Curce. Diodore de Sicile écrit :

Comme il revenait en Hyrcanie, Thalestris, reine des Amazones, qui possédait tout le pays situé entre le Phasis et le Thermodon, prit des mesures pour se trouver sur son chemin. Cette reine était d'une beauté et en même temps d'une force surprenante : mais de plus elle était célèbre dans toute la nation par son courage extraordinaire. Ayant laissé pour lors son armée aux confins de l'Hyrcanie, elle n'avait amené avec elle que trois cents Amazones revêtues comme elle de leurs armes[4].

Et Quinte-Curce :

Cette femme, brûlant du désir de voir le roi, sortit de ses États ; et comme elle n'était plus qu'à peu de distance, elle envoya des messagers à Alexandre pour lui faire savoir qu'une reine, curieuse de le visiter et de le connaître, venait le trouver. Le roi lui ayant aussitôt permis d'approcher, elle fit rester en arrière le reste de sa suite, elle sauta toute seule au bas de son cheval, tenant deux javelots de sa main droite. Les vêtements des Amazones ne leur couvrent pas tout le corps : du côté gauche, elles ont le sein découvert, le reste est voilé, sans que toutefois le pan de leur robe, relevé par un nœud, descende au-dessous des genoux. Elles conservent une de leurs mamelles pour nourrir leurs enfants quand ce sont des filles. La droite est brûlée pour qu'elles puissent plus facilement bander leur arc et lancer la flèche[5].

Alexandre obtient très vite la soumission du satrape Satibarzanès qui vient, lui aussi, rendre les armes, en échange de quoi, le roi de Macédoine lui rend son gouvernement en Arie en prenant soin de le faire surveiller par Anaxippe, un des Hétaires avec quarante hippacontistes[*], pour protéger le pays. Cette clémence n'est pas seulement

[*] Archers à cheval.

d'ordre politique ou une manifestation de propagande, mais elle est nécessaire devant les ambitions de l'autre assassin de Darius, Bessos, qui, selon des messagers perses, « a ceint la tiare, revêtu la pourpre et s'est fait proclamer roi d'Asie sous le nom d'Artaxerxès IV ; que, soutenu par les Perses retirés auprès de lui, par les Bactriens, il attend un renfort des Scythes ses alliés[6] ».

Ce n'est plus de la rébellion, c'est de l'usurpation. Alexandre, sentant le danger et craignant que d'autres chefs de son état-major ne suivent un exemple aussi néfaste, se met en campagne, d'autant plus qu'il vient d'apprendre la défection du satrape Satibarzanès.

Alexandre, à la poursuite de Bessos qui recule à mesure que son ancien chef avance, s'enfonce de plus en plus sur des terres inconnues. Nous sommes à l'automne 330. Alexandre fonde Alexandrie d'Arie[*], se dirige vers l'Hindou-Kouch, soumet le Bélouchistan, se heurte à des tribus de l'Inde au milieu de conditions climatiques effroyables dans la neige et le froid, et atteint Kandahar à la mi-décembre où il s'installe pour passer le reste de l'hiver. Satibarzanès en profite pour appeler l'Arie, réprimée par des lieutenants d'Alexandre, à la révolte. Satibarzanès est tué et ses troupes s'enfuient. Bessos se retrouve désormais sans allié de poids et isolé.

Alexandre et ses troupes pénètrent au début du printemps 329 dans la vallée de Kaboul, dans

---

[*] L'actuelle ville afghane de Hérat.

l'Afghanistan actuel, et s'engagent dans ces zones hautes et montagneuses où la neige et le froid persistent et où le rationnement des vivres est drastique. La poursuite continue et Bessos se dérobe en se cachant dans la vallée de l'Oxos (Amou-Daria). La lutte va durer deux années et empêcher Alexandre de poursuivre plus à l'est ses conquêtes, notamment celle de l'Inde. La Bactriane est pacifiée, mais Alexandre doit à tout prix franchir le fleuve Oxos s'il veut enfin s'emparer de Bessos :

Ce fleuve prend sa source dans le Caucase ; c'est le plus considérable qu'Alexandre ait eu à traverser dans l'Asie, après ceux des Indes, les plus grands fleuves connus : il se jette dans la mer Caspienne près de l'Hyrcanie. Nul moyen de le traverser alors : sa largeur est de dix stades ; son lit encore plus profond et plein de sable ; son cours extrêmement rapide ; il est également difficile d'y fixer ou d'y retenir des pilotis. On manquait de bois pour y jeter des ponts : tirer de plus loin ces matériaux, les rassembler aurait perdu un temps précieux ; on a recours à l'expédient suivant. On remplit de paille et de sarments secs les peaux qui formaient les tentes des soldats, on les coud de manière à les rendre imperméables, on les attache entre elles, on s'aide de ce moyen, et l'armée traverse le fleuve en cinq jours[7].

Cette nouvelle d'une traversée aussi rapide du fleuve atteint le moral de l'état-major de Bessos dont deux de ses lieutenants, Spitamène et Datapherne, qui décident de le livrer à Alexandre après lui avoir annoncé la nouvelle. Mais les deux conjurés hésitent encore et Alexandre envoie son fidèle Ptolémée qui parvient à retrouver Bessos dans un village perdu, prisonnier entre les mains de quelques gardiens.

On envoie des messagers à Alexandre pour lui faire part de cette bonne nouvelle et lui demander comment Bessos doit comparaître devant lui. Alexandre, bien décidé à humilier son ennemi, veut qu'il soit « exposé, nu, attaché avec une corde sur la droite de la route tenue par l'armée ». Ptolémée exécute l'ordre.

Alexandre, venant à passer avec son char, s'arrête et interroge Bessos : « "Pourquoi as-tu trahi, chargé de fers et massacré ton roi, ton ami, ton bienfaiteur ?" Et Bessos de répondre : "Ce ne fut point de mon propre mouvement, mais de l'avis de tous ceux qui accompagnaient alors Darius et qui croyaient à ce prix trouver grâce devant vous." Alexandre le fait frapper de verges : un héraut répète à haute voix les reproches que le roi vient de lui adresser. Après ce premier supplice, Bessos est traîné à Bactres où il doit subir la peine capitale[8]. »

Cette peine capitale est particulièrement atroce : « Alexandre fit courber avec effort deux arbres droits l'un vers l'autre ; puis on attacha à chacun des arbres une partie du corps de Bessos vivant et on laissa reprendre aux deux arbres leur situation naturelle : ils se redressèrent avec violence, et ils emportèrent chacun les membres qui étaient attachés[9]. »

Alexandre le Grand reprend sa marche victorieuse à travers le Moyen-Orient, en direction de Maracanda (Samarcande). Il a toujours en tête de bâtir des villes grandioses qui perpétueraient son nom. Mais il se heurte à des difficultés militaires particulièrement sévères dans un pays montagneux où on peut craindre à tout moment des embuscades meurtrières. Et c'est ce qui se produit. Les Barbares, voisins du fleuve Oxos, les Sogdiens et les Bactriens qui ont fait défection « tombent sur les garnisons macédoniennes, les égorgent et mettent leurs villes en état de défense[10] ».

Alexandre, craignant une révolte généralisée, charge ses généraux de s'emparer au plus vite des places fortes des Barbares, au nombre de sept, tandis qu'il se propose de réduire l'une d'elles, Gaza : il demande également à Cratère de s'emparer de Cyropolis, la plus importante cité de la Sogdiane, en lui conseillant « de camper sous les murs, de la cerner par une circonvallation, de dresser des machines afin que les habitants, occupés à le repousser, ne pussent venir au secours de leurs voisins[11] ».

Alexandre arrive, de son côté, en vue de Gaza, avec ses soldats munis d'échelles pour pouvoir escalader les remparts, les murailles et les tours, construits en terre et peu élevés :

Les archers, les gens de trait, les frondeurs mêlés à l'infanterie ou montés sur les machines font pleuvoir une grêle de flèches sur les assiégés en les forçant à abandonner leurs positions. Les échelles sont dressées, les Macédoniens escaladent les murs. Alexandre fait passer tous les hommes au fil de l'épée et partage les femmes, les enfants et le butin entre ses soldats. Il marche sur une seconde ville aussi peu fortifiée que Gaza et y entre le même jour. Les habitants de cette cité subissent le même sort atroce que leurs voisins. Il continue sa course victorieuse, s'empare d'une troisième ville fortifiée. Il envoie sa cavalerie cerner deux autres villes de peur que leurs habitants, instruits de la défaite des autres places fortifiées, ne prennent la fuite[12].

Alexandre a bien deviné les intentions de l'ennemi, ce qui est le propre d'un grand chef : il sait anticiper et se mettre à la place de l'adversaire, imaginer ses desseins futurs. Les habitants des cités encore intactes ont, en effet, aperçu la fumée des incendies des villes prises par les Macédoniens, mais, alors qu'ils prennent la fuite, ils se heurtent à la cavalerie macédonienne qui en tue un grand nombre.

Alexandre décide d'aller épauler Cratère à Cyropolis, ville qui porte le nom du célèbre Cyrus qui en fut le bâtisseur. Elle est capable de tenir un siège car ses murs ne sont pas en terre cuite, mais en pierre ou en matériaux solides, et ses remparts sont très élevés. Fort perspicace, Alexandre constate que le canal du fleuve qui traverse la ville est à sec et constitue donc une voie de pénétration toute trouvée. Il se faufile par cet étroit corridor naturel, avec quelques soldats, tandis que le gros de sa troupe occupe les habitants de la ville, en faisant mine de vouloir monter à l'assaut des remparts.

Alexandre fait alors, par surprise, sauter les portes de la ville et ses soldats peuvent y entrer sans rencontrer de résistance. Les habitants de Cyropolis, se voyant trompés, n'ont plus qu'une idée, s'emparer de la personne d'Alexandre ou, mieux, le tuer. Or le roi de Macédoine est entouré d'une faible escorte et doit essuyer une pluie de projectiles jetés par les Barbares :

Une pierre le frappa si violemment à la tête qu'un nuage épais se répandit sur ses yeux et que, privé de sentiment, il s'évanouit. Ce qui est certain, c'est que l'armée le pleura comme si elle l'avait perdu. Mais, invincible à ce qui frappe d'épouvante les autres hommes, il n'attendit pas que sa blessure fût entièrement guérie et n'en pressa que plus vivement le siège, la colère enflammant encore son ardeur naturelle[13].

En revanche, Cratère et des membres de son état-major sont blessés plus grièvement par des flèches. Mais le combat reste inégal et en défaveur des Cyropoliens qui sont encerclés et meurent en grand nombre. Arrien donne le chiffre de huit mille soldats barbares mis hors de combat, tandis que dix mille se retranchent dans la citadelle où ils sont assiégés par Alexandre. Faute d'eau, les assiégés sont obligés de se rendre.

Pourtant, la situation reste encore périlleuse pour Alexandre, car le siège, même victorieux, de ces sept villes a retenu les Macédoniens. Les Scythes en profitent pour s'avancer jusqu'au Tanaïs. Spitamène de son côté assiège Maracanda (Samarcande) dont la garnison macédonienne se trouve en péril. Alexandre lui envoie des armées de secours qui dégagent la place investie. Rassuré, Alexandre décide de faire bâtir une ville au bord de l'Iaxartès qui, symboliquement, marque la frontière entre l'Orient connu et celui qui ne l'est presque pas, c'est-à-dire en quelque sorte les bornes du monde à l'est :


Tout l'espace qu'avait occupé son camp, il l'entoure de murailles ; l'enceinte de la ville fut de soixante stades et Alexandre voulut que celle-là aussi prît le nom d'Alexandrie. L'ouvrage se poursuivit avec tant de rapidité que, dix-sept jours après, les remparts, les maisons mêmes de la ville furent achevés. Il y avait entre les soldats une émulation extraordinaire ; c'était à qui montrerait le premier sa tâche achevée : car chacun avait la sienne. Cette ville reçoit les Grecs à la solde d'Alexandre, des populations des pays voisins qui veulent bien y habiter et quelques Macédoniens hors d'état de servir. Selon la coutume, il sacrifie aux dieux et fait célébrer des jeux gymniques et donner des courses à cheval[14].

De l'autre côté du fleuve, les Scythes non seulement ne se retirent pas mais harcèlent les Grecs, ajoutant la provocation à l'outrage, et hurlent : « Alexandre, tu n'oses te mesurer aux Scythes ; si tu l'osais, tu sentirais combien ils diffèrent des Barbares de l'Asie[15]. »

Irrité par ces injures, Alexandre veut répondre aux provocateurs barbares et entend traverser le fleuve. Mais le ciel semble être défavorable à une semblable action. Alexandre est mécontent de ne pas avoir les dieux pour lui, mais se soumet dans un premier temps à leur volonté. Les Scythes, trop contents d'une attitude qu'ils assimilent à de la couardise, continuent à faire pleuvoir sur les soldats d'Alexandre des injures et des flèches en grand nombre. De plus en plus furieux, Alexandre consulte à nouveau les présages, mais ceux-ci continuent à ne pas lui être favorables et lorsque Aristandros lui demande d'être prudent, impétueux, il réplique que lui, le vainqueur de presque toute l'Asie, il ne supportera jamais d'avoir été ainsi insulté par les Scythes.

La traversée du fleuve, pourtant peu large, est une véritable épopée :

Alexandre fait jouer les machines : quelques Scythes sont blessés ; l'un d'entre eux, atteint par un trait terrible qui perce le bouclier et la cuirasse, tombe de cheval ; épouvantés, les autres reculent. Alexandre, profitant de leur désordre, fait sonner les trompettes, se jette le premier dans le fleuve, toute son armée le suit : il faut traverser d'abord les frondeurs et les archers pour empêcher, à coups de traits, les Scythes d'approcher la phalange avant que toute la cavalerie fût sur l'autre rivage.

Toute l'armée ayant traversé le fleuve, il détache contre les Scythes un corps de chevaux alliés et quatre escadrons de Sarissophores[*]. L'ennemi bien plus nombreux soutient leur choc, les tourne avec sa cavalerie, les accable de traits et se retire en bon ordre. Les archers, les Agriens et l'infanterie légère, sous les ordres de Balacros, volent à leur secours. Dès qu'on en vient aux mains, trois corps d'Hétaires et les archers à cheval viennent les soutenir. Alexandre paye aussi de sa personne avec toute sa cavalerie ; l'ennemi, serré de près par les hommes et les chevaux, ne pouvait plus se disperser comme auparavant. Il prend la fuite, laisse mille morts sur le champ de bataille, dont Satrace, un de leurs chefs, et cent cinquante prisonniers. L'armée qui se met à la poursuite des fuyards souffre beaucoup de la chaleur et de la soif. Alexandre, lui-même, ayant calmé la sienne avec l'eau malsaine du pays, en fut très incommodé. Les Macédoniens sont contraints de s'arrêter devant cet accident de santé de leur chef auquel les Scythes doivent leur salut. Alexandre, très malade, est reconduit au camp : ainsi se confirma le présage d'Aristandros[16].

* Ceux qui sont armés d'une sarisse.

Cette expédition manquée n'a pas de conséquences fâcheuses. Le roi des Scythes envoie des
ambassadeurs auprès d'Alexandre, trouvant que les
Grecs ont été, dans l'affaire, outragés par ses troupes, composées selon lui de brigands. Alexandre,
préoccupé par ce qui se passe à Maracanda, veut
bien accepter les explications du souverain barbare et recevoir ses députés avec bienveillance.

En effet, si Spitamène, apprenant l'arrivée des
Grecs venus porter secours à la garnison de Maracanda (Samarcande), s'est retiré vers les frontières
de la Sogdiane, il a réussi à vaincre Pharnuque,
avec ses six cents cavaliers composés de nomades
scythes, près du fleuve Polytimetos (Zarafchan), et
a repoussé d'autres Macédoniens venus au secours
des troupes en difficulté. Alexandre, apprenant
cette succession de petits désastres qui peuvent
mettre en péril toute sa stratégie conquérante, ac-
court alors à marche forcée, selon son habitude,
afin de surprendre Spitamène qui assiège à nouveau Maracanda. En apprenant l'arrivée du roi, le
chef barbare prend la fuite. Alexandre arrive sur
les lieux des combats et de la défaite des siens, fait
ensevelir les morts à la hâte et repousse les Scythes
dans leurs déserts : « Revenant sur ses pas, il ravage tout leur territoire, extermine les Barbares qu'il
trouve sur les hauteurs et qui avaient pris parti
contre les Grecs. Il parcourt ainsi tout le pays
qu'arrose le Polytimetos [...]. Après cette incur-
sion, Alexandre se retire à Bactres pour y prendre
ses quartiers d'hiver[17]. » C'est là que se situe le

supplice de Bessos que nous avons évoqué plus haut. Il est dit qu'avant d'être écartelé par les deux arbres qui brusquement se redressèrent, Bessos eut le nez et les oreilles coupées. Ce qui fait dire à Arrien : « Qu'un mortel soit comblé de tous les dons de la nature, qu'il brille par l'éclat de sa naissance, que sa fortune et ses vertus guerrières l'emportent sur celles d'Alexandre, qu'il subjugue l'Afrique et l'Asie, comme celui-ci se l'était proposé, qu'il joigne l'Europe à son empire, il n'aura rien fait pour le bonheur, si, même au milieu des succès les plus inouïs, il ne conserve la plus grande modération[18]. »

On peut comprendre qu'Alexandre, arrêté pendant une année dans sa conquête, en 329, par des combats sans gloire et des luttes où il n'est pas toujours le vainqueur, ait été irrité de voir ainsi ses projets malmenés et interrompus.

Profitant de son séjour à Bactres au cours de l'hiver 329-328, il réorganise son armée et s'assure d'un certain nombre d'alliés locaux. Tandis que ses principaux généraux recrutent des indigènes, Alexandre, de son côté, enrôle et pacifie d'une manière fort étrange, ce qui montre son ouverture d'esprit :

Trente prisonniers sogdiens, tous remarquables par la rare vigueur de leurs corps, avaient été amenés devant Alexandre. Ayant appris de la bouche d'un interprète que, par l'ordre du roi, on les traînait au supplice, ils se mirent à entonner un chant d'allégresse et à témoigner, par des danses et des gestes extravagants, la joie de leurs cœurs. Le roi, étonné du courage avec lequel ils marchaient à la mort, les fit rappeler et

1 Alexandre sur son cheval Bucéphale.
Mosaïque de la bataille d'Issos contre Darius (détail),
Pompéi, II$^e$ siècle av. J.-C.
Naples, Musée archéologique national.

2 Olympias, mère d'Alexandre. Médaille en or, IIIe siècle av. J.-C. Thessalonique, Musée archéologique.

3 Monnaie en or à l'effigie de Philippe II, trésor de Tarse, IIIe siècle av. J.-C. Paris, BnF.

4 Aristote, copie romaine d'après l'original de Lysippe. Palerme, Musée archéologique national.

5 Dionysos chevauchant
une panthère, mosaïque
de Pella, fin du IV^e siècle av. J.-C.
Pella, Musée archéologique.

6 Achille tuant Penthésilée,
amphore attique, 540-530
av. J.-C. Londres, British Museum.

*« Si je n'étais
Alexandre, je voudrais
être Diogène. »*

Alexandre

**7** Alexandre à la tête
de la cavalerie
des Compagnons
lors de la bataille
d'Issos. Sarcophage
d'Alexandre
provenant de Sidon,
fin du IVe siècle
av. J.-C. Istanbul,
Musée archéologique.

**8** Fantassin
macédonien.
Sarcophage
d'Alexandre
provenant de Sidon,
fin du IVe siècle
av. J.-C. Istanbul,
Musée archéologique.

**9** Reconstitution
d'une phalange
macédonienne
au temps d'Alexandre.
Dessin de Peter
Connolly.

7

8
9

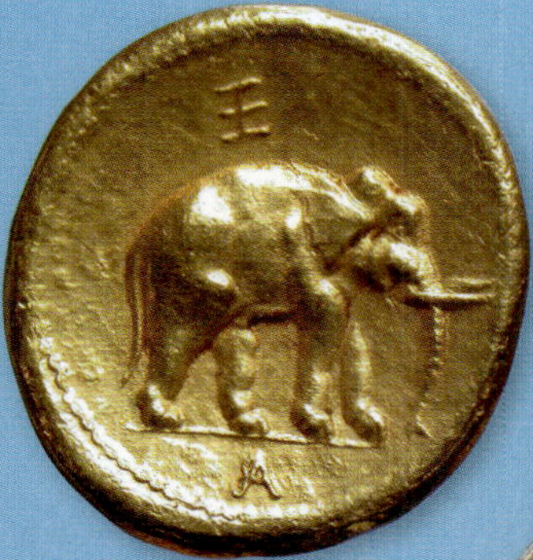

10

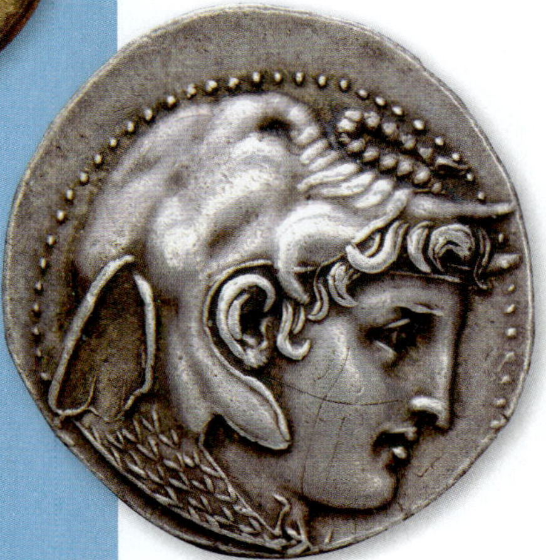

11

*« Pour son genre de vie, il s'assimilait davantage encore aux gens du pays, tout en visant à rapprocher ceux-ci des coutumes macédoniennes. Il pensait que la bienveillance née de ce mélange et de cette communauté de mœurs l'aiderait plus que la violence à rendre son pouvoir stable, quand il serait parti au loin. »*

Plutarque

10 Un éléphant de guerre évoquant la bataille contre Poros. Médaille en or (revers), IVe siècle av. J.-C.

11 Tête d'Alexandre portant les cornes d'Amon et coiffé d'une peau d'éléphant. Monnaie de Ptolémée Ier (tétradrachme d'argent), 314-313 av. J.-C. Collège d'Eton.

12

13

14

**12** Buste d'Alexandre provenant de Manisa Magnesia (Turquie), IIe siècle av. J.-C. Istanbul, Musée archéologique.

**13** Alexandre en Hélios Cosmocrator. Vase provenant d'Amisos (Samsun, Turquie), IIIe-II[e] siècle av. J.-C. Bruxelles, musée des Beaux-Arts.

**14** Alexandre, buste en ivoire, IVe siècle av. J.-C. Fouilles de Vergina. Site archéologique d'Aigai.

15

16

« *Alexandre pour
sa part n'était
ni ému ni aveuglé
par sa prétendue
divinité, mais cette
croyance était pour lui
un instrument
de domination.* »

Plutarque

**15** Tête de bodhisattva,
art du Gandhara, dit aussi
art gréco-bouddhique,
I$^{er}$-III$^e$ siècle, site de Hadda
(Afghanistan).
Paris, musée Guimet.

**16** Bodhisattva debout,
art du Gandhara, I$^{er}$-III$^e$ siècle,
site de Shahbaz-Garhi.
Paris, musée Guimet.

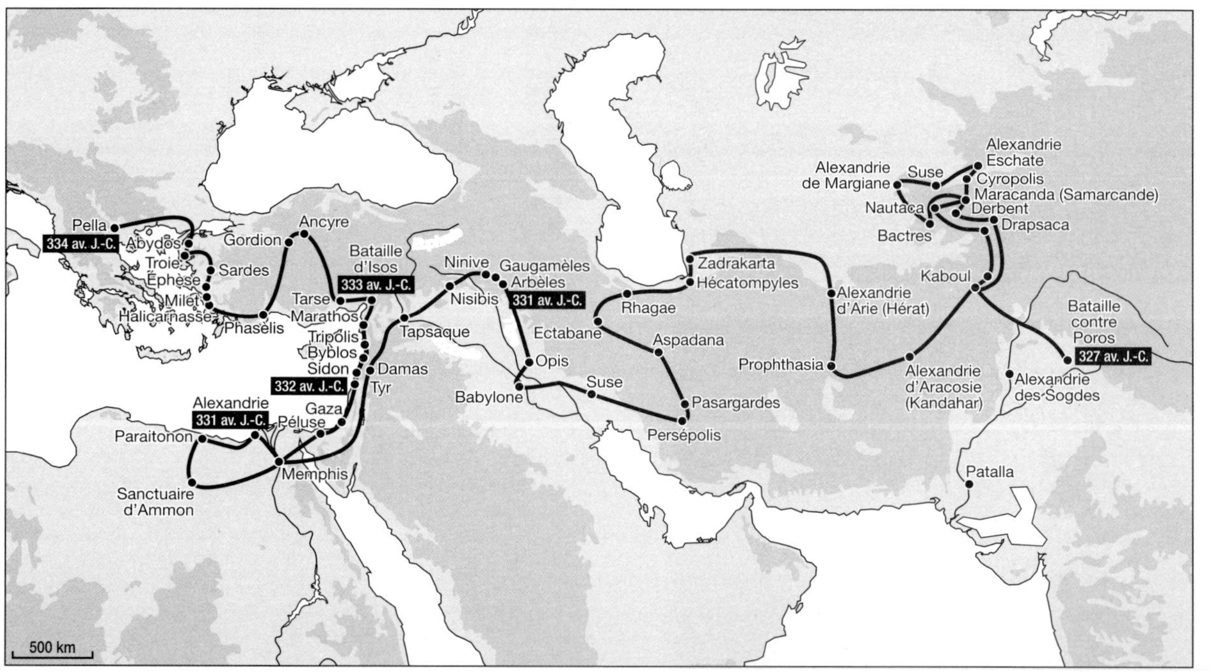


17  Itinéraire d'Alexandre

leur demanda d'où leur venaient ces transports de joie, lorsqu'ils avaient le supplice devant les yeux. Ils répondirent que, si un autre les eût fait périr, ils seraient morts tristes, mais que, rendus à leurs ancêtres par un si grand roi, vainqueur de toutes les nations, ils allaient jouir d'une mort honorable, objet des vœux de tout homme de cœur et qu'ils célébraient par des chants à leur manière et par des témoignages d'allégresse. « Eh bien, leur dit Alexandre, me promettez-vous de vivre sans haine pour moi, si vous vivez par un bienfait de ma clémence ? » Ils répliquèrent qu'ils n'avaient jamais eu de haine pour lui ; mais que, enrôlés dans la guerre, ils avaient été ses ennemis. Que si on les avait mis à l'épreuve par des bienfaits plutôt que par des outrages, ils eussent essayé de ne pas se laisser vaincre en bons procédés. Et comme il leur demandait quel gage ils comptaient lui donner de leur fidélité : « La vie que nous avons reçue de toi sera ce gage, répondirent-ils, nous serons prêts à te la rendre quand tu nous la redemanderas. » Et ils tinrent leur promesse. Ceux qui s'en retournèrent dans leurs demeures maintinrent leurs concitoyens dans l'obéissance et les quatre qui restèrent pour prendre place parmi les gardes de la personne royale ne le cédèrent à aucun des Macédoniens en dévouement pour Alexandre[19].

Au cours de cet arrêt forcé à Bactres, Alexandre s'emploie à calmer son impatience. Il est fort aidé en cela par des lieutenants toujours judicieusement choisis : « Ptolémée et Ménidas amenèrent au roi trois mille fantassins et mille chevaux de troupes mercenaires. Asander arriva de Lycie avec un nombre égal de fantassins et de cinq cents chevaux : il en vint autant de la Syrie, sous la conduite d'Asclépiodore. Et Antipater avait envoyé huit mille Grecs, parmi lesquels cinq cents cavaliers[20]. »

# Alexandre le Grand organise
# son empire

Alexandre a pour but principal de conquérir l'Inde, et il ne s'en cache pas à son état-major. Mais il doit pour se rendre plus à l'est être sûr des provinces du Nord qu'il vient de soumettre, et donc des peuples qui se trouvent dans les régions à travers lesquelles coule l'Oxos. En quatre jours, il arrive au bord du fleuve, fort limoneux. Pour éviter de boire de l'eau malsaine, ses soldats creusent des puits ; mais en vain. En revanche, dans la tente même du roi, on découvre une source et on prétend qu'elle a jailli tout à coup. Alexandre n'est pas le premier à dire que c'est là le bienfait d'un dieu...

En fait, et de nombreux historiens le soulignent, Alexandre vient de faire une découverte capitale dont aujourd'hui plus que jamais nous mesurons les conséquences :

Un Macédonien, nommé Proxénus, intendant des équipages, découvrit sur les bords du fleuve Oxos, pour dresser la tente du roi, une source d'une liqueur grasse et visqueuse : quand on eut épuisé cette liqueur, il jaillit de la source une huile pure et claire qui ne différait en rien de l'huile véritable pour l'odeur et pour le goût et qui en avait absolument tout l'éclat et toute l'onctuosité. Cependant, il n'y a point d'oliviers dans ce pays. Il est vrai que l'eau de l'Oxos est, dit-on, la plus onctueuse qu'il y ait et que la peau de ceux qui s'y baignent devient grasse et huileuse. On voit par une lettre d'Alexandre à Antipater, combien Alexandre fut charmé de cette découverte, puisqu'il la met au nombre des plus signalées faveurs qu'il eût reçues de la divinité. Ce signe présageait, selon les devins, une expédition dangereuse et pénible, la divinité ayant donné l'huile aux hommes pour réparer leurs forces épuisées par les fatigues[1].

On aura compris que cette huile qui jaillit n'est autre que du pétrole dont on sait que de nos jours il fait encore la richesse de la région de la mer Caspienne et qu'il est l'objet des convoitises, depuis le XXe siècle, des grandes puissances.

Alexandre, contraint de faire une nouvelle campagne en Bactriane, soumet facilement les villes occupées par les Barbares révoltés. Cependant, Spitamène, ayant appris qu'Alexandre venait de quitter la Bactriane, s'empresse, avec l'aide des Scythes, « une poignée de transfuges de Sogdiane et six cents chevaux massagètes, d'attaquer une place forte grecque à la frontière, surprenant la garnison, égorgeant tous les soldats et retenant le commandant prisonnier, avant de s'enfoncer ensuite dans le territoire autour de Bactres et de le ravager[2] ».

Il reste des malades et des éclopés derrière les murs de la ville de Zariaspa, ainsi que des cavaliers Hétaires. Tous les convalescents se rassemblent, prennent leurs armes, montent sur leurs chevaux et, aidés des stipendiaires de Bactres, ils poursuivent les Massagètes : « Cette sortie imprévue les rend maîtres de tout le butin des Scythes qu'ils égorgent en grande partie. Malheureusement, en se retirant, ils tombent dans une embuscade et sept Hétaires et soixante stipendiaires sont tués [...]. Instruit de cette défaite, Cratère marche contre les Massagètes qui fuient aussitôt dans le désert : mille chevaux se réunissant à eux, Cratère les atteint et les défait malgré une résistance opiniâtre. Plus de cent cavaliers scythes sont tués, mais d'autres peuvent s'enfuir dans le désert[3]. »

Alexandre a compris que, trop vieux, Artabaze, satrape de Bactriane, est incapable de résister aux pressions ennemies. Il le remplace par Amyntas, et lui adjoint Coenos et Méléagre, ainsi qu'un grand nombre de cavaliers afin de réduire le remuant Spitamène. Ayant réussi à soudoyer des cavaliers scythes, Spitamène engage la bataille contre Coenos, sanglante, terrible, dont la victoire reste aux Macédoniens.

Reste le cas de Spitamène qui se dérobe sans cesse devant Alexandre, lequel se met à sa poursuite et arrive non loin de son camp. L'épouse de Spitamène joue dans la chute de celui-ci un rôle très particulier :

Spitamène aimait éperdument sa femme, et, malgré le déplaisir qu'elle éprouvait à fuir sans cesse d'exil en exil, il la traînait avec lui au milieu de tous les dangers. Fatiguée de tant de maux, chaque jour, elle utilisait auprès de lui les séductions de son sexe pour le décider à mettre enfin un terme à sa fuite, à mettre à l'épreuve la clémence du vainqueur et le fléchir, puisque aussi bien il ne pouvait lui échapper. Mère de trois fils déjà grands qu'elle avait eus de lui, elle les mettait dans les bras de leur père, le suppliant de les prendre au moins en pitié. Et pour donner plus d'autorité à ses prières, elle lui faisait valoir qu'Alexandre était proche. Spitamène, prenant ces paroles pour une trahison et non pour un conseil et s'imaginant que, confiante en sa beauté, elle brûlait d'être au plus tôt entre les mains d'Alexandre, tira son cimeterre et il allait l'en frapper, si les frères de cette femme ne se fussent jetés au-devant du coup pour l'arrêter.

Spitamène ordonna cependant à son épouse de s'éloigner de sa présence, la menaçant de mort si jamais elle s'offrait à ses regards. Et pour se consoler de sa perte, il se mit à passer ses nuits avec des concubines. Mais, avec le dégoût de la jouissance, se ralluma la passion qu'il portait pour sa femme au fond du cœur[4].

Revenu auprès de sa femme, tout en l'exhortant à ne plus lui donner de conseils et en lui disant « qu'il préférait la mort à la honte de se rendre[5] », Spitamène donne un festin de réconciliation. Il boit énormément, mange beaucoup, et se trouve dans un tel état de torpeur qu'on est contraint de le transporter, à moitié endormi, dans sa chambre :

Sa femme, dès qu'elle le vit reposer d'un calme et profond sommeil, tire une épée qu'elle avait cachée sous sa robe, lui coupe la tête, et, toute souillée de sang, la remet à l'esclave complice de son crime. Accompagnée de ce même esclave, et avec sa robe tout ensanglantée, elle se rend au camp des Macédoniens et fait dire à Alexandre qu'elle a des choses à lui annoncer qu'il ne doit entendre que de sa bouche. Le roi donne aussitôt l'ordre d'introduire cette femme. Quand il la vit couverte de sang, convaincu qu'elle venait se plaindre de quelque outrage, il l'invita à dire ce qu'elle souhaitait. Elle demanda alors que l'on fît entrer l'esclave qu'elle avait laissé dans le vestibule ; mais, en tenant enveloppée sous ses vêtements la tête de Spitamène, cet homme avait inspiré des soupçons et, fouillé par les gardes, il leur montra ce qu'il cachait. La pâleur de la mort avait renversé les traits de ce visage éteint et il était impossible de le reconnaître.

Lorsque le roi sut que l'esclave portait une tête d'homme, il sortit de sa tente et lui demanda ce que c'était ; l'autre le satisfit sur-le-champ par sa réponse. À cet instant mille pensées contraires vinrent agiter son esprit et le livrer à l'irrésolution. C'était un grand service qu'on venait de lui rendre de mettre à mort un transfuge, un traître, qui, s'il eût vécu, eût retardé le cours de ses grandes entreprises ; mais, d'un autre côté, il ne pouvait voir sans horreur un forfait si énorme, une femme qui avait assassiné l'homme à qui elle devait le plus, le père de ses enfants. Cependant, l'atrocité du crime l'emporta sur l'importance du service rendu et il fit signifier à l'épouse de Spitamène de sortir du camp. Il craignait que cet exemple de la férocité barbare n'altérât les mœurs des Grecs et la douceur de leur caractère[6].


L'année 328 s'écoule. Les historiens de l'Antiquité sont silencieux sur cette période et il est impossible d'en savoir davantage. Deux hypothèses sont avancées, soit Alexandre entend avant de se diriger vers l'Inde permettre à ses troupes de se reposer longuement à Nautaca (Derbent), soit il sent que ses généraux dont beaucoup sont des amis d'enfance commencent à comploter et il les fait surveiller avant de sévir dès que les conjurations dont il va être l'objet se dévoileront. Ce n'est pas par hasard que, sans guerroyer, il se livre à des mutations dans le personnel administratif, remplaçant Oxyartès, satrape de Médie, par Atropatès qui avait exercé cette fonction sous Darius. Sans doute se méfie-t-il du premier et ne croit-il plus à sa fidélité. Staménès remplace à Babylone Mazaios dont on vient d'apprendre la mort.

Au printemps de l'année 328, Alexandre part pour assiéger la montagne de la Paratacène (monts d'Hissar) des Sogdiens et en particulier la Roche des Sogdiens (près de Derbent) qui a pour réputation d'être inexpugnable en raison de ses fortifications imprenables :

C'est dans cette place que s'étaient réfugiés une foule d'habitants et Oxyartès, le seigneur de la contrée, avec sa femme et ses filles, après avoir abandonné la cause d'Alexandre. La prise de ce poste aurait enlevé aux Sogdiens leur dernier asile. Alexandre s'approche, mais il ne voit de tous côtés qu'une hauteur escarpée, couverte de neige, inabordable. Les Barbares étaient approvisionnés pour un long siège et ne manquaient point d'eau.

Alexandre leur propose des pourparlers qui pourraient se conclure par une entière liberté de se retirer chez eux. Mais les Barbares se prennent à rire en lui demandant si ses soldats ont des ailes, tellement ils se croient inaccessibles. Irrité de cette réponse vaniteuse, Alexandre, pour satisfaire à la fois sa vengeance et sa gloire, résolut d'emporter la place. Il fait proclamer par un héraut que le premier de tous qui montera à l'assaut obtiendra douze talents ; le second, le troisième et tous ceux qui lui succéderont des récompenses proportionnées, jusqu'au dernier qui recevra trois cents dariques.

Des Macédoniens courageux et attirés par la récompense proposée se présentent au nombre de trois cents, choisis parmi ceux exercés à ces sortes de travaux. Ils sont armés de crampons de fer qu'ils doivent ficher dans la glace ou dans la roche et auxquels ils attachent de fortes cordes.

Se dirigeant pendant la nuit du côté le plus escarpé et le moins gardé, à l'aide de crampons et d'efforts redoublés ils arrivent de différents côtés sur le sommet. Lors de cet assaut, trente des guerriers d'Alexandre roulent dans les précipices et les crevasses, à tel point qu'on ne put retrouver leurs corps. Parvenus au sommet, les Macédoniens élèvent un drapeau, selon un signal convenu. Alexandre députe alors un héraut vers les postes avancés des Barbares pour leur demander de se rendre, puisque ses soldats ont des ailes ! Les Barbares n'ont qu'à lever les yeux vers les hauteurs occupées par les Macédoniens.

S'imaginant que les assaillants sont en grand nombre et bien armés, les Barbares se rendent. Parmi les prisonniers, on compta un grand nombre de femmes et d'enfants, entre autres ceux d'Oxyartès. L'une de ses filles, Roxane, nubile depuis peu, était la plus distinguée des beautés de l'Asie, après la femme de Darius. Alexandre en est épris et loin d'user des droits du vainqueur sur sa captive, il l'élève au rang de son épouse, action bien plus digne d'éloge que de blâme[7].

Oxyartès, instruit de toutes ces bonnes dispositions, vient trouver Alexandre qui le reçoit avec tous les honneurs et qui devient alors et son allié et son gendre. La Sogdiane est presque soumise, qui depuis des années apparaissait comme la plus rebelle des nations barbares. Mais reste encore la Roche de Choriène aux mains d'irrédentistes. Cette montagne fortifiée a vingt stades de hauteur et soixante de tour. Alexandre fait abattre des sapins, et de ce bois fait des échelles pour descendre dans les précipices inaccessible qui entourent la Roche. Puis il se sert de claies et de fascines pour former un pont qu'on couvre de terre afin d'arriver de plain-pied jusqu'à la place.

Les Barbares se moquent dans un premier temps des manœuvres d'Alexandre, mais reçoivent bientôt des flèches que leur envoient les Macédoniens qui sont à couvert sous leurs travaux. Choriène s'affole et envoie un messager à Oxyartès qui lui conseille de se rendre à un ennemi aussi clément. Les tractations durent un peu, mais Alexandre peut prendre possession de la citadelle, rencontrer Choriène auquel, loin de lui en vouloir, il rend le gouvernement de la place forte et de tous les lieux sur lesquels elle s'étendait. Choriène, qui avait accumulé beaucoup de provisions, s'engage à fournir pendant deux mois à l'armée d'Alexandre du blé, du vin et des salaisons.

Peu de temps après, Cratère est vainqueur des derniers irréductibles et la Sogdiane est à jamais soumise, tandis que nombre de Barbares ne rêvent que de s'enrôler dans l'armée d'Alexandre qui rentre à Bactres pour enfin préparer sérieusement son expédition en Inde, le rêve de sa vie.

Pourtant, comme il a déjà été suggéré dans ce récit, Alexandre n'ignore pas que ses amis et ses officiers ont été parfois ulcérés de le voir se transformer en souverain oriental et exercer sa clémence envers des Barbares méprisables. Ils ne comprennent pas cette politique libérale d'assimilation, son mariage avec Roxane et cette vision universelle d'un monde pacifié par le mélange des ethnies et des nations, comme par celui des Barbares avec les Grecs. Le tout formant une sorte de nouvelle race civilisatrice dont l'hellénisme serait le ferment. Ils se font aussi les porte-parole de leurs troupes lassées de tant de batailles, de conquêtes, et inquiètes de s'éloigner de plus en plus de leurs foyers, après trois ans de campagnes militaires. Enfin, ils se voient réduits à l'état de courtisans et privés du droit de conseiller Alexandre.

Une conjuration naît à l'automne 330 à Phrada, peu après la mort de Darius qui a marqué un tournant dans les projets d'Alexandre, toujours porté à conquérir des territoires de plus en plus à l'est, en dépit des réticences de son état-major. Le général Philotas, fils de Parménion, un Hipparque, c'est-à-dire un des plus proches d'Alexandre, avait déjà raillé en Égypte le culte rendu par son roi à Ammon, qui avait déclaré ce dernier fils de Zeus, et ne s'était pas caché de son hostilité à cette pratique cultuelle auprès de ses collègues. Ces derniers avaient ébruité les propos peu amènes de Philotas pour qu'Alexandre en fût informé.

L'affaire de ce complot est assez complexe. Dimnos, un Hétaire, décide d'assassiner Alexandre. Ceux qui découvrent la conjuration demandent immédiatement à Philotas de prévenir le roi. Ce qu'il ne fait pas. Dimnos, arrêté, se tue, pendant qu'Alexandre court sous la tente de Philotas pour lui reprocher son silence. Ce dernier affirme qu'il n'a pas voulu ajouter foi à ce qu'il considérait comme des ragots. Alexandre le croit et l'invite à sa table le soir. Ce qui ne l'empêche pas de réunir en conseil ses amis, parmi lesquels Cratère, rival juré de Philotas dans le cœur du roi, qui fait croire à ce dernier que Philotas n'a pas révélé le complot parce qu'il en était le chef ou le complice. À l'issue du conseil, tous décident l'arrestation de Philotas. Le lendemain, Alexandre invite ce dernier à sa table afin qu'il ne se méfie de rien. Mais le surlendemain et en pleine nuit, des gardes envahissent le camp et empêchent surtout toute communication avec l'extérieur, c'est-à-dire avec Parménion, le père de Philotas, qui aurait pu venir porter secours à son fils :

Trois cents soldats, dirigés par Atarrhias, mettent la main sur Philotas endormi paisiblement. Il est chargé de chaînes : « Ô mon roi, dit Philotas, la méchanceté de mes ennemis a triomphé de ta bonté ! », et sans qu'il dît un mot de plus, on le mena la tête voilée dans la tente royale.

Le lendemain, Alexandre ordonna à tout ce qui portait les armes de se rassembler. Il se trouva environ six mille soldats, sans compter les valets d'armes, dont la foule remplissait les quartiers du roi. Philotas était caché au milieu de la troupe des écuyers : on voulait le dérober aux yeux de la multitude jusqu'à ce que le roi eût harangué les soldats. D'après un ancien usage de la Macédoine, l'armée était juge des crimes capitaux [...]. On commença donc par apporter le cadavre de Dimnos, dont la plupart ignorait le crime aussi bien que la fin tragique[8].

Alexandre se présente, joue la comédie de l'affliction et de la stupeur devant ses soldats et prononce des paroles pleines de pathos pour dénoncer le complot dont il aurait pu être victime, tout en accablant Parménion qu'il accuse d'être l'âme de la conjuration, son fils Philotas n'en étant que l'exécuteur principal, et susciter la commisération et la colère de ses troupes.

Chacun vient témoigner en défaveur de Philotas et Alexandre conclut :

Puis Alexandre apporte d'autres preuves de ce complot qui ne sont guère convaincantes, ajoutant :



Philotas est conduit devant cette sorte de cour martiale improvisée, les mains liées et vêtu d'un vieux manteau, ce qui suscite chez les soldats une forme de compassion. Coenos vient plaider contre celui qui est son beau-frère. C'en est trop pour Philotas qui, un moment, semble défaillir, puis se ressaisit et entreprend sa propre plaidoirie, sans la présence d'Alexandre qui s'est esquivé, ce qui constitue pour l'accusé un affront supplémentaire. En voici les principaux passages :

de me condamner et de m'absoudre ; au lieu que, s'il ne les entend pas l'une et l'autre, je ne puis espérer qu'absent il m'acquitte, lorsque présent il m'a condamné [...]. Pourquoi me demande-t-on, as-tu gardé le silence sur le complot qu'on te dénonçait ? Pourquoi l'as-tu entendu avec tant d'impassibilité ? Cette faute, quelle qu'elle soit, je l'ai avouée ; et toi, Alexandre, en quelque lieu que tu te trouves, tu m'en as déchargé, tu m'as donné la main à baiser en signe de réconciliation ; tu m'as même admis à ta table [...]. Qu'ai-je fait depuis la nuit dernière où je quittais ta table ? Quel nouveau crime t'a-t-on rapporté qui ait pu changer tes sentiments ? Je reposais d'un profond sommeil. D'où peut venir à un traître et à un parricide ce calme d'un sommeil tranquille ? [...] J'étais en sécurité par mon innocence même d'abord et ensuite par le gage sacré de ta main : je ne craignais pas qu'auprès de toi la cruauté des autres prévalût sur ta clémence [...].

On me reproche aussi de dédaigner la langue de notre pays, d'avoir en aversion les mœurs macédoniennes : ainsi donc, c'est en méprisant un peuple que j'aspire à commander ! Mais depuis longtemps notre idiome maternel s'est altéré par le commerce des autres nations : vainqueurs et vaincus, il nous fallut également apprendre un nouveau langage [...]. Mais j'ai écrit que je plaignais ceux qui devaient vivre sous un prince qui se croyait le fils de Zeus ! [...] Oui, je l'avoue, j'ai écrit ces mots au roi, mais non sur le roi ; non pour le rendre odieux, mais parce que je craignais qu'il ne le devînt. Il me semblait plus digne d'Alexandre d'avoir en soi la conscience d'être un fils de Zeus que d'en prendre publiquement le titre. Mais puisque les réponses de l'oracle sont infaillibles, que le dieu soit donc juge de ma cause : retenez-moi dans les fers jusqu'à ce que l'on ait consulté Ammon sur ce mystérieux attentat [...]. D'ordinaire, dans les affaires capitales, les accusés font paraître devant vous leurs parents. Moi, j'ai tout récemment perdu mes deux frères, et quant à mon père [Parménion], je ne puis l'amener ici et n'ose l'invoquer, enveloppé qu'il est lui-même dans cette terrible accusation. C'est peu, en effet, pour un homme, tout à l'heure père de tant d'enfants et réduit à s'appuyer sur un seul fils, de perdre cette dernière espérance :

il faut que je le traîne encore avec moi sur le bûcher ! Ainsi donc, ô le plus aimé des pères, tu mourras et à cause de moi et avec moi ! C'est moi qui t'ôte la vie, moi qui éteins ta vieillesse !

Ah ! pourquoi donnais-tu donc le jour à un malheureux fils, frappé en naissant de la colère des dieux ? Était-ce pour recueillir de moi les fruits qui te sont réservés ? Je ne sais lequel est le plus à plaindre, de mon jeune âge ou de ta vieillesse ; je vais être enlevé à la fleur même des années, et toi tu vas perdre de la main du bourreau une vie que la nature était à la veille même de te redemander, si la fortune eût voulu attendre quelques instants [...]. Parménion qui avait ouï dire que le médecin Philippe voulait empoisonner le roi écrivit à Alexandre pour le détourner de prendre le breuvage [...]. En crut-on mon père ? Sa lettre eut-elle le moindre crédit ? Moi-même, toutes les fois que j'ai donné quelque avis, on m'a renvoyé avec des railleries sur ma crédulité. Si l'on devient importun en dénonçant, suspect en se taisant, que faut-il donc faire ? »

Un des assistants s'étant alors écrié : « Ne pas conspirer contre tes bienfaiteurs. »

« Qui que tu sois, reprit Philotas, tu as dit vrai. Aussi je souscris bien volontiers à mon châtiment, si j'ai conspiré ; et je termine ici mon discours puisque mes dernières paroles ont paru choquer vos oreilles. » Il fut ensuite emmené par ceux qui le gardaient[11].

La cour martiale délibère et se déchaîne contre Philotas, on parle de le mettre à mort sur-le-champ, mais Alexandre, de retour dans l'assemblée, renvoie la séance au lendemain et convoque ses plus proches collaborateurs militaires :

Les uns demandent qu'il soit lapidé selon la coutume des Macédoniens, les autres réclament pour lui la torture pour lui arracher la vérité. On se rallie finalement à la torture dans un premier temps [...].

Cratère exigea qu'il répétât dans les tourments ce qu'il venait d'avouer. Tandis qu'on le saisit, qu'on lui bande les yeux, qu'on le dépouille de son vêtement, il invoque les dieux de la patrie et le droit des gens : vaines paroles qu'il adresse à des oreilles insensibles. Bientôt, traité comme un condamné, on lui fait subir les supplices les plus cruels : ses ennemis, pour se faire auprès du roi un mérite de ses souffrances, le déchirent impitoyablement. Tour à tour, c'étaient le fer et les coups et non pas pour lui tirer des aveux, mais pour le seul plaisir de le torturer. D'abord il sut étouffer toute parole et même tout gémissement ; mais, lorsque son corps, gonflé de plaies, n'eut plus la force de supporter les coups de fouet qui tombaient sur ses os dépouillés de chair, il leur promit de déclarer tout ce qu'ils désiraient savoir, pourvu qu'ils missent un terme à ses tortures [...].

Cependant la plus noble élite de la cavalerie, et ceux surtout qui touchaient de près à Parménion par les liens du sang, dès que le bruit public leur apprit que Philotas était mis à la question, craignirent la loi de Macédoine qui condamnait les parents de quiconque avait conspiré contre le roi à périr avec le coupable. Les uns se donnèrent la mort, les autres s'enfuirent au loin dans les montagnes inaccessibles et de vastes déserts ; une profonde terreur régna dans tout le camp jusqu'à ce qu'Alexandre, informé de cette alarme, fît publier qu'il exemptait les parents des coupables de la loi qui ordonnait leur supplice.

On remet Philotas aux supplices et il avoue n'importe quoi, que l'initiative du complot remonte à un certain Hégélochos, un ami de son père, et reconnaît avoir lui-même trempé dans la conjuration de Dimnos[12].


Au cours d'une ultime séance de ce tribunal militaire, Alexandre se fait lire les aveux arrachés à Philotas et décide sa mort. Le malheureux, déjà agonisant, est tué à coups de pierres et de javelot. Alexandre peut être rassuré : si Philotas n'avait pas reconnu les faits, l'armée se serait certainement soulevée contre un tel déni de justice. Les Macédoniens ne sont peut-être pas dupes et font semblant de croire à la culpabilité de Philotas. Mais ils se sentent touchés par la compassion et n'oublient pas que Philotas, en participant à toutes les batailles, a ouvert au roi le chemin de l'Asie. Ils commencent à se poser de plus en plus de questions sur la culpabilité d'un ami aussi brave et aussi proche du roi. Des propos séditieux se répandent dans le camp auxquels Alexandre, prévenu, entend mettre un terme par une mise en scène monstrueuse : devant toutes les troupes assemblées, il fait tuer Alexandre Lynceste, dont on disait qu'il avait aussi voulu l'assassiner. Puis on convoque Amyntas et Simmias, car Polémon, le plus jeune des trois frères, s'était enfui dès qu'il avait appris que Philotas, subissant la torture, pouvait tous les accuser.

Amyntas sait se défendre, fort heureusement, ainsi que ses deux frères Attale et Simmias, en faisant vibrer la corde sensible et en rappelant combien ils ont suivi fidèlement Alexandre dans toutes ses expéditions, en dépit de l'éloignement de leurs foyers et des vicissitudes liées aux longues campagnes militaires. Ils avouent avoir été les amis de Philotas, tout en faisant remarquer à leur roi qu'il le fut aussi. C'est alors qu'on amène Polémon, le frère enfui, et que s'ensuit dans toute l'assemblée une discussion, le fuyard ne cherchant pas à échapper à ses responsabilités. Finalement, les soldats pleurent leurs amis dont l'exécution est peut-être proche et demandent au roi de faire grâce à des innocents, « à des gens de cœur[13] ». Les courtisans eux-mêmes se lèvent, et, les larmes aux yeux, supplient le roi de pardonner. Quand le silence revient, le roi parle :

Et moi, Alexandre, en ma conscience, absous Amyntas et ses frères [...] Revenez à moi avec la même confiance que je reviens à vous[14].

Puis il convoque Polydamas, un de ses Hétaires. Ce dernier est persuadé que sa dernière heure est arrivée. Mais lorsqu'il entend Alexandre lui demander de se rendre auprès de Parménion, dont il est l'ami intime, et de porter une dépêche aux généraux d'Ecbatane, Cléandros, Sitalkès et Ménidas, afin de tuer le père de Philotas, celui-ci pousse un soupir de soulagement, oubliant aussitôt qu'il va trahir un ami. Ce forfait accompli, Cléandros assassine Parménion d'un coup de lance qui lui traverse la gorge et lui transperce le flanc, tandis que ses généraux s'acharnent sur son cadavre.

Ce meurtre provoque la fureur des troupes de Parménion et un commencement de mutinerie. Il faut leur expliquer que l'ordre de cet assassinat vient du roi et qu'il est justifié par le complot dont Parménion aurait été une des têtes pour qu'ils s'apaisent. Mais au moins, qu'on donne une sépulture à leur compagnon, demandent-ils. Cléandros s'y oppose un moment, puis craignant leur colère, leur permet d'inhumer le corps, dont il fait séparer la tête afin qu'elle soit envoyée à Alexandre.

De telles exécutions et un tel procès, dont on pourrait dire qu'ils étaient instruits d'avance, tous les règnes des tyrans en ont connu de semblables. Le procès de Philotas ressemble par bien des points à celui de Fouquet sous Louis XIV, ou aux fameux procès de Moscou sous Staline où il n'y avait que des accusés et aucun avocat pour les défendre. Il révèle bien le changement de caractère d'Alexandre, cet humaniste, cet homme de culture qui tombe à son tour dans la peur des complots qui est le propre de tous les dictateurs, se méfiant même, et surtout, de ses amis. Il macule sa gloire d'une tache sanglante et indigne pour les siècles à venir. Il sombre lui aussi dans tous les défauts les plus cruels dont les hommes de pouvoir peuvent abuser et mésuser. L'homme de la clémence est devenu pour la première fois, et certainement pas pour la dernière, un homme de la vengeance d'autant plus mal venue que rien ne la justifiait. Il est devenu également la proie d'un sérail de généraux qui se jalousent et se détestent et tentent, en éliminant des rivaux parfois imaginaires, d'apparaître comme ses premiers favoris. Il est aux mains de courtisans qui le flattent et cherchent par tous les moyens, même les plus indignes, à faire trébucher ceux qu'ils estiment être leurs concurrents. En cela, il n'est pas différent des grands chefs de guerre, des conquérants, des dictateurs de toute l'Histoire qui ont donné, eux aussi, le spectacle inique de l'injustice née de la peur de complots imaginaires et de l'enfermement psychologique, issu d'un pouvoir qui coupe celui qui le possède de la réalité et qui l'aveugle.

Les assassinats de Philotas et de Parménion ne calment pas la méfiance d'Alexandre, bien au contraire : ils lui donnent le goût de la violence gratuite. En 327, il doit affronter un de ses plus anciens amis, Clitos, et une fois de plus, commet l'irréparable :

Des habitants des provinces maritimes avaient apporté au roi des fruits de Grèce. Alexandre, émerveillé de leur fraîcheur et de leur beauté, fit appeler Clitos pour les lui montrer et pour lui en donner sa part. Clitos faisait un sacrifice à ce moment : il s'empressa de le quitter pour se rendre aux ordres du roi ; et trois moutons sur lesquels on avait déjà fait des effusions sacrées le suivirent. Quand Alexandre sut cette particularité, il consulta ses devins, Aristandros et Cléomantis le Lacédémonien, qui déclarèrent que c'était un mauvais signe. Le roi ordonna aussitôt qu'on fît des sacrifices pour la vie de Clitos ; d'autant qu'il avait eu lui-même, durant son sommeil, trois jours auparavant, une vision étrange à son sujet. Il avait cru voir Clitos, revêtu d'une robe noire, assis au milieu des fils de Parménion qui tous étaient morts.

Quoi qu'il en soit, Clitos n'avait pas attendu la fin du sacrifice : il vint sur-le-champ souper chez le roi qui avait ce jour-là sacrifié aux Dioscures. On avait bu avec excès, lorsqu'on chanta des vers d'un certain Pranichos, ou, suivant d'autres, de Piérion, où les capitaines macédoniens qui venaient d'être battus par les Barbares étaient couverts de honte et de ridicule. Les plus âgés des convives, indignés d'une pareille insulte, blâmaient également et le poète et celui qui chantait ces vers ; mais Alexandre et ses favoris prenaient plaisir à les entendre et ils ordonnèrent au musicien de continuer. Clitos, déjà échauffé par le vin et qui était d'un naturel âpre et fier, se laissa aller à tout son emportement : « C'est une indignité, s'écria-t-il, d'outrager ainsi, en présence de Barbares et de Barbares ennemis, des Macédoniens qui ont été malheureux mais qui valent beaucoup mieux que ceux qui les insultent. »

Alexandre lui ayant dit qu'il plaidait sa propre cause, en appelant malheur ce qui n'était que lâcheté, Clitos se leva brusquement : « C'est pourtant cette lâcheté, répliqua-t-il, qui t'a sauvé la vie, lorsque, tout fils des dieux que tu es, tu tournais déjà le dos à l'épée de Spithridate. C'est le sang des Macédoniens, ce sont leurs blessures qui t'ont fait si grand, que, répudiant Philippe, tu veux à toute force te donner Ammon pour père. »

Alexandre, vivement piqué par ce reproche, s'écria : « Scélérat, espères-tu te bien trouver des propos que tu tiens tous les jours contre moi pour exciter les Macédoniens à la révolte ? — En effet, Alexandre, repartit Clitos, ne nous trouvons-nous pas à merveille de recevoir de pareils salaires de nos travaux ? Ah ! nous envions le bonheur de ceux qui sont morts avant d'avoir vu les Macédoniens déchirés par les verges des Mèdes et obligés, pour avoir accès auprès de leur roi, d'implorer la protection des Perses ! »

Ces paroles sans ménagement font lever Alexandre de sa place, l'injure à la bouche ; mais les plus vieux s'efforcent d'apaiser le tumulte. Alexandre, se tournant alors vers Xénodochos de Cardie et Artémios le Colophonien : « Ne vous semble-t-il pas, leur dit-il, que les Grecs sont, au milieu des Macédoniens, comme des demi-dieux parmi des bêtes sauvages ? » Clitos, au lieu de céder, s'écrie qu'Alexandre n'a qu'à parler tout haut : « Sinon, ajoute-t-il, qu'il n'invite point à sa table des hommes libres et pleins de franchise ; et qu'il vive avec des Barbares et des esclaves qui adoreront sa ceinture persique et sa robe blanche. » Alexandre, ne maîtrisant plus sa colère, lui jette à la tête une des pommes qui étaient sur la table et cherche son épée. Mais Aristophanès, un de ses gardes du corps, avait pris la précaution de l'ôter.

Tous les autres convives entourent Alexandre et le conjurent de se calmer. Mais Alexandre leur échappe. Il appelle ses écuyers d'une voix forte, en langage macédonien, ce qui était le signe d'un grand trouble chez lui ; et il ordonne au trompette de sonner l'alarme. Comme celui-ci différait et qu'il refusait même d'obéir, le roi lui donna un coup de poing au visage. Cet homme fut depuis en haute estime, comme ayant seul empêché que le camp donnât suite à cette alerte. Clitos ne rabattait rien de sa fierté. Ses amis l'obligèrent, quoiqu'avec peine, à sortir de la salle ; mais il rentra sur-le-champ par une autre porte, en prononçant avec autant d'audace que d'irrévérence ce vers de l'*Andromaque* d'Euripide :

« Grands dieux, quelle mauvaise coutume s'établit en Grèce. »

Alexandre désarme un de ses gardes ; et, voyant Clitos passer à côté de lui en ouvrant la portière, il lui passe la javeline au travers du corps. Clitos pousse un profond soupir, semblable à un mugissement, et tombe mort aux pieds du roi.

Alors Alexandre reprend ses esprits ; et, comme ses amis restaient dans un morne silence, il arrache la javeline du corps de Clitos et il veut s'en frapper la gorge ; mais ses gardes lui arrêtèrent la main et l'emportèrent de force dans sa chambre. Il passa toute la nuit et le jour suivant à fondre en larmes ; et, quand il n'eut plus la force de crier et de se lamenter, il resta étendu par terre sans proférer une parole et poussant de profonds soupirs. Ses amis, qui craignaient les suites de ce silence obstiné, forcèrent la porte et entrèrent dans la chambre.

Alexandre ne fit aucune attention à leurs discours. Mais le devin Aristandros lui rappela la vision qu'il avait eue au sujet de Clitos et le prodige dont il avait été témoin, comme des preuves qu'il n'y avait, dans tout cet événement, que l'accomplissement des arrêts de la destinée. Cela parut un peu le soulager.

Alors on fit entrer Callisthène le philosophe, parent d'Aristote et Anaxarchos l'Abdéritain. Callisthène essaya doucement de le calmer en invoquant les principes de la morale, et il prit des détours dans la parole pour lui témoigner de sa sympathie, sans augmenter sa douleur. Mais Anaxarchos, qui s'était frayé, dès son entrée dans la philosophie, une route nouvelle et qui avait la réputation de dédaigner et de mépriser tous les autres philosophes, fut à peine entré dans la chambre du roi que, prenant un ton très haut : « Le voilà donc, dit-il, cet Alexandre sur qui le monde a aujourd'hui les yeux entrouverts ! Le voilà étendu à terre comme un esclave, fon-

Ce drame, qui se produit à Marcanda et stupéfie les Macédoniens au point qu'ils ont de plus en plus de peine à reconnaître leur roi, peu à peu métamorphosé en cruel souverain oriental, est suivi d'un épisode qui sème à nouveau le trouble dans l'armée d'Alexandre. Ce dernier a pour dessein final de provoquer la fusion de tous les peuples conquis et leur assimilation dans le giron de la civilisation hellénistique. Ce projet révolutionnaire ne peut évidemment pas être compris par des soldats qui ont accompli des campagnes militaires extrêmement longues et dures et qui se verraient contraints de considérer leurs ennemis d'hier comme des semblables !

Cette orientalisation du pouvoir d'Alexandre s'accentue au fur et à mesure que le temps passe et que ses ambitions d'assurer la direction d'un empire universel deviennent chaque jour plus visibles. Il est obsédé par le dieu égyptien Ammon auquel il a rendu un culte en Égypte et dont il se sent habité spirituellement et religieusement. Il entend se faire passer pour son fils, oubliant tout de même que son père était le roi Philippe de Macédoine, ce qui heurte la sensibilité de ses soldats très attachés à ce souverain et pour beaucoup l'ayant également servi : « Déjà plein d'enthousiasme pour les usages et les peuples d'Asie dont il avait emprunté le costume, il n'avait même pas besoin pour arriver à ce dernier excès d'y être poussé par des sophistes, par un Anaxarchos ou par le poète Agis[16]. »

Seul Callisthène semble s'opposer aux honneurs divins que réclame Alexandre. Celui-ci, irrité, convoque à un banquet la fine fleur de ses amis et de son état-major, sans oublier Anaxarchos qui passe son temps à le flatter et prétend même qu'Alexandre a plus de droits aux honneurs divins qu'Héraklès et que Dionysos, dont il a surpassé les exploits. On ne peut pas faire mieux dans l'art de la flagornerie.

Les plus courtisans des amis d'Alexandre se prosternent alors devant lui en signe d'adoration et accomplissent un rite particulier auquel les Grecs ont donné le nom de proskynèse, qui est réservé aux seuls dieux et héros, mais non aux vivants. La majorité des Macédoniens présents gardent un silence désapprobateur. Callisthène se lance alors dans un discours hostile à cette pratique :

« La sagesse a établi une différence entre les honneurs que l'on doit aux dieux et ceux que l'on accorde aux hommes [...]. Alexandre permettrait-il qu'un particulier usurpât le titre et les prérogatives de la royauté ? Les dieux doivent-ils être moins indignés de voir un simple mortel affecter ou obtenir leurs honneurs suprêmes ? [...] Héraklès ne reçut pas les honneurs divins pendant sa vie, et, même après sa mort, il ne les dut qu'à l'ordre d'un oracle [...]. » Callisthène poursuit son discours hostile à la divinisation d'Alexandre de son vivant avec la même énergie[17].

Alexandre, levant alors une coupe d'or, la présente à la ronde, en s'adressant d'abord à ceux qui sont favorables à son projet. Le premier courtisan, une fois sa coupe vidée, se lève, se prosterne ensuite à ses pieds et se fait embrasser par le roi. L'exemple est suivi par d'autres jusqu'au moment où Callisthène s'avance pour recevoir un baiser de son roi, mais sans se prosterner [...]. Repoussé par Alexandre, Callisthène se retire en disant qu'il n'y perd qu'une ambassade, mais, en réalité, y perd bien davantage. Ses détracteurs vont dès lors chercher par tous les moyens à perdre le sophiste et l'accusent d'être l'âme d'un complot, connu dans l'Histoire sous le nom de « complot des pages » :

Selon un usage établi par Philippe [le père d'Alexandre], les enfants des Macédoniens élevés en dignité étaient choisis pour remplir auprès du roi les fonctions d'officiers de l'intérieur pendant le jour et de gardes de sa personne pendant la nuit. Ils lui amenaient ses chevaux que devaient leur remettre les hippocomes ; ils l'élevaient sur son cheval à la manière des Perses et l'accompagnaient à la chasse. On distinguait parmi eux Hermolaos qui paraissait attaché à la philosophie et particulièrement à Callisthène. On raconte que, suivant Alexandre à la chasse au sanglier, Hermolaos devança le prince et tua la bête. Celui-ci, irrité de se voir enlever l'honneur de la chasse, fit battre Hermalaos de verges, en présence de ses camarades. On lui ôta son cheval. L'adolescent fait part de son ressentiment à Sostratos, son égal et son amant : la vie lui est insupportable s'il ne venge l'humiliation que lui a infligée Alexandre ; Sostratos par amour pour lui partage aussitôt son esprit de vengeance.

Ils engagent Antipater, Épiménès, Anticlès et Philotas. Le tour de garde d'Antipater étant arrivé, on décide d'égorger Alexandre pendant la nuit ; mais ce soir-là même, Alexandre prolonge la débauche jusqu'au petit jour[18].

Une femme, Syra, formée à l'art de la divination, exhorte Alexandre à rester toute la nuit éloigné de sa tente et lui sauve la vie. C'est la version proposée par Arrien :

Alexandre croit céder aux ordres célestes ; son absence trompe les conjurés. L'un d'entre eux, Épiménès, raconte le lendemain le secret de cette conjuration à Chariclès, son amant. Chariclès s'empresse d'aller tout dire à Eurylochos. Eurylochos se rend aussitôt sous la tente d'Alexandre et révèle tout le complot à Ptolémée qui en instruit le roi. Ce dernier fait arrêter tous ceux qu'Eurylochos a dénoncés. Les tourments du supplice leur arrachent l'aveu du projet et les noms de tous les complices et même, selon Aristobule et Ptolémée, ils prétendent qu'ils avaient été poussés à commettre ce forfait par Callisthène[19].

D'autres historiens prétendent qu'il n'en fut rien, mais qu'Alexandre trouva là un bon prétexte pour inclure le philosophe qu'il haïssait, depuis l'incident de la proskynèse, dans la conjuration, haine redoublée par la liaison de ce philosophe avec Hermolaos. Il est vrai que Callisthène avait proféré de bien imprudentes paroles :

Hermolaos avait demandé à Callisthène comment il pourrait devenir le plus célèbre des hommes et Callisthène aurait répondu : « En tuant le plus célèbre. » Pour exciter Hermolaos à se lancer dans le complot, il lui aurait dit aussi de ne pas avoir peur du lit d'or et de se souvenir qu'il avait affaire à un homme sujet aux maladies et aux blessures [...].

Hermolaos conduit devant les Macédoniens s'écria : « Oui j'ai comploté contre Alexandre ; un homme libre ne peut supporter l'outrage. » Et il rappela alors tous les crimes du tyran, la mort injuste de Philotas, celle de Parménion et des autres, l'assassinat de Clitos plus affreux encore, cette affection du roi de revêtir les parures asiatiques, cette adoration à laquelle il contraignait ses sujets, ces scènes de débauche et d'ivresse ; « Voilà ce que je n'ai pu supporter, voilà ce qui m'avait inspiré le dessein de rendre la liberté aux Macédoniens. »

À ces mots Hermolaos et ses complices sont saisis et lapidés. Mais nul ne nomma Callisthène même au milieu des plus cruels supplices. Alexandre lui-même écrit alors à Cratère toute une lettre pour lui donner les détails de la conjuration et il dit que les jeunes gens ont tous déclaré qu'ils étaient les seuls auteurs du complot et que nul autre qu'eux n'en avait le secret. Mais il se contredit dans une autre lettre à Antipater et accuse Callisthène de complicité. « Les jeunes gens, écrit-il, ont été lapidés par les Macédoniens ; mais je punirai moi-même le sophiste et ceux qui l'ont envoyé et ceux qui ont reçu les conspirateurs dans leurs villes[20]. »

Selon Aristobule, Callisthène, chargé de fers, traîné à la suite de l'armée, tombe malade et meurt. Selon Ptolémée, il finit sa vie sous les tortures puis sur la croix. La diversité des récits est si grande que l'un d'entre eux affirme qu'il est mort de mort naturelle en prison et obèse. Ce qui est certain, c'est que la mort de Callisthène met un terme définitif aux débats sur la proskynèse.

Dès lors, ayant fait sentir qu'il régnerait désormais d'une main de fer, Alexandre est libre de regarder vers son rêve de toujours, vers cette Inde qu'il entend conquérir, afin d'atteindre les limites du monde connu et d'embrasser ainsi en un seul empire hellénistique la Grèce et l'ensemble de l'Orient, avant de se retourner vers l'Occident et d'y accomplir les mêmes desseins et les mêmes exploits.

# Vers l'Inde fabuleuse et inconnue

L'Inde reste aux yeux des anciens Grecs une sorte de terre fabuleuse sur laquelle les voyageurs et les commerçants ont certainement transmis, même à l'époque d'Alexandre le Grand, des informations peu vérifiables et dans tous les cas contradictoires. Arrien lui-même a consacré à l'Inde un ouvrage dans lequel on peut lire que l'Inde est « la région qui s'étend vers l'est à partir de l'Indus » et que ses habitants sont « les Indiens ». Il y précise les frontières de cette Inde. Au nord, le Taures et le Caucase et leurs prolongements montagneux ; à l'ouest, l'Indus ; qui se termine par un delta auquel il donne le nom de Patala ; au sud et à l'est, l'océan. D'autres savants géographes, après le règne d'Alexandre le Grand, ont tenté de donner la superficie de cet immense espace territorial, d'une manière, on peut le comprendre, assez fantaisiste.

En bref, les notions d'Alexandre le Grand et de son état-major sur l'Inde sont très succinctes. Les fleuves, l'Indus et le Gange dont ils connaissent l'existence et les directions de leurs parcours, leur

servent de points de repère, ainsi que leurs af-
fluents multiples. Ils n'ignorent pas que cette Inde
est extrêmement peuplée, qu'elle reçoit des pluies
l'été, la fameuse mousson, et que ses populations
sont divisées en castes :

L'Inde, presque tout entière tournée vers l'Orient, occupe en
largeur moins d'étendue qu'en longueur. La partie exposée au
midi forme un plateau de terres élevées ; le reste n'est que
plaine et un grand nombre de fleuves célèbres descendus du
Caucase y trouvent à travers les campagnes un cours paisible
pour leurs eaux. L'Indus est le plus froid de tous ; son eau est
d'une couleur différente de celle de la mer. Le Gange, remarquable entre tous les fleuves qui viennent de l'Orient, descend
du pays du Sud et son lit, en ligne droite, effleure une chaîne
de hautes montagnes. Des rochers qu'il rencontre sur son passage détournent ensuite son cours vers l'Orient. Les deux fleuves se jettent dans la mer Rouge. L'Indus ronge ses rives et
entraîne des amas d'arbres avec une portion considérable du
sol. Parmi les rocs dont sa marche est embarrassée, on le voit
revenir fréquemment sur lui-même ; puis, quand il trouve un
lit plus uni, ses eaux semblent dormir et forment des îles[1].

Le même auteur évoque d'autres fleuves et
d'autres cours d'eau dont il fait la description. Il
s'arrête également sur le climat contrasté de l'Inde
puis il écrit :

Il est certain que la mer qui baigne l'Inde n'a pas une couleur différente de celle des autres mers : elle a pris son nom
du roi Érythros[*] ; ce qui fait croire aux ignorants que ses eaux
sont rouges. La terre y est fertile en lin ; presque toutes ses
populations en tirent des vêtements. L'écorce tendre des

* C'est en fait Hérodote qui lui donna le nom de mer Rouge à cause de la
couleur de certaines algues.

arbres fournit comme une espèce de papier pour tracer des caractères [...]. Les éléphants sont plus vigoureux que ceux que l'on dompte en Afrique et leur grosseur est à la mesure de leur force. Les rivières roulent de l'or, celles du moins qui promènent dans leurs cours doux et paisibles leurs eaux paresseuses. La mer jette sur ses rivages des pierres précieuses ou des perles [...]. Là, comme partout ailleurs, le caractère des hommes est soumis aux influences du climat. Une robe de lin qui leur descend jusqu'aux pieds est leur vêtement ; ils ont des sandales pour chaussures et des bandes de toile leur ceignent la tête, des pierreries pendent à leurs oreilles et des parures d'or attachées aux bras distinguent ceux qui ont parmi leurs compatriotes l'avantage de la naissance et de la fortune. Leurs cheveux sont peignés plus souvent que coupés ; jamais ils ne se rasent le menton et ils épilent le reste de leur visage de manière à ce que la barbe n'y laisse aucune trace.

Le luxe de leurs monarques, qui, à les entendre, est de la magnificence, surpasse les folies de toutes les autres nations. Lorsqu'un roi se laisse voir en public, ses officiers portent des encensoirs d'argent et parfument dans toute son étendue le chemin par où il doit être porté. Il est couché dans une litière d'or garnie de perles tout à l'entour. Sa robe de lin est enrichie d'or et de pourpre ; des soldats armés, avec les gardes de la personne royale, suivent la litière et, au milieu d'eux, sont suspendus à des branches d'arbres des oiseaux instruits à lui faire entendre leur chant au milieu des plus sérieuses occupations. Le palais du roi est soutenu par des colonnes dorées, autour desquelles serpente un cep de vigne ciselé en or et ce riche ouvrage est lui-même embelli par l'image en argent des oiseaux qui flattent le plus leurs yeux. Le palais est ouvert à tous ceux qui se présentent pendant que l'on peigne et que l'on orne la chevelure du monarque. C'est alors qu'il donne audience aux ambassadeurs et rend la justice à ses sujets. On lui ôte ses sandales pour lui frotter les pieds avec des parfums. La chasse est sa principale occupation, ce sont des animaux enfermés dans un parc qu'il perce à coups de flèches, accompagné des vœux et des chants des concubines [...]. Le roi fait à cheval les voyages de courte durée, mais s'il s'agit d'une plus longue excursion, des éléphants traînent son char ; le corps de ces énormes animaux est tout entier bardé d'or. Et pour que rien ne manque à la dissolution des mœurs, une longue file de courtisanes le suit dans des litières d'or ; cette troupe est séparée du cortège de la reine, mais l'égale en magnificence.

Ce sont les femmes qui préparent les repas ; elles servent aussi le vin dont tous les Indiens font grand usage. Lorsque le roi tombe appesanti par le vin et le sommeil, ses concubines le portent dans sa chambre à coucher en invoquant par des chants consacrés les dieux de la nuit.

Qui croirait qu'au milieu de tant de vices il y ait place pour la sagesse ? Il existe cependant parmi eux une secte sauvage et grossière à laquelle est donné le nom de sages. À leurs yeux, c'est une gloire de prévenir le jour de la mort et ils se font brûler vivants dès que les langueurs de l'âge ou la maladie commencent à les incommoder. La mort, quand on l'attend, est, selon eux, le déshonneur de la vie ; aussi ne rendent-ils aucun honneur aux corps qu'a détruits la vieillesse : le feu serait souillé s'il ne recevait l'homme respirant encore. Ceux qui habitent les villes, au milieu des usages de la vie commune, passent pour être habiles à observer les mouvements des astres et prédire l'avenir : ceux-là croient que l'homme n'avance jamais le jour de sa mort, s'il sait l'attendre sans effroi. Ils comptent parmi les dieux tous les objets pour lesquels ils ont quelque respect : les arbres surtout, dont la profanation est chez eux un crime capital[2] [...].


On comprend qu'avec de telles notions l'Inde, dans l'Antiquité, tienne de la fable plus que la réalité et demeure un continent propre à faire rêver, notamment à ses extraordinaires trésors qui appartiennent à des États souvent rivaux sur lesquels Alexandre a également quelques notions, notamment sur leurs conflits non seulement ethniques, mais aussi religieux. Comme descendant d'Héraklès et de Dionysos, qui tous deux atteignirent un océan marquant les limites du monde, Alexandre ne peut que suivre leurs traces et leurs périples mythiques.

Outre l'esprit de lucre, Alexandre songe également à tracer de nouvelles routes commerciales ou du moins à consolider celles qui existent déjà, afin non seulement de contrôler les richesses d'un Orient légendaire, mais aussi d'en faire une inépuisable source de revenus, de biens et de terres. Sa curiosité intellectuelle ne doit pas être sous-estimée dans ce désir de pousser son armée au-delà des terres connues. Il ne craint pas d'emmener avec lui son épouse, Roxane, ce qui prouve qu'il ne juge pas cette expédition aussi périlleuse ni surtout aussi téméraire que ses soldats et ses amis veulent le prétendre.

C'est avec son état-major dans son quartier général, à Bactres, qu'il conçoit son plan d'expédition et d'invasion, au printemps 327 av. J.-C. Il est obligé de réorganiser son armée qui ne peut plus être celle qui lui a servi à ses conquêtes antérieures. Les morts et les blessés doivent être remplacés. À cette distance de la Grèce, il est impossible au prince d'assurer comme il l'avait fait jusqu'ici la relève par la mobilisation de troupes venues du continent grec et de Macédoine, même si jusqu'à cette date de 327, avec une régularité extraordinaire qui montre la formidable organisation militaire de l'expédition d'Alexandre, des renforts ont été envoyés qui ont comblé les pertes et assuré la relève des garnisons des villes occupées.

Comme tous les conquérants, Alexandre a dû enrôler des mercenaires au fur et à mesure des

États conquis, comme des Mèdes, et s'adapter à leurs armes et à leurs tactiques. C'est ainsi qu'apparaissent plus nombreux encore au sein de ses armées javelotiers et archers à cheval. Il introduit également dans son état-major, regroupant à l'origine ses plus fidèles d'entre les fidèles, des Perses. Les célèbres Hétaires à cheval sont divisés en unités plus petites et plus mobiles, de même que la fameuse phalange macédonienne qui ne sera plus ce noyau dur d'une armée de fantassins soudés entre eux, mais se partagera à son tour en compagnies, tout aussi disciplinées et agressives, mais plus souples.

L'état-major d'Alexandre n'est pas modifié. Le roi est entouré de ses familiers et amis habituels, mais il rappelle cependant le satrape Néarque afin qu'il le rejoigne, car il sent bien que ce personnage, d'une très grande stature militaire et intellectuelle et au sang-froid légendaire, peut lui être utile. Il a vu juste, comme on le verra par la suite.

Au cours de l'été 327 « Alexandre prend la route de l'Inde avec toutes ses troupes, dont il détache seulement dix mille hommes de pied et trois mille cinq cents chevaux sous la conduite d'Amyntas qui doit surveiller de prêt la Bactriane[3] », toujours prête à la révolte, afin d'être rassuré sur l'état de ses arrières. Il retraverse l'Hindou-Kouch, passe le Caucase en dix jours de marche et parvient à la ville d'Alexandrie qu'il avait fondée naguère, lors de son passage en Paropamise, dans le dessein que cette cité puisse lui servir de base pour son expédition en Inde. Comprenant l'importance stratégique de cette ville, il en destitue le commandant Neiloxénos pour avoir mal assumé les devoirs de sa charge et le remplace par un de ses proches, Tyriaspe : « Il est nommé satrape de toute la Paropamise et des contrées qui s'étendent jusqu'aux bords du Cophès[4]. »

Il passe par Nicée et sacrifie alors à la déesse Athéna sous son nom de guerre de Pallas. Les troupes se reposent un certain temps dans cette ville, tandis qu'Alexandre prend contact, grâce à un héraut, avec le fils de Taxile, un chef de l'Inde, et avec le peuple des Anactes pour leur demander de prêter serment d'allégeance. Le dignitaire et son peuple ne se font pas prier, allant même jusqu'à faire cadeau à Alexandre, présent des plus rares, de vingt-cinq éléphants.

Ce moment de repos constitue pour Alexandre une occasion de parfaire son plan de campagne. Il partage son armée en deux. La première partie, composée de soldats, sera commandée par Gorgias, Clitos le Blanc et Méléagre ; la moitié des Hétaires et la totalité des troupes mercenaires auront pour chefs Héphestion et Perdiccas, avec charge pour eux de « marcher dans la Peucelatide vers l'Indus, d'y soumettre toutes les villes par la force armée ou par la diplomatie et, une fois parvenu aux bords du fleuve, d'y faire les préparatifs pour en faciliter le passage[5] ». Les deux chefs de cette troupe sont secondés par Taxile, le fils, et par d'autres Anactes. « Les ordres d'Alexandre sont mis à exécution. Astès, Hipparque de la Peucelatide, se révolte, s'enferme dans une ville qu'assiège Héphestion et qu'il prend d'assaut au bout de trente jours, au cours desquels Astès est tué au combat. On le remplace par Sangée qui a abandonné le parti d'Astès pour celui de Taxile et qui a mérité ainsi la confiance d'Alexandre[6]. »

Alexandre prend le commandement de l'autre moitié de l'armée, composée d'Hypaspistes, d'Hétaires à cheval, d'archers, d'Agriens et d'une cavalerie montée par des hommes de trait. Il dirige cette troupe puissante contre les peuplades des vallées et des montagnes, Aspiens, Thyréens et Arasaques. Obtenir la soumission de tels peuples, rebelles à toute autorité, notamment étrangère, est difficile. Alexandre longe le Choès par des hauteurs difficiles et escarpées, et finit par traverser le fleuve non sans peine :

Apprenant que les Barbares se sont réfugiés dans leurs montagnes et leurs places fortes, il laisse en arrière son infanterie avec ordre de le suivre au petit pas, s'avance rapidement avec toute sa cavalerie et huit cents hommes de la phalange qu'il fait monter en croupe tous armés[7].

Alexandre est blessé à l'épaule d'un trait qui ne pénètre pas en profondeur, parce que le coup a été protégé par sa cuirasse ; tout comme Ptolémée et Léonnatos :

Alexandre, ayant contourné la ville, en reconnaît le point faible, campe de ce côté, et le lendemain, à l'aube, ayant donné l'assaut, on force le premier rempart moins solide ; le second est disputé plus longtemps. Mais lorsqu'ils voient approcher les échelles et pleuvoir sur eux une grêle de traits, les Barbares font une sortie et fuient vers les montagnes. On les poursuit ; une partie est tuée dans la fuite ; on n'épargne même pas les prisonniers, tant est grande la fureur des soldats d'avoir vu leur chef blessé. Le plus grand nombre de la population se réfugie dans les montagnes voisines[8].

Soutenu par un corps de cavalerie, Alexandre marche contre les Aspiens et campe au pied de leur ville que ces derniers ont incendiée avant de partir se réfugier dans les montagnes. Alexandre les poursuit et en fait un grand carnage. Son officier et ami Ptolémée, au courage proverbial, aperçoit sur une hauteur le chef des Barbares. Laissant son cheval, il décide de monter à pied et d'aller le défier. L'Indien, accompagné de tous les siens, se dirige vers lui et le frappe à la cuisse. Un combat de chefs s'engage. Ptolémée en sort vainqueur. Après avoir mortellement frappé l'Indien, il le dépouille de ses armes. Certains Barbares, privés de chef, s'enfuient, mais d'autres qui ne veulent pas laisser la dépouille de leur commandant aux mains de l'ennemi accourent et livrent autour du cadavre un combat sanglant. La troupe d'Alexandre, voyant Ptolémée en mauvaise posture, vient à son secours et met en fuite les Barbares. Franchissant la montagne, celle-ci arrive devant la ville d'Arigée, abandonnée et incendiée par ses habitants. Considérant la position stratégique de cette cité, Alexandre la confie à Cratère qui la fera reconstruire et peupler d'hommes et de femmes des régions voisines ainsi que de vétérans de son armée, blessés ou trop vieux pour combattre.

Un épisode très significatif se produit prouvant qu'Alexandre n'a pas oublié l'idéologie du panhellénisme qui préside à cette nouvelle conquête et le parti qu'il peut en tirer du côté de la propagande. Entre le Cophès et l'Indus, se dresse la ville de Nysa, fondée, selon la tradition mythologique, par un certain Dionysos. Quel est ce Dionysos, et quand a-t-il porté la guerre dans les Indes ? Était-il venu de Thèbes ou de Tmole (en Lydie) ? Obligé de traverser les nations les plus belliqueuses alors inconnues aux Grecs, pourquoi n'a-t-il soumis que les Indiens ? Il ne faut point percer trop avant dans tout ce que la fable rapporte des dieux. Les récits les plus incroyables cessent de l'être, lorsque les faits ont été engendrés par la divinité :

Alexandre, parvenu devant cette ville, vit venir à sa rencontre une députation de trente principaux citoyens, à la tête desquels était Acouphis, le premier d'entre eux ; ils lui demandent de respecter, en l'honneur du dieu, la liberté de leur ville. Arrivés dans la tente d'Alexandre, ils le trouvent recouvert de ses armes et de poussière, le casque sur la tête et la lance à la main. À cette vue, ils se prosternent, épouvantés, et gardent un long silence. Alexandre les relève avec bienveillance et les encourage. Alors Acouphis dit : « Au nom de Dionysos, daignez, prince, laisser à la ville de Nysa, sa liberté et ses lois. Le grand Dionysos, prêt à retourner en Grèce après la conquête de l'Inde, fonda cette ville, monument éternel de sa course triomphale. Il la peupla des compagnons émérites de son expédition. Héros ! C'est ainsi que vous avez fondé une Alexandrie sur le Caucase, une autre en Égypte ; c'est ainsi que tant de villes portent ou porteront le nom d'un conquérant déjà plus grand que Dionysos. Ce dieu appela notre ville Nysa, en mémoire de sa nourrice ; ce nom s'étend à toute la contrée : cette montagne, qui domine nos murs, porte celui de

Méros et rappelle l'origine de notre fondateur. Depuis ce temps les habitants de Nysa sont libres et se gouvernent par leurs lois. Le dieu nous a laissé un témoignage de sa faveur : ce n'est que dans notre contrée que croît le lierre, inconnu dans tout le reste de l'Inde. »

Le discours d'Acouphis fut agréable à Alexandre ; il crut ou voulut faire croire ce qu'on rapportait à Dionysos, fier d'avoir marché sur ses traces au-delà desquelles il comptait s'élancer, espérant aussi que, par une noble émulation, celle des travaux de Dionysos, les Macédoniens seraient prêts à tout entreprendre. Il conserve ensuite leur état politique ; il applaudit à leur constitution aristocratique. Il exige qu'on lui livre comme otages trois cents cavaliers et cent membres du conseil des trois cents. Acouphis était du nombre de ces derniers ; il le nomme Hipparque. Lequel, souriant, répond : « Et comment une cité, dépourvue de cent hommes de bien, pourra-t-elle se gouverner ? Si son salut vous est cher, prenez trois cents et plus de nos cavaliers ; et au lieu d'exiger cent de nos meilleurs citoyens, demandez-en deux cents des plus mauvais, c'est le seul moyen d'assurer à notre cité la conservation de son ancien éclat. »[9]

La prudente énergie de ce conseil ne déplaît point à Alexandre qui se contente de trois cents équestres. Acouphis lui envoie son fils et son petit-fils :

Alexandre, curieux de visiter les monuments à la gloire de Dionysos dont le pays des Nyséens est peuplé, monte sur le Héros, suivi de la cavalerie des Hétaires et de l'Agéma des phalanges : le lierre et le laurier y croissaient en abondance : on y trouve des bois sombres et peuplés de fauves. Les Macédoniens reconnurent avec joie le lierre, qu'ils n'avaient pas vu depuis longtemps. En effet, il n'en croît pas dans l'Inde, même aux lieux où l'on trouve la vigne ; ils en forment des guirlandes et des couronnes, et entonnent partout le nom d'Alexandre. Celui-ci y sacrifie et invite les Hétaires à un festin. On rapporte qu'alors les premiers des Macédoniens couronnés de lierre dans cette orgie, et comme saisis des fureurs dionysiaques, coururent en bacchantes ivres et frénétiques[10].

En laissant à ses soldats la liberté de se divertir et de festoyer, Alexandre le Grand, qui sent bien leur réticence à poursuivre l'expédition militaire, se rend une nouvelle fois populaire et peut compter sur leur fidélité. Il repart avec ses troupes encore joyeuses des beuveries et des festins auxquels elles se sont livrées et entend vaincre les Assacéniens qui l'attendent avec trente mille fantassins, deux mille cavaliers et une trentaine d'éléphants. Devant l'imposante force ennemie, il appelle Cratère à son secours, ainsi que son infanterie bien armée et ses machines de siège.

Alexandre et Cratère s'enfoncent en territoire ennemi sans rencontrer de résistance, passent le Gluée, fleuve profond, au cours fort rapide, dont les galets font trébucher les soldats et les chevaux. Les Barbares se replient sans combattre et courent s'enfermer dans leurs villes. Alexandre se dirige alors vers la capitale, Massaga, que dirige Cléophis, la mère du Barbare tué par Ptolémée et qui ne rêve que de vengeance. Trente mille fantassins résistent au siège d'Alexandre et de ses hommes. Plusieurs assauts sont donnés qui restent infructueux. Des ponts sont jetés mais qui s'écroulent sous le poids des soldats. Une nouvelle fois, Alexandre est blessé :

Tandis qu'Alexandre contemplait les fortifications de la cité, incertain sur le parti qu'il prendrait (car les précipices ne pouvaient se combler qu'à force de matériaux et les combler était le seul moyen de faire approcher les machines), un soldat ennemi lui décocha une flèche du haut de la muraille. Le trait l'atteignit au gras de la jambe. Mais, lui, se contentant d'arracher la flèche, commanda que l'on fasse avancer son cheval, le monta et, sans même bander sa plaie, continua son inspection avec la même activité. Cependant, comme sa jambe blessée était pendante et que la plaie, refroidie par le sang qui s'y figeait, lui causait une douleur de plus en plus vive, il lui échappa, à ce que l'on rapporte : « On m'appelle fils de Zeus, mais je n'en sens pas moins la souffrance d'un corps malade. »[11]

Reprenant vite des forces, Alexandre fait battre les murs par ses machines :

Étrangers à des constructions de ce genre, ce qui effrayait surtout l'ennemi, c'étaient ces tours mobiles : ces lourdes masses auxquelles nul agent visible ne donnait le mouvement, leur semblaient poussées par la main des dieux ; ils ne pouvaient croire, non plus, que les projectiles destinés à battre les murs et les énormes javelots lancés par les machines fussent des armes faites pour des mortels[12].

Bientôt ils se retirent dans la citadelle, centre et cœur de toute ville fortifiée. Mais la résistance des assiégés faiblit devant l'acharnement des Macédoniens, aussi envoient-ils un ambassadeur à Alexandre pour négocier leur capitulation. Celui-ci accepte leur reddition dans la mesure où les hommes s'engageront à servir dans son armée. Ils semblent accepter cette condition, mais, la nuit venue, s'enfuient afin de ne pas porter les armes contre leurs compatriotes. Par représailles, Alexandre les encercle et les massacre jusqu'au dernier. Puis il entre dans la ville de Massaga, reçoit la reine Cléophis, accompagnée d'une suite de nombreuses femmes de la noblesse qui font libations de vin versé dans des coupes d'or : « Cette princesse, ayant mis aux genoux du roi son fils encore en bas âge, obtint avec son pardon tous les honneurs de son ancienne fortune. Le titre de reine lui fut conservé, et l'on crut qu'elle dut cette faveur à sa beauté bien plus qu'à la pitié du vainqueur. Ce qu'il y a de certain, c'est qu'ayant par la suite donné le jour à un fils, cet enfant, quel que fût son père, reçut le nom d'Alexandre[13]. »

Pourtant, rien n'est encore gagné, des villes résistent et Alexandre détache Coenos et ses troupes pour aller assiéger Bazeira, tandis qu'il envoie Attace, Acétas et Démétrios Hipparque vers la cité d'Oreos. Coenos a bien des difficultés à venir à bout des défenseurs de Bazeira et Alexandre doit porter secours à ses trois lieutenants pour achever victorieusement le siège d'Oreos, et s'emparer des éléphants qui s'y trouvent. Les habitants de Bazeira, apprenant la défaite de leurs alliés, abandonnent la ville au cours de la nuit et, avec d'autres Barbares, se réfugient sur le rocher d'Aorne, site réputé imprenable depuis toujours et haut lieu de la mythologie : « Cette roche est le plus fort boulevard du pays. On assure que le fils de Zeus, Héraklès, ne put en triompher. Ce rocher a une circonférence de deux cents stades et sa moindre élévation est de onze ; on n'y peut monter que par un escalier taillé dans le roc. De son sommet coule une source pure et abondante ; on y trouve un bois et une étendue de terres cultivables dont le produit peut suffire à la subsistance de mille hommes. Ces renseignements et surtout la tradition concernant Héraklès enflamment Alexandre[14]. »

Tout en donnant à ses commandants en chef des instructions pour bien verrouiller le pays et les villes prises, Alexandre poursuit sa conquête : « À la tête des archers, des Agriens, de la bande de Coenos, de deux cents Hétaires, de cent archers à cheval, des soldats les plus prompts et les plus légèrement armés de la phalange, [il] se dirige vers le rocher et campe le premier jour dans une position avantageuse. Le lendemain il le serre de plus près[15]. » Des habitants du pays viennent se rendre et lui offrent de lui montrer un chemin par lequel l'attaque sera plus facile. Il charge Ptolémée de prendre leur commandement. Ptolémée, non sans mal, parvient à un des sommets du site et fait élever un fanal pour instruire Alexandre de sa position. Les Barbares réagissent et attaquent Ptolémée qui a le plus grand mal à les repousser. Grâce à un transfuge indien, chargé de porter ses messages à Ptolémée, Alexandre parvient à s'emparer de cette roche, après de rudes combats et qui ne tournent pas toujours à son avantage. Mais, à force de ténacité, il réussit à tuer un grand nombre de Barbares avant que d'autres, épouvantés, ne roulent dans les précipices : « Alexandre, vainqueur de la nature plutôt que de l'ennemi, n'en acquitta pas moins sa dette envers les dieux par les hommages et les sacrifices qu'il leur eût offerts pour une victoire éclatante. On éleva sur le rocher des autels à Athéna-Nikè[16]. »

La garde du rocher et du pays est laissée à Sisicottos, un prince indien. Alexandre peut alors se diriger vers l'Indus, tandis que les milices barbares ne cessent de le harceler. Au passage, il apprend par des prisonniers que des éléphants ont été abandonnés : « Il détache alors plusieurs Indiens exercés à la chasse de ces animaux qui, mis à part deux qui tombent dans des précipices, sont pris et montés par des hommes et conduits à la suite de l'armée. Alexandre voit des arbres près du fleuve Indus, les fait abattre : on en fabrique des barques sur lesquelles il descend l'Indus jusqu'aux lieux où Héphestion et Perdiccas avaient depuis longtemps jeté un pont[17]. » Au printemps 326, il retrouve ses amis.

Omphis, devenu Taxile, après la mort de son père, prince indien rallié à Alexandre, a également fait don au chef macédonien de petits bâtiments et de deux triacontères pour que l'armée traverse plus rapidement le cours d'eau. Il a fourni à celui sous la protection duquel il s'est mis deux cents talents d'argent, trois mille bœufs, dix mille moutons, trente éléphants. À ces cadeaux aussi somptueux qu'utiles, il ajoute sept cents hommes de la cavalerie indienne auxiliaire et lui fait remettre par un ambassadeur les clefs de sa capitale située entre l'Indus et l'Hydaspes :

Charmé par la franchise d'Omphis-Taxile, le roi lui donna la main, comme gage de sa foi, et lui rendit son royaume [...].

Comme Alexandre lui demandait s'il comptait plus de laboureurs que de soldats, il lui répondit qu'étant en guerre avec deux rois, il avait plus besoin de soldats que de laboureurs. Ces rois étaient Abisarès et Poros ; mais Poros était le plus puissant : tous les deux régnaient au-delà de l'Hydaspes, et, quel que fût l'ennemi qui les attaquât, ils étaient décidés à courir les hasards de la guerre. Omphis, avec la permission d'Alexandre, prit les insignes de la royauté et reçut de ses sujets le nom de Taxile qu'avait porté son père et qui passait à tout souverain avec l'empire. Après avoir, pendant trois jours, traité Alexandre avec toutes les largesses de l'hospitalité, il lui fit voir ce qu'il avait fourni de blé aux troupes sous les ordres d'Héphestion, offrit de plus au roi ainsi qu'à ses courtisans des couronnes d'or et, en outre, quatre-vingts talents d'argent monnayé. Alexandre, sensible à une telle générosité, lui remit tous ses présents en y ajoutant mille talents tirés du butin qu'il traînait à sa suite, une grande quantité de vaisselle d'or et d'argent, aussi bien que des vêtements pris sur les Perses, et trente chevaux de ses écuries harnachés comme ils l'étaient lorsqu'il les montait lui-même. En contrepartie, Taxile lui donna cinquante-six éléphants supplémentaires.

Cette libéralité, en lui assurant l'alliance des Barbares, choqua vivement ses courtisans. Méléagre, entre autres, dit à table, dans la chaleur d'une beuverie, qu'il félicitait Alexandre d'avoir au moins trouvé en Inde un homme qui valût mille talents. Le roi, qui n'avait pas oublié combien d'amers regrets il avait ressentis pour avoir tué Clitos, à cause de son trop libre langage, maîtrisa sa colère, mais ne put s'empêcher de dire que les envieux ne savaient être que leurs propres bourreaux[18].


Ayant compris à quel point ses soldats étaient fatigués, Alexandre leur accorde un mois de repos et fait des sacrifices aux dieux, fait célébrer des jeux gymniques et équestres et constate que les

augures lui sont favorables pour continuer sa conquête.

Après avoir franchi l'Indus, il parvient à Taxile,
ville riche et populeuse, et une des plus grandes de
celles situées entre l'Indus et l'Hydaspes : « Hipparque et les Indiens reçoivent avec les plus grands
témoignages d'amitié Taxile qui ajoute à leurs
possessions celles des contrées voisines qu'ils lui
demandèrent. Abisarès, ennemi de Taxile, feignit
alors de se soumettre à Alexandre qui le renvoya,
tandis que Poros, sollicité de faire allégeance au
roi macédonien, lui répondit, non sans insolence,
qu'on le trouverait à l'entrée de son royaume mais
en armes, c'est-à-dire de l'autre côté du fleuve
Hydaspes[19]. »

Comme plus tard Bonaparte en Égypte, Alexandre a emmené avec lui savants, cartographes, géographes, historiens, botanistes, etc. On sait aussi
qu'à titre personnel il s'intéresse aux cultures locales des pays qu'il traverse. Certains de ses savants
vont même visiter dans leurs couvents des moines
gymnosophistes qui restent des insoumis à l'occupation macédonienne et ont pris souvent la tête de
soulèvements indigènes. Une dizaine sont faits prisonniers et ramenés au camp d'Alexandre.

Celui-ci, qui adore, depuis son enfance, les discussions intellectuelles, n'ignore pas que les gymnosophistes sont renommés pour la précision et la
subtilité de leurs réponses à toutes sortes de questions. Un jeu terrible commence :

Le roi leur propose des questions qui paraissent insolubles, déclarant qu'il mettrait à mort celui qui, le premier, répondrait mal et les autres successivement. Il nomme le plus vieux d'entre eux pour être juge. Il demande au premier quels étaient les plus nombreux des vivants ou des morts : « Les vivants, répond le gymnosophiste, car les morts ne sont plus. » Au second, qui de la terre ou de la mer produisait le plus d'animaux : « La terre, car la mer en est une partie. » Au troisième, quel était le plus fin des animaux : « Celui, dit-il, que l'homme ne connaît pas encore. » Au quatrième, pour quel motif il avait porté Sabbas à la révolte : « Afin qu'il vécût avec gloire, répondit-il, ou qu'il pérît misérablement. » Alexandre demanda au cinquième, lequel avait existé le premier, du jour ou de la nuit. « Le jour, dit-il, mais il n'a précédé la nuit que d'un jour. » Et, comme le roi parut surpris, le philosophe ajouta qu'à des questions extraordinaires, il fallait des réponses extraordinaires. Alexandre s'adressa alors au sixième : « Quel est, demanda-t-il, le plus sûr moyen de se faire aimer. — C'est de ne pas se faire craindre, dit celui-ci, tout en étant le plus puissant des hommes. » Au septième, il demande comment un homme pouvait devenir un dieu : « En faisant, dit-il, ce qu'il est impossible à l'homme de faire. » Au huitième, laquelle était la plus forte, de la vie ou de la mort : « La vie, répondit-il, qui supporte tant de maux. » Le dernier jusqu'à quel âge il était bon à l'homme de vivre : « Tant qu'il ne croira pas la mort préférable à la vie. » Alors Alexandre, se tournant vers le juge, lui dit de se prononcer. « Ils ont tous, dit le juge, plus mal répondu les uns que les autres. — Tu dois donc pour ce beau jugement, mourir le premier, dit Alexandre. — Point du tout, répliqua le vieillard, à moins que tu manques à ta parole ; car tu as dit que tu ferais mourir le premier celui qui aurait le plus mal répondu. » Alexandre leur fit des présents et les congédia[20].

# Batailles, actions d'éclat militaires et renoncement

Mais après cet intermède plaisamment intellectuel, Alexandre retrouve le chemin des batailles et des conquêtes et surtout l'Hydaspes, ce fleuve qu'il doit absolument traverser. Il peut constater, non sans satisfaction, l'importance des forces ennemies commandées par Poros :

À son front de bataille, Poros avait placé quatre-vingt-cinq éléphants d'une vigueur extraordinaire ; derrière, trois cents chars et trente mille hommes d'infanterie, parmi lesquels ses archers, armés de flèches trop pesantes pour être lancées avec sûreté. Lui-même était monté sur un éléphant qui surpassait tous les autres en grandeur : une armure enrichie d'or et d'argent relevait sa taille gigantesque ; son courage égalait sa force et il avait toute l'instruction possible au sein d'une nation barbare.

La présence de l'ennemi en même temps que l'étendue du fleuve qu'ils avaient à traverser effrayaient les Macédoniens. Sa largeur de quatre stades et la profondeur de son lit qui nulle part n'offrait de gué en faisaient comme une vaste mer : et l'on ne voyait pas, en proportion de l'immense espace où s'étalaient les eaux, diminuer leur impétuosité comme s'il eût été étroitement encaissé entre ses rives ; son cours rapide et heurté était celui d'un torrent, et l'on reconnaissait les rochers dérobés à la vue au mouvement de l'eau qui, en plusieurs endroits, revenait sur elle-même. Mais le plus terrible, c'était l'aspect de la rive toute couverte d'hommes et de chevaux. Les éléphants s'y montraient avec la masse énorme de leurs corps gigantesques et, provoqués à dessein, faisaient entendre aux oreilles des Macédoniens terrifiés, leurs barrissements horribles[1].

À la vue de ces dispositions, et comprenant la peur de son armée, Alexandre divise celle-ci en plusieurs corps sous de nouveaux commandements qu'il envoie en différents points de la berge du fleuve pour reconnaître les gués et ravager le pays ennemi. Il fait semblant — et de manière ostensible afin que Poros, de l'autre côté, puisse en être témoin — de rassembler dans son camp des provisions immenses pour laisser croire au roi ennemi qu'il va attendre l'hiver, quand les eaux de ce fleuve sont au plus bas. En effet, en ce début d'été, l'Hydaspes est grossi par les pluies de la mousson ainsi que par les neiges du Caucase qui commencent à fondre. Usant donc de ruse et faisant savoir à Poros par des transfuges qu'il attendrait six mois pour franchir le fleuve, il fait mettre à flot radeaux et bâtissions et fait camper son armée tout près de l'eau, afin de tenir en haleine un ennemi qui ne sait plus très bien quand aura lieu le débarquement.

Alexandre, sous sa tente, médite sur l'action à mener pour surprendre Poros et son armé et espère fondre sur eux après avoir trouvé à leur insu un passage où traverser le fleuve. Il imagine donc un stratagème fort rusé :

Il y avait dans le fleuve une île plus grande que les autres, couverte de bois et propre à déguiser une embuscade ; non loin de la rive qu'occupait le roi était un fossé très profond capable de cacher non seulement de l'infanterie mais même des cavaliers avec leurs chevaux. Voulant détourner l'attention de l'ennemi de ce poste avantageux, il commanda à Ptolémée de se porter avec toute sa cavalerie à une distance assez grande de l'île et d'alerter de temps en temps les Indiens par des cris, comme s'il se préparait à traverser le fleuve. Ptolémée répéta ce manège pendant plusieurs jours et obligea par-là Poros à porter aussi son armée du côté où l'ennemi faisait mine de vouloir aborder. Déjà l'île était hors de vue de l'ennemi : alors Alexandre fit transporter sa tente sur un autre endroit de la rive, ranger en avant la garde qui, d'ordinaire, l'accompagnait et déployer à dessein aux yeux de l'ennemi tout l'appareil de la magnificence royale. Attale qui était de son âge et qui de loin surtout lui ressemblait assez de visage et de corps prit, par ses ordres, les vêtements royaux, pour faire croire que c'était le roi en personne qui commandait sur ce côté de la rive et qu'il ne songeait nullement au passage.

Un orage retarda d'abord l'exécution du projet et finit par le favoriser, grâce à la fortune, accoutumée à tourner au profit du roi même dans les plus fâcheuses circonstances. Il se disposait, avec ce qui lui restait de troupes, à passer le fleuve dans la direction de l'île dont nous parlons ci-dessus, laissant l'ennemi occupé par ceux qui s'étaient portés plus bas avec Ptolémée, lorsque éclata une tempête avec des torrents de pluie à peine supportables sous l'abri des maisons ; les soldats, accablés par l'orage, se réfugièrent sur la terre ferme, abandonnant leurs barques et leurs radeaux. Cependant, au milieu du fracas dont retentissaient les rives, leur tumultueux désordre ne pouvait être entendu de l'ennemi. Un moment après, la pluie cessa ; mais des nuages si épais couvrirent le ciel qu'ils cachaient entièrement la lumière et permettaient à peine de se reconnaître en se parlant.

Tout autre se fût laissé effrayer de cette nuit qui enveloppait l'atmosphère, alors surtout qu'il s'agissait de naviguer sur

Les éclaireurs de Poros, d'après Arrien, ne s'aperçoivent de cette ruse qu'à l'instant où ceux-ci touchent presque à la rive opposée, courant alors à toute bride vers Poros pour l'en avertir. Le fleuve passé, Alexandre place à l'aile droite l'Agéma de sa cavalerie avec l'élite des Hipparques. Puis, mettant en avant ses archers à cheval, il les fait suivre par l'infanterie des Hypaspistes royaux. Viennent ensuite l'Agéma royal et le reste des Hypaspistes, chacun dans le rang que ce jour lui a assigné. Les côtés de la phalange sont flanqués d'archers, d'Agriens et de frondeurs.

Cette bataille, moins célèbre que les précédentes, tous les historiens l'affirment, Alexandre a failli la perdre par excès de confiance et de témérité. Aussi mérite-t-elle d'être racontée comme un des faits d'armes les plus extraordinaires d'Alexandre le Grand. Dès l'Antiquité la bataille de l'Hydaspes est apparue comme légendaire.

Ayant mis toutes ses troupes en ordre de bataille, et laissant derrière lui six mille hommes d'infanterie qui doivent le suivre au pas, Alexandre court à la tête de cinq mille chevaux contre l'ennemi. Il est sûr de posséder la meilleure cavalerie du monde. C'est une erreur. Il manque de discernement et mésestime l'adversaire, faute suprême que ne doit jamais commettre un commandant en chef.

Alexandre se lance au galop contre l'ennemi, se disant que Tauron pourra le soutenir avec ses archers. Il pense pouvoir bousculer Poros et son armée et mettre l'ennemi en déroute par la violence de la charge, avant que son infanterie ne prenne le relais et parachève le massacre. Alors que le fils de Poros paraît à la tête de soixante chars sur le rivage, les archers à cheval d'Alexandre en tuent une bonne partie dont le prince indien, et mettent le reste de la troupe en fuite. Au cours de cette escarmouche, Alexandre est une nouvelle fois blessé bien que légèrement. Mais, plus grave, « son cheval Bucéphale est percé de coups et meurt peu de temps après, malgré le traitement de ses blessures par les meilleurs vétérinaires de l'armée[3] ». On rapporte qu'Alexandre le regretta vivement comme s'il eût perdu un véritable ami, un compagnon fidèle. En apprenant la mort de son fils, Poros hésite sur la conduite à suivre, car il aperçoit Cratère et ses troupes qui s'apprêtent à passer le fleuve. Il prend alors le parti d'attaquer Alexandre le Grand et l'élite de son armée, mais prudemment laisse en partant un détachement et quelques éléphants sur la rive pour tenir Cratère en respect. À la tête de trente mille hommes d'infanterie et de toute sa cavalerie composée de quatre mille chevaux, de trois cents chars et de deux cents éléphants, il prend la direction du nord et se retrouve dans une grande plaine, susceptible de permettre à sa cavalerie d'évoluer facilement. Il a pour projet de coincer Alexandre entre son armée, ses éléphants et la rivière, et ainsi de l'écraser lui et ses troupes. Mais Alexandre, en grand chef militaire qu'il n'a jamais cessé d'être, devine la tactique de son ennemi. Il se garde donc bien de lui faire front, retire ses troupes qui faisaient face à Poros et l'attaque sur son flanc gauche :

> Arrivé à portée de traits, Alexandre fait avancer sur l'aile gauche des Indiens mille archers à cheval dont les attaques et les flèches doivent contribuer à semer la panique dans les rangs ennemis. Lui-même à la tête des Hétaires court prendre cette aile gauche par le flanc afin de l'empêcher de reprendre ses positions primitives et de se porter contre la phalange[4].

Les cavaliers de Poros plient, mais, sauvés par l'arrivée de renforts, reprennent la lutte. Coenos survient par surprise pour les prendre à revers. Alexandre les bouscule et tous vont alors se réfugier derrière les éléphants qui leur servent de remparts :

> Leurs conducteurs les poussent contre Alexandre. Alors la phalange macédonienne s'avance et fait pleuvoir sur les uns et les autres une grêle de traits. La mêlée ne ressemble à aucune de celles où les Grecs s'étaient trouvés auparavant[5].

Certes, la cavalerie d'Alexandre fait des ravages chez les Indiens, mais les éléphants resserrés de toutes parts écrasent tout sur leur passage, les Indiens comme les Grecs, et font un grand massacre d'hommes et de chevaux. Les conducteurs, percés de traits, s'effondrent et les animaux, sans cornac, harassés, blessés, exaspérés par la douleur, deviennent fous furieux, tentent de prendre la fuite et foulent aux pieds tout ce qu'ils rencontrent. Les malheureux Indiens ne peuvent échapper à leur furie, tandis que les Macédoniens, déployés dans la plaine, ouvrent leurs rangs au passage des mastodontes enragés et les percent de traits. « On voyait ces animaux énormes se traîner languissamment comme une galère fracassée, poussant de longs barrissements[6]. »

Alexandre, pour achever la bataille, longtemps incertaine, fait donner la phalange, qui massacre toute la cavalerie indienne, tandis que Cratère et les autres généraux, voyant le succès de leur chef, traversent le fleuve pour parachever la tuerie.

Force est de constater que Poros n'abandonna jamais le champ de bataille comme l'avait fait le grand roi de Perse en prenant la fuite après les journées d'Issos et d'Arbèles : « L'excellence et la force de sa cuirasse avaient constamment résisté aux coups, mais enfin blessé d'une flèche à l'épaule droite qu'il avait nue pour être plus maître de ses mouvements, il se retire sur son éléphant[7]. »

Comme à son habitude, Alexandre cherche à sauver ce héros, fût-il son ennemi, et lui dépêche Taxile. Mais Poros, furieux de se trouver en présence d'un compatriote traître, cherche à le tuer, ce qui oblige celui-ci à prendre la fuite. Alexandre, loin de s'irriter de ce geste de colère, lui détache des ambassadeurs parmi lesquels se trouve Méroé, ancien ami de Poros. Ce dernier, mourant de soif, accepte d'écouter la voix de cet ami qui lui demande de se rendre. Arrien décrit la scène, rencontre émouvante entre deux braves :

Alexandre, à l'approche de Poros, vient à sa rencontre, accompagné de quelques Hétaires. Il s'arrête, il contemple la noblesse de ses traits, la hauteur de sa taille qui s'élevait à cinq coudées*. Poros s'approche d'une manière assurée. Sa physionomie ne semble point abattue par la disgrâce ; héros, il vient trouver un héros ; prince, il a défendu contre un autre ses États. Alors Alexandre de lui demander : « Comment voulez-vous que je vous traite ? — En roi. — Je le ferai pour moi-même ; à présent que puis-je faire pour vous ? Parlez. — J'ai tout dit. — Je vous rends le pouvoir et votre royaume et j'y ajouterai plusieurs autres pays. » C'est ainsi qu'il traita en roi un prince généreux qui fut par la suite son ami le plus fidèle[8].

Pourtant, la victoire avait failli passer à côté d'Alexandre et la bataille de l'Hydaspes fut la plus meurtrière de toute l'expédition du conquérant macédonien. Les chiffres rapportés sont impressionnants : « Il périt en tout trois cent dix hommes dont quatre-vingts sur les six mille hommes d'infanterie, dix des archers à cheval, vingt Hétaires et deux cents du reste de la cavalerie[9]. » Bien entendu, au regard de nos pertes dans les batailles napoléoniennes ou de la guerre de 1914, ces chiffres nous paraissent dérisoires. Mais il convient de les comprendre par rapport à la totalité des effec-

---

* C'est un vrai géant.

tifs de l'armée d'Alexandre. Ce n'est qu'à la Révolution française, avec l'enrôlement forcé et les nations en armes, qu'on aligna des troupes au nombre de cinq cent mille et que les tueries furent en proportion de ces chiffres.

Comme à son habitude, en sa qualité de souverain évergète, Alexandre le Grand, en souvenir de cette victoire, ordonne l'édification de deux villes, l'une à l'endroit où il avait passé le fleuve Hydaspes, qu'il nomme Nicée, l'autre sur le champ de bataille à laquelle il donne le nom de son coursier célèbre, Bucéphalie. Arrien, qui prétend que le cheval n'est pas mort de ses blessures, mais de vieillesse[*], se gausse de cet amour immodéré d'un monarque pour sa monture :

Il avait partagé les travaux et les périls d'Alexandre et l'avait sauvé de plusieurs ; il ne se laissait monter que par lui, il était plein de feu, haut de taille, poil noir ; remarquable selon les uns par une tête où il y avait quelque chose de celle du bœuf, ou plutôt, selon les autres, par une tache blanche au front, soit naturelle, soit artificielle, et qui affectait sa forme : de là lui vient son nom. Alexandre, l'ayant un jour perdu chez les Uxiens, fit publier qu'il les taillerait tous en pièces s'ils ne lui ramenaient pas son cheval. Tel était l'excès et de la passion du conquérant pour cet animal et de la crainte que le premier inspirait qu'on lui obéit aussitôt [...][10].

Il fait rendre les derniers honneurs aux guerriers morts, offre aux dieux des sacrifices en actions de grâces, ordonne des jeux gymniques et équestres sur les bords de l'Hydaspes. Des monnaies sont

* Il aurait eu une trentaine d'années.

frappées où l'on voit Alexandre poursuivant l'éléphant de Poros. Cratère est laissé sur place avec une partie des troupes afin d'élever les deux villes dont les plans viennent d'être arrêtés.

Mais, plus que jamais avide de conquêtes, Alexandre entend poursuivre son expédition contre les Indiens qui bordent le territoire de Poros et qui ont pour nom les Glaucaniques. Il part avec la moitié des Hétaires, l'élite de chaque corps d'infanterie, tous les archers à cheval, les Agriens et les hommes de trait, et pénètre sur le territoire de ce peuple dont on prétend qu'il est fanatisé par les prédications bouddhistes. Pourtant tous les habitants des trente-sept villes dont il se rend maître capitulent sans combattre. Alexandre décide de donner ces domaines à Poros qu'il a réussi à réconcilier avec Taxile auquel il rend ses anciens États.

Jamais las d'entreprendre, Alexandre décide maintenant de traverser le fleuve Akésinès : « À l'endroit où l'armée d'Alexandre le passa sur des radeaux et des bâtiments, le fleuve a un cours extrêmement rapide, large de quinze stades et semé d'écueils et de rochers contre lesquels ses flots s'élèvent, se brisent avec fracas et ouvrent des gouffres écumants[11]. » Ptolémée, qui l'a décrit, ajoute que « les radeaux abordèrent facilement, mais que les navires plus gros se brisèrent tous contre les écueils et qu'il y périt beaucoup de monde[12] ».

Cet incident tragique n'arrête pas l'avancée d'Alexandre qui, après avoir reconstitué son armée d'auxiliaires enrôlés sur place, parvient devant le fleuve Hydraotès qu'il franchit cette fois-ci facilement. Mais il doit se heurter à une coalition de peuples, composée de Cathéens, d'Oxydraques et de Malliens qui décident, parce qu'ils veulent sauvegarder leur liberté, de se retrancher derrière les murailles de Sangala. Non sans mal, et au prix de nombreux combats, Alexandre réussit à s'emparer de la ville. Les morts et les pertes sont nombreux de part et d'autre. Certes, dix-sept mille Indiens sont tués et soixante-dix mille faits prisonniers, certes, trois cents chars sont détruits et cinq cents hommes de cavalerie sont morts, mais Alexandre laisse sur le terrain des combats une centaine d'hommes, sans compter les blessés qui s'élèvent à douze cents parmi lesquels plusieurs chefs, entre autres Lysimaque et Somatophylax. En représailles, Sangala est rasée et pillée.

Alexandre, loin d'être accablé par un bilan aussi lourd, semble de plus en plus décidé à atteindre le bout du monde connu, avec une sorte de fureur qui lui fait parfois abandonner la clémence et la raison, ses deux plus éminentes qualités. C'est ainsi qu'après avoir rendu les derniers devoirs à ses guerriers morts, il envoie son secrétaire, Eumène, avec trois cents chevaux, contre les habitants de deux villes qui s'étaient ralliées à Sangala. Eumène devait normalement les engager à se rendre, mais instruits et épouvantés par la façon dont la ville de Sangala a été traitée par Alexandre, les habitants se sont enfuis et n'ont laissé dans leurs cités que cinq cents malades qui sont immédiatement massacrés sur ordre du prince qui, décidément, semble avoir perdu le sens des réalités politiques.

Ces forfaits totalement gratuits ayant été accomplis, Alexandre reprend son cheminement vers l'est et arrive au bord du fleuve Hyphasis dans l'intention de le traverser et d'envahir les contrées de l'autre bord. On lui fait remarquer que les peuples qui y vivent se livrent avec succès à l'agriculture et aux armes, que leurs mœurs sont douces, qu'ils se trouvent sous le régime d'une république aristocratique, que les éléphants y sont nombreux et plus robustes qu'ailleurs. Alexandre est enflammé par les récits qui lui sont faits de ce pays dont les frontières sont comprises entre l'Hyphasis et le Gange, un fleuve dont il ne connaît même pas le nom. Il se fait confirmer par Poros ce qu'il vient d'apprendre. Celui-ci assure que ce n'était pas sans raison que l'on vantait les forces de ce peuple et de son empire ; même s'il éprouve du mépris pour son roi, d'une basse extraction et dont le père, barbier de profession, gagnait à peine chaque jour de quoi vivre. Ce dernier avait réussi à séduire une princesse de sang royal. Puis il avait fait assassiner le prince et, sous le titre de tuteur, avait pris possession du trône. Plus tard, il avait fait périr les héritiers de la couronne et donné naissance au roi maintenant régnant, prince haï de ses sujets en raison de ses origines et de la conduite criminelle de son père.

Alexandre est ébahi par ce qu'il entend et il veut connaître ces pays qu'il sera le premier Grec à fouler. Mais la révolte gronde dans son armée dont il ne reste plus parmi les premiers soldats qui le suivirent que des blessés ou des démoralisés qui, riches des butins amassés, ne rêvent que de rentrer dans leurs foyers. Les autres ne sont que des auxiliaires incorporés aux Macédoniens d'origine qui n'ont pas la fibre grecque et patriotique et n'ont pas non plus envie de poursuivre l'aventure au-delà du fleuve Hyphasis. Des groupes se forment dans le camp militaire appelant soit à la résistance, soit même à la rébellion contre un chef qui ne s'occupe que de sa gloire. Alexandre, qui n'ignore pas le mécontentement de ses troupes, les convoque et leur tient un long discours. Il demande aux Macédoniens d'être attentifs à ce qu'il va leur dire et de se ranger à son opinion. Il les exhorte à ne pas se laisser influencer par les bruits de dangers innombrables, diffusés par l'ennemi et qui sont faits pour les effrayer. On leur a parlé de fleuves énormes à franchir, de troupeaux d'éléphants monstrueux qui ne sont pas différents des bœufs sous le climat de la Grèce. Il leur rappelle combien ces éléphants ont été hachés naguère par les chars à faux de Darius, et qu'ils ne sont donc pas des animaux bien dangereux. Il avoue que l'armée de Darius est imposante, mais il leur démontre qu'elle n'est qu'une multitude désordonnée. Les Macédoniens, leur dit-il en substance, doivent se rappeler qu'ils ont vaincu l'armée de Darius souvent et facilement. Il sait les rendre fiers en leur montrant que s'ils ont à leurs côtés des auxiliaires barbares, c'est eux seuls qui sont les vrais guerriers, bien organisés et bien armés. Il leur dit même que c'est au pillage qu'il les conduit plus qu'à la gloire pour mieux les allécher. Il les conjure de ne pas l'abandonner, lui qui cherche à obtenir dans ses conquêtes une gloire comparable à celle d'Héraklès et de Dionysos. Il leur fait honte de leur lâcheté. À tel point qu'en manière de chantage sentimental il leur dit qu'il est prêt à continuer seul la conquête, puisque ses soldats ont l'air de l'avoir abandonné, et qu'il préfère mourir plutôt que de commander à des couards qui ne rêvent que de retourner dans leur demeure.

Quinte-Curce, qui a rapporté ce discours, prétend que les guerriers y sont sensibles et versent des larmes, mais restent malgré tout fermes sur leur position : ils ne souhaitent poursuivre plus avant les conquêtes entreprises par leur chef. En revanche, Arrien, toujours plus sobre que Quinte-Curce, écrit que ce discours est suivi d'un profond silence, l'assemblée des soldats ne souhaitant pas combattre davantage, mais n'osant pas pour autant s'opposer directement à l'admonestation de son chef. C'est alors que Coenos, le plus fidèle des compagnons d'Alexandre, ne craint pas de s'avancer et de parler au nom de tous les Macédoniens qui, nombreux au début de la conquête, ne forment plus désormais qu'une toute petite armée. Certains d'entre eux ont été congédiés, d'autres se sont installés dans les villes conquises, d'autres encore n'ont pas pu suivre, en raison de maladies et de blessures. Il est bien compréhensible, selon Coenos, que les survivants désirent revoir leur terre natale ainsi que leurs femmes et leurs enfants.

Il démontre à Alexandre que ce ne sera qu'une

pause. Qu'il pourra alors lever des troupes fraîches et poursuivre de nouvelles expéditions en Asie, en Europe ou en Afrique. Ayant plaidé leur cause avec détermination, Coenos est applaudi d'une manière unanime par les Macédoniens.

Le lendemain, Alexandre réunit à nouveau ses troupes dans un climat de tension extrême et tente un ultime recours : « Je ne contrains personne, déclare-t-il, à me suivre. Votre roi marchera en avant ; il trouvera des soldats fidèles. Que ceux qui l'ont désiré se retirent, ils le peuvent : allez annoncer aux Grecs que vous avez abandonné votre prince[13]. » S'enfermant dans sa tente pendant trois jours, Alexandre refuse de s'adresser à quiconque, pas même à ses Hétaires. Mais l'armée ne bronche pas, aucun volontaire ne répond à son appel, tout le monde reste silencieux.

# L'*Iliade* est terminée,
# l'*Odyssée* commence

Alexandre interroge les auspices : ils lui sont contraires. Il se soumet alors à la décision des dieux qui, eux aussi, semblent l'abandonner ; convoquant les plus âgés de ses Hétaires il leur dit : « Puisque tout me rappelle, allez annoncer à l'armée le départ[1]. » Ce départ est un retour vers la mère patrie, la fin et l'abandon de la conquête de l'Inde, le renoncement à un désir d'atteindre l'océan qui à l'est borde les terres de ce continent. Mais Alexandre traversera malgré tout l'Inde en empruntant le fleuve Indus jusqu'à l'océan Indien.

En apprenant cette bonne nouvelle, les soldats laissent éclater leur joie et leur émotion, ils crient, fondent en larmes, ils accourent jusqu'à la tente d'Alexandre et le bénissent de n'avoir pensé qu'à l'affection qu'il leur porte et qu'eux-mêmes d'ailleurs lui rendent bien.

Alexandre fait assembler une nouvelle fois son armée qu'il divise en douze corps et fait élever pour chacun d'eux douze autels consacrés aux douze dieux de l'Olympe. Pour témoigner à ces derniers sa reconnaissance, il marque dans la pierre la gloire de ses victoires, et fait graver ces inscriptions : « À mon père Ammon, à mon frère Héraklès, à Athéna-Prévoyante, à Zeus-Olympios, aux Cabires de Samothrace, à l'Hélios-Indien, à mon frère Apollon, etc. » Au centre de l'autel s'élève une colonne de bronze qui entend imiter les colonnes d'Hercule et qui porte cette inscription : « Ici s'est arrêté Alexandre. »

Écoutons Diodore de Sicile :

Alexandre ordonna à chaque soldat d'infanterie de bâtir une tente qui contînt deux lits de cinq coudées de long et aux cavaliers d'ajouter à la leur deux crèches, une fois plus longues que celles qu'ils faisaient ordinairement. En un mot, il voulut que dans ce camp qui devait demeurer comme un monument de leur passage, tout fût au double des mesures usitées dans les camps ordinaires. Il voulait indiquer par là qu'il avait entrepris et exécuté une expédition héroïque et donner lieu aux habitants futurs de ces contrées de croire qu'il était venu là des hommes d'une taille et d'une force plus qu'humaine[2].

Et Plutarque :

Il invente mille artifices trompeurs et sophistiqués pour donner une opinion exagérée de sa gloire. Il fait faire des armes, des mangeoires à chevaux d'une grandeur extraordinaire, des mors d'un poids plus lourd que ceux dont on se sert ; et il laisse ces objets dispersés dans la campagne[3].

Les autels qu'il a dressés en l'honneur des douze dieux de l'Olympe continueront pendant longtemps à être honorés par les rois des Présiens qui passeront chaque année le Gange pour y aller faire des sacrifices à la manière des Grecs : « Androcottos, qui était alors un tout jeune homme, avait vu souvent Alexandre : il répéta plusieurs fois, dit-on, qu'il n'avait tenu à rien qu'Alexandre se rendît maître de ces contrées, parce que le roi qui y commandait était haï et méprisé pour sa méchanceté et pour la bassesse de sa naissance[4]. »

Comme l'écrit Robert Cohen dans son ouvrage *Alexandre et l'héllénisation du monde antique*, « l'*Iliade* terminée, c'est l'*Odyssée* qui commence ». Alexandre rêve pourtant de connaître cet océan qui borde l'Inde et qu'aucun Grec n'a jamais vu. Son imagination, faute de pouvoir se transformer en action guerrière, se met à rêver jusqu'à la folie. C'est ainsi qu'il rassemble plusieurs galères sur les bords de l'Hydaspes et décide de descendre ce fleuve. « Il a remarqué que, de tous les fleuves, l'Indus est le seul où on trouve des crocodiles ainsi qu'aux bords du Nil, et il a aussi observé qu'il poussait des fèves semblables à celles de l'Égypte sur les bords de l'Akésinès qui se décharge dans l'Indus[5]. » Il imagine follement qu'il a trouvé les mythiques sources du Nil. Il déraisonne... Mais il sera vite obligé de revenir à une réalité géographique plus sensée.

Il confie à Néarque la flotte, animée par des matelots et des rameurs de toutes nations : phéniciens, égyptiens, grecs, chypriotes. Cratère longera avec une troupe la rive droite du fleuve. Héphestion est chargé pour sa part de s'occuper des quelque deux cents éléphants en les faisant avancer le long de la rive gauche, avec un corps de troupe.

Philippe, satrape du pays, les suivra trois jours plus tard. Mais Coenos meurt peu avant le départ et Alexandre, ne voulant retenir du guerrier que sa bravoure et non sa ferme opposition à la poursuite de la conquête prônée par son chef, lui fait des funérailles magnifiques :

Tout étant disposé pour le départ, l'armée s'embarque au lever de l'aurore. Alexandre sacrifie aux dieux et au fleuve Hydaspes, selon le rite grec et d'après l'avis des devins. Monté sur son vaisseau, il prend une coupe d'or, s'avance à la proue, verse la liqueur de la libation dans le fleuve : il en invoque le dieu ainsi que celui de l'Akésinès qui se réunit à l'Hydaspes pour se précipiter dans l'Indus ; il invoque aussi l'Indus et après des libations en l'honneur d'Héraklès, père de sa race, d'Ammon et des autres dieux qu'il révérait, la trompette sonne et annonce le départ de la flotte[6].

Les Indiens sont accourus en foule sur les rives du fleuve pour voir passer cette étonnante armada qu'ils saluent par des chants et des danses. Mais, parvenue au confluent des trois fleuves, Hydaspes, Akésinès et Indus, la flotte se trouve soudain en grand danger. « La rencontre de ces trois fleuves extrêmement rapides forme en cet endroit-là d'effroyables tourbillons d'eau qui submergent fréquemment toute sorte de vaisseaux. Tout l'art des matelots ne peut empêcher la perte de deux des plus grands navires d'Alexandre et un bien plus grand nombre de petits fut poussé par les flots et brisé contre le rivage. Celui qui portait le roi, quoique le plus grand de tous, subit le même danger et, saisi par un tourbillon d'eau, on le crut prêt à disparaître. Alexandre qui connut tout le péril n'eut point d'autre ressource que de se dépouiller sur-le-champ pour essayer de se sauver à la nage. Ses plus fidèles amis s'étaient déjà jetés à l'eau pour l'accueillir dès que son vaisseau renversé l'y jetterait lui-même. Il se fit là un concours extraordinaire de nageurs autour du vaisseau du roi qui luttait à droite et à gauche contre les eaux qui semblaient vouloir le renverser : de sorte que malgré l'énorme supériorité de la force de l'eau sur la faible résistance des hommes, le vaisseau du roi l'amena pourtant à bord avec le reste de sa flotte. Alexandre sauvé ainsi comme par miracle fit aux dieux le sacrifice de salut ou de délivrance dans lequel même il les remercia de lui avoir accordé comme à Achille la victoire sur le fleuve[7]. »

Après avoir réparé les vaisseaux endommagés, Alexandre charge Néarque de poursuivre sa navigation jusqu'au territoire des Malliens, qu'il entend vaincre. Lui ainsi qu'Héphestion vont prendre les Malliens à revers en se livrant à une marche forcée de nuit dont ils ont le secret et en arrivant à l'aube sous les murs d'une importante ville des Malliens qui en étaient sortis, sans armes, ne se doutant pas de l'arrivée inopinée de l'ennemi. Nombre d'entre eux sont exterminés, tandis que le siège de la ville est entrepris qui est vite remporté par les Macédoniens et Alexandre qui passent au fil de l'épée les deux mille soldats qui la défendaient. Les habitants qui s'étaient enfuis sont vite rattrapés par les forces de Perdiccas et aussitôt massacrés.

Alexandre marche sur la ville de Brahmanes où se sont enfermés les Malliens survivants. Il en fait le siège et réussit à passer avec le gros de ses troupes par une brèche faite dans le rempart. Les Indiens, plutôt que de tomber aux mains des Grecs, incendient les maisons et se jettent dans les flammes, mais cinq mille survivants sont tués par les Macédoniens.

Alexandre se dirige vers la capitale des Malliens, que ceux-ci ont abandonnée. Mais, devant l'énorme cavalerie macédonienne et sa charge furieuse, la troupe ennemie se réfugie dans la citadelle. L'assaut est donné et Alexandre en prend la tête avec un courage plus que téméraire. Il parvient, grâce à une échelle, sur le rempart, s'appuie sur son bouclier et met en fuite les Malliens qui tentaient de s'emparer de sa personne. Mais il n'y a plus d'échelle pour repartir, et Alexandre se retrouve isolé, en but aux flèches que les Indiens font pleuvoir sur lui des tours voisines. D'autant plus que le prince macédonien est facilement visible par son armure et ses armes qui luisent sous le soleil. Ou il demeure sur place ou il se jette dans le fort : il prend la seconde décision et, vite acculé à un mur, il se défend vaillament, repoussant les ennemis et leurs chefs de son épée et même en leur jetant des pierres.

Alexandre est heureusement rejoint par ses lieutenants, Peucestas, Léonnatos et Habréas. Le troisième tombe percé d'une flèche qui l'atteint au visage, Alexandre est blessé par un trait qui traverse sa cuirasse et se plante sous son sein. Pendant quelque temps le prince ne s'aperçoit de rien ou fait semblant de ne rien ressentir, mais perdant son sang en abondance et, protégé par ses amis qui cherchent à le couvrir mais sont vite grièvement blessés, il s'évanouit et on le sent prêt à expirer.

Les Macédoniens, ayant du bas des remparts assisté à cette scène, réussissent à monter grâce à des pieux où ils s'accrochent et s'élèvent en se mettant sur les épaules des uns et des autres. Ils courent vers leur roi, et aussitôt se rangent autour de lui, étendu, inerte. D'autres couvrent son corps de leurs boucliers. Un combat terrible s'engage alentour, les Macédoniens, rendus furieux par la blessure de leur chef qu'ils pensent en danger de mort, font un carnage des Indiens, soldats, mais aussi femmes et enfants.

Les Macédoniens entourent Alexandre, l'enlèvent et l'emportent évanoui dans sa tente. Aussitôt le bruit courut dans le camp qu'Alexandre était mort. On commença par scier avec une extrême difficulté le bois de la flèche, et l'on put alors, quoique avec peine, lui ôter sa cuirasse ; on fit ensuite une incision profonde, afin d'arracher le fer du dard qui était entré dans une de ses côtes et qui avait trois doigts de large et quatre de long. Alexandre s'évanouit plusieurs fois pendant l'opération ; mais à peine eut-on retiré le fer de la blessure qu'il revint à lui. Pendant ce temps les Macédoniens parlaient entre eux, se posant des questions, persuadés qu'on leur cachait sa mort[8].

Chacun se demande quel militaire sera capable de succéder à Alexandre. Tous redoutent de ne plus pouvoir regagner leur patrie facilement, puisqu'ils auront à traverser des régions hostiles et peuplées de maquisards. Ils craignent une révolte généralisée des pays soumis, si jamais ceux-ci venaient à apprendre la mort d'Alexandre. Ils se souviennent de la difficulté à traverser des fleuves impétueux et ne se sentent plus le courage d'affronter à nouveau ces périls.

Mais Alexandre, au courant des bruits sur sa mort possible, tient vite à rassurer ses soldats inquiets et il se fait transporter sur les bords de l'Hydraotès, s'installe dans un navire où il peut être vu de tous, descend le fleuve jusqu'au confluent avec l'Akésinès où se trouve le camp principal de son armée. Il fait alors soulever la toile qui recouvre la poupe du navire et se montre, vivant, à ses soldats médusés. Bien plus, il se lève, s'approche du bastingage et tend la main en signe d'amitié. Il est salué par un cri de joie unanime et par des milliers de bras et de mains qui se tendent dans sa direction. Tout le monde pleure de bonheur. Des Hypaspistes s'approchent du bateau avec une litière et un cheval. Refusant d'être couché, Alexandre monte le coursier, pour bien montrer qu'il reste encore plein de vie. Les applaudissements redoublent. En approchant de sa tente, il met pied à terre et se mêle à ses soldats qui viennent, tout heureux de cette véritable résurrection de leur chef, lui baiser les mains, les genoux et même les vêtements. Certains, plus zélés, le bénissent, lui présentent des couronnes et sèment sur ses pas des fleurs cueillies sur place. Les Malliens survivants viennent en députation dans le camp d'Alexandre, accompagnés des Oxydraques, un autre peuple rebelle à la présence des Grecs sur ses territoires : tous font soumission en déposant aux pieds du vainqueur des présents de prix et surtout mille otages. La fin de cette campagne militaire est suivie de grandes fêtes données en l'honneur d'Alexandre qui poursuit en même temps sa convalescence, car la blessure qu'il a reçue lors des combats l'a beaucoup affaibli. Mais il tient, malgré tout, à assister au spectacle des joutes et des combats singuliers dont il raffole :

Un nommé Coragus, Macédonien de naissance, doué d'une force prodigieuse et qui s'était distingué plus d'une fois en de vrais combats, défia un Athénien, Dioxippe, athlète de profession et qui avait remporté des prix de lutte en plusieurs occasions célèbres. Tous les conviés, comme c'est l'ordinaire, ayant applaudi à une pareille proposition, Alexandre lui-même fixa le jour du combat. Dès que celui-ci fut arrivé, des milliers de spectateurs se portèrent au lieu de rassemblement. Le roi et les Macédoniens favorisaient Coragus au fond d'eux-mêmes, mais tous les autres Grecs penchaient silencieusement pour Dioxippe. Le Macédonien parut le premier, armé de pied en cap ; au lieu que l'Athénien arriva nu, oint sur tout le corps, et la tête couverte d'un chapeau d'athlète. À l'air noble dont les deux champions s'avancèrent l'un contre l'autre, ils donnèrent l'impression d'être deux combattants très supérieurs à des hommes ordinaires. Le Macédonien, par la hauteur de sa stature et par l'éclat de ses armes, ressemblait au dieu Arès, et Dioxippe, qui le surpassait réellement en force, qui de plus avait d'immenses mains formées à tous les exercices de sa profession et portait sa massue avec noblesse, semblait être Héraklès en personne. Les deux athlètes s'étant mis en face l'un de l'autre, le Macédonien lança son javelot contre le Grec : celui-ci évita le coup par une esquive presque insensible. Sur quoi, son adversaire s'approcha la lance en avant pour le transpercer. Mais l'athlète d'un coup de sa massue la lui brisa entre les mains. Coragus, ayant ainsi manqué ses deux coups, eut recours à son épée qu'il voulut mettre à la main. Mais Dioxippe, lui saisissant de sa main gauche et l'épée et la main qui la tenait, utilisa sa main droite pour faire perdre l'équilibre à son adversaire qui tomba à terre. Aussitôt il lui mit le pied sur la gorge, et tenant sa massue en l'air comme prêt à lui briser la tête, il se tourna vers les spectateurs. Il s'éleva parmi eux un cri général d'admiration sur le courage et la force d'un tel combattant. Mais le roi, intérieurement fâché de la défaite du Macédonien, le fit relâcher et mit fin au spectacle en se retirant. Dioxippe, qui laissa le vaincu à terre et qui venait de remporter une victoire si éclatante, fut couronné par tous les spectateurs ses compatriotes comme ayant fait un grand honneur à sa nation[9].

Pourtant Alexandre et son entourage, mécontents de la victoire de Dioxippe, cherchent à confondre le vainqueur en l'accusant d'un larcin qu'il n'a pas commis, c'est-à-dire en plaçant à son insu un vase d'or sous le coussin où il s'est assis au cours d'un repas. Embarras et confusion de Dioxippe qui a, certes, compris qu'il est la victime d'un complot, mais ne peut supporter d'être ne serait-ce que soupçonné par ceux qui ne sont pas dans la conjuration. Il se retire dans sa demeure, écrit une lettre à Alexandre pour se plaindre de la lâche intrigue dont il vient d'être la victime et se suicide. « Ce qui fit dire aux gens à son sujet qu'il était fâcheux d'avoir tant de force dans ses membres et d'en avoir si peu dans l'âme[10]. »

Sans prêter davantage attention à cet incident, Alexandre, qui a fait construire des vaisseaux pendant sa convalescence, y embarque, une fois rétabli, des troupes légères, mille sept cents Hétaires et dix mille hommes d'infanterie. Il donne à Philippe la satrapie du pays des Malliens, et charge son beau-père, le Bactrien Oxyartès, père de Roxane, de gouverner les Paropamisades à la place de Tiryestès dont le commandement laissait à désirer.

Puis il monte à son tour sur un des vaisseaux et commence à descendre le confluent de l'Hydraotès et de l'Akésinès, parvient à l'Indus, grossi par les eaux des quatre fleuves, Hydaspes, Hydraotès, Hyphase et Akésinès. Toujours par voie d'eau, il aborde le pays gouverné par Mousicanos, qui est le plus riche potentat de l'Inde. Celui-ci vient au-devant d'Alexandre, avec de rares présents, lui offre tous ses éléphants, sa personne et ses États et semble donc se soumettre entièrement au conquérant. Mais une fois Alexandre éloigné, il fait très vite défection et provoque le soulèvement des brahmanes. La réplique d'Alexandre ne se fait pas attendre : il demande à Python de marcher contre Mousicanos et ses rebelles. Le prince indien, fait prisonnier, est immédiatement mis en croix ainsi que les autres brahmanes.

Ce voyage de retour, présenté trop souvent par les historiens comme une retraite peu glorieuse, est, on le voit, encore celui d'un conquérant redoutable qui entend occuper toutes les nations riveraines de l'Indus, faute d'avoir pu pousser sa marche plus à l'est. Il charge ses lieutenants les plus proches comme Python et Cratère de s'emparer de tous les pays traversés, de les annexer et de les coloniser en fondant de nouvelles villes. Après de nouveaux combats, Alexandre s'installe à Patalla, dans le delta de l'Indus, et y passe six mois entre janvier et juillet 325.

Il entreprend alors d'explorer cette partie du fleuve afin de trouver la voie la plus sûre pour déboucher sur l'océan. Après avoir détaché en avant Léonnatos avec mille chevaux et huit mille hommes d'infanterie, il prend la tête pour sa part d'une petite flotte légère, triacontères, birèmes et bâtiments de transport. Le lendemain, une tempête se lève, un vent contraire souffle au point que nombre de vaisseaux sont endommagés et que leurs équipages ont quelque mal à se sauver de navires dont plusieurs, éventrés, coulent.

On fabrique de nouveaux bâtiments, des détachements de troupes légères sont envoyés à la découverte des terres, on fait prisonniers quelques Indiens qui serviront de guides. Mais voici que le vent de la mer une nouvelle fois se lève et que la flotte d'Alexandre est contrainte de se mettre à l'abri. Les Grecs sont épouvantés de voir pour la première fois le phénomène de la marée, le flux et le reflux de l'océan qui remontent le fleuve et mettent tantôt leurs vaisseaux à sec, tantôt les emportent ou les font s'entrechoquer. Mais Alexandre ne renonce pas à atteindre l'embouchure de l'Indus et, allant d'île en île, sacrifie aux dieux selon l'oracle qu'il prétend avoir reçu d'Ammon et « s'avance au-delà de l'embouchure de l'Indus, et en pleine mer, pour découvrir, disait-il, de nouveaux parages, mais au fond pour se vanter, je le pense du moins, d'avoir foulé les ondes de la grande mer[*] qui baigne les Indes. Il précipita dans les flots les taureaux immolés à Poséidon et les coupes d'or après les libations. "Dieu puissant ! s'écria-t-il, protégez la course de Néarque dans le golfe Persique jusqu'à l'embouchure du Tigre et assurez son retour !"[11] »

Il revient vers Patalla, mais repart peu après pour explorer le bras oriental de l'Indus, cherchant à savoir si la descente en est plus facile. Il traverse un lac, Samara, formé par le fleuve et l'écoulement des eaux qui s'y déversent, et constate combien il est poissonneux. Il navigue au-delà du fleuve et du lac et reconnaît la côte, rejoint sa flotte qui a mouillé, fait creuser des puits pour s'approvisionner en eau potable, et bâtir des entrepôts pour y garder des vivres, ainsi que tout ce qui est nécessaire à la navigation, puis revient une nouvelle fois à Patalla, avant de quitter définitivement cette ville pour retourner vers l'ouest, vers sa patrie natale.

Alexandre est assez intelligent pour, après réflexion, ne pas se sentir frustré devant les terres trop lointaines qu'il a renoncé à conquérir. Il a pris conscience, avec ses troupes, au cours de tant de marches et d'expéditions aussi bien dans le Caucase que près de l'Himalaya et à l'embouchure de l'Indus, de l'immensité de la terre indienne, un continent aux multiples nations. Il en a connu, vaincu et soumis quelques-unes au point

* L'océan Indien.

que l'Inde a été touchée pour la première fois par une civilisation étrangère et nouvelle, par des mœurs et une religion qui lui étaient jusqu'alors inconnues. Un tel choc produira certes en Inde des réactions nationalistes, mais ne laissera pas non plus ce grand pays indifférent à la culture nouvelle que diffuseront les garnisons qu'Alexandre y a laissées. Tout comme ces dernières s'imprégneront d'un art et d'une civilisation nouvelle. L'hellénisation très lente des territoires indiens occupés s'orientalisera, en quelque sorte, en un syncrétisme fécond. L'Occident en pénétrant l'Orient aussi loin va permettre la naissance de relations commerciales entre les deux pôles du monde, entre l'Ouest et l'Est. Avec Alexandre, le monde sort agrandi et des frontières millénaires, qui paraissaient immuables, soudain s'ouvrent sur des terres nouvelles. Les savants et les cartographes qui ont accompagné Alexandre ont fait des relevés, observé des phénomènes comme celui de la mousson ou celui de la marée ou le cours de fleuves immenses, tout comme ils ont étudié les gisements d'or et d'argent. La Grèce et son ancien empire que fouleront à leur retour les Macédoniens ressentiront les effets de ces nouvelles connaissances qui se répandront à leur tour en Occident.

Pour son voyage de retour, Alexandre divise ses forces armées en trois corps qui empruntent chacun une route différente. Cratère est parti en juillet 325 jusque chez les Mousicanos. Néarque, commandant de la flotte, a été chargé d'explorer les côtes de l'océan Indien et de l'Arabie et d'établir ainsi une liaison entre l'Indus et l'Euphrate, mais il attend les ordres de son maître pour appareiller. Alexandre, quant à lui, est parti le dernier, à la fin d'août 325, avec l'intention de traverser le Béloutchistan.

Cratère revient à Kandahar, devenu Alexandrie d'Arachosie, et entreprend une tournée d'inspection chez les satrapes qui avaient été chargés de gouverner des districts :

Non contents de dépouiller tout ce qu'il y avait de profanes, ils n'avaient même pas respecté les choses sacrées ; et les jeunes filles ainsi que les plus nobles matrones, livrées au déshonneur, pleuraient les outrages que leur pudeur avait soufferts. Leur avarice et leur brutale licence avaient rendu odieux aux Barbares le nom macédonien. Parmi tant de dérèglements, cependant, se faisait remarquer celui de Cléandros qui, après avoir déshonoré une jeune fille d'illustre naissance, l'avait donnée comme concubine à l'un de ses esclaves[12].

Outré par ces comportements, Cratère fait prisonniers ces gouverneurs amateurs de stupre : comme certes Cléandros mais aussi Sitalcès, Héracon, Agathon et quelques autres. Puis il poursuit sa route dans le pays du Perse Ordanès, qui s'était rebellé contre les Macédoniens, et s'en empare. Il rejoint bientôt Alexandre en Carmanie et lui remet ses prisonniers. Les quatre gouverneurs, ayant trempé dans la conjuration qui avait abouti à l'assassinat, voulu par Alexandre, de Parménion, ont droit à un interrogatoire. Ceux-ci pensent, d'ailleurs à tort, que leur complicité avec Alexandre leur permettra d'éviter une peine trop lourde :

« Mais le roi, après avoir entendu la cause, affirma qu'un seul grief, mais le plus grave de tous, avait été omis par les accusateurs : c'est que les coupables avaient désespéré de sa vie : jamais, en effet, ils ne se fussent livrés à de tels excès s'ils eussent souhaité ou cru que leur souverain revînt d'Inde, sain et sauf. Il les fit mettre dans les fers et ordonna le supplice de six cents soldats qui avaient été les ministres de leurs cruautés[13]. » Le même jour, Ordanès et ses sbires sont aussi mis à mort.

Soutenu par Héphestion, Alexandre emprunte avec son armée le territoire des Arabites, capture au passage des Oréites qui ne s'étaient pas soumis, les exécute et parvient en Gédrosie, connue aujourd'hui sous le nom de Béloutchistan. Dans un premier temps, lui et ses troupes sont séduits par le nard mais surtout par la myrrhe que les Phéniciens recueillent en grande quantité pour en faire commerce. L'armée d'Alexandre vit quelques jours paradisiaques en foulant aux pieds ces deux épices qui embaument l'air.

Pourtant, les soldats déchantent très vite : « Alexandre s'avance malgré la difficulté des chemins et le défaut de subsistance : l'eau manque, l'armée est obligée de marcher pendant la nuit et de s'écarter des côtes qu'Alexandre désirait suivre pour reconnaître les rades, approvisionner la flotte, creuser des puits, construire des ports : cette côte n'est qu'un désert. Il détache vers le rivage Thoas avec quelques chevaux. Celui-ci découvre quelques pêcheurs sous de misérables cabanes, formées de la dépouille de crustacés et de squelettes de poissons. Ces pêcheurs fouillaient le sable et en retiraient avec peine un peu de mauvaise eau[14]. »

De plus, les cavaliers voient leurs vêtements s'accrocher à des plantes armées d'épines si fortes qu'ils sont renversés de leur monture. On raconte même que le poil des animaux s'y empêtre et que ceux-ci restent pris comme l'oiseau à la glu.

La marche est de plus en plus pénible dans ce pays hostile. Alexandre craint de se perdre. Les chevaux s'enlisent dans le sable d'un désert immense. Des patrouilles partent à la recherche de lieux plus hospitaliers pour faire des provisions de blé et de grains qui sont chargées sur des montures et dirigées vers la mer dans des sacs scellés du sceau du prince.

Mais la faim des soldats est la plus forte. Ils deviennent vite indisciplinés, cassant les sceaux et se partageant les provisions. Alexandre, qui avait fait une sortie pour aller reconnaître un chemin moins hostile, les trouve en train de manger, malgré l'interdiction d'ouvrir les sacs, mais il sait pardonner à ses soldats qui sont à bout de forces : « Après avoir fourragé dans tout le pays, Alexandre envoya ses nouvelles provisions vers sa flotte et il demanda aux indigènes de lui fournir aussi des grains, des dattes et du bétail[15]. » Au cours de cette sorte de longue marche, que des historiens ont comparée parfois à celle de la Berezina, mais sous un autre climat, les épreuves se multiplient et sont loin d'être terminées :

Une grande partie des soldats et des bêtes de somme y périrent de soif et de chaleur, arrêtés qu'ils étaient par des montagnes de sables brûlants où ils s'enfonçaient comme dans un limon ou un amas de neige et y finissaient par y demeurer ensevelis [...]. Les soldats tuaient les bêtes de somme ; les subsistances venant à manquer, ils se nourrissaient de la chair des chevaux et des mulets, morts de fatigue. On abandonnait sur la route les malades et ceux qui ne pouvaient suivre. On ressentait alors l'absence des bêtes de somme et des chariots pour les transporter. Ceux-ci avaient été brisés dès les premières marches. Affaiblis par les maladies, les fatigues, la chaleur et la soif, une foule de malheureux sans secours bordaient les chemins. L'armée continuait précipitamment sa marche, le salut de tous faisant négliger celui de quelques-uns. Ceux qui s'endormaient à la suite des fatigues de la nuit se trouvaient seuls à leur réveil ; ils voulaient suivre les traces de l'armée, ils s'égaraient. Presque tous périrent dans ces mers de sable. Un nouvel accident fut fatal à l'armée et surtout aux animaux de trait : lorsque les vents étésiens soufflent, il pleut dans ces déserts comme en Inde, mais la pluie ne tombe point dans les plaines, elle est reçue par les montagnes où les nuées s'amassent et finissent par crever. L'armée était campée près d'un ruisseau : vers la seconde veille de la nuit, il déborde, grossi par la chute des pluies tombées au loin. Cette inondation imprévue entraîne l'équipage d'Alexandre, les femmes, les enfants, l'attirail de l'armée. Les soldats ont peine à se sauver avec leurs armes, quelques-uns même y périrent, surtout pour s'être désaltérés trop longtemps, avec imprudence[16].

L'armée continue péniblement sa marche à travers des sables brûlants à la recherche d'un point d'eau. Alexandre partage la souffrance de ses troupes et marche à pied aux côtés de ses soldats, et peine lui aussi à avancer tant la soif le dévore. Quelques soldats ont réussi à trouver un point d'eau et ont rempli un casque d'une eau bourbeuse qu'ils viennent offrir à leur chef. Mais Alexandre rejette non seulement ce présent si précieux, mais encore le répand sur le sol devant toute son armée pour bien montrer qu'il n'entend pas être un privilégié dans l'état d'affliction où se trouve son armée. Les guides indigènes, qui prétendaient connaître le chemin, finissent par se perdre dans les sables qui ressemblent à un océan sans fin.

Alexandre, poussé par l'intuition, qualité première de tout commandant en chef, part en reconnaissance avec quelques chevaux dont beaucoup s'effondrent pour ne plus se relever. Il arrive sur le rivage de l'océan, fait creuser le sable, y trouve une eau excellente. L'armée côtoie pendant sept jours le rivage et tout le monde peut enfin s'abreuver, hommes et bêtes. Les guides retrouvent leur chemin et conduisent Alexandre et ses soldats jusqu'à Poura, capitale des Gédrosiens. Alexandre a perdu beaucoup de monde et ne va ramener de l'Inde que le quart de son armée.

On peut se demander pourquoi il a entrepris cette expédition qui n'était pas stratégiquement essentielle. En dépit de tous ces morts, Alexandre pouvait proclamer qu'il avait été supérieur à Sémiramis et à Cyrus le Grand, roi de Perse, tous les deux personnages légendaires qui avaient échoué là où il avait réussi. C'était bien cher payer pour une vanité si mal placée.

# Métamorphose d'Alexandre en souverain oriental

À Poura, Alexandre laisse se reposer pendant deux mois les débris de son armée, tout en la reconstituant avec des éléments indigènes. Mais toujours actif, il organise l'administration des régions qu'il a traversées en y plaçant des satrapes de confiance, au début de décembre 325, tout en faisant exécuter ceux qui l'avaient plus ou moins trahi. Il s'installe à un carrefour de routes en pleine Asie centrale et fonde une nouvelle cité qui naturellement porte son nom, à l'emplacement de l'actuel Galashkird. Il est soucieux de savoir comment s'est passée l'expédition de Cratère dont il n'a plus de nouvelles depuis longtemps, ainsi que la navigation de Néarque. Il voit peu après arriver ses deux compagnons qui lui rendent compte de sa campagne pour le premier, et de son périple pour le second.

Dans son livre sur l'Inde, Arrien a raconté ce dernier en se servant du journal de bord de Néarque qui ouvre une page d'histoire et de géographie toute nouvelle dans la connaissance du monde au temps de l'Antiquité grecque et plus particulièrement à la fin du règne d'Alexandre.

Néarque a pris des notes très soignées lorsqu'il a parcouru la partie de l'Inde qu'Alexandre a occupée. Puis, au cours de sa navigation sur les fleuves, il a consigné au plus précis ce qu'il a accompli au quotidien, en évaluant les distances entre deux mouillages, en faisant des relevés de la faune et de la flore marines, en observant les us et coutumes des peuples indigènes qui vivent sur le bord du rivage, comment ils s'habillent, comment ils sont armés. Il a remarqué en particulier que certaines tribus de la nation des Oréites ignorent toujours le fer et que leurs outils sont en pierre, comme aux temps préhistoriques.

Mais il vient de faire mieux encore en se lançant dans une expédition périlleuse le 21 septembre 325, en compagnie d'Archias et d'Onèsicritos avec les quelque cent cinquante navires, leurs équipages et cinq mille hommes de troupes, des archers et des soldats du génie. Comme le vent souffle de la mer, il se contente prudemment de longer les côtes et l'embouchure des fleuves, avant de mouiller sa flotte. Lorsque la mousson s'établit, il se sert de ses vents pour repartir à la fin d'octobre 325 et quitter l'Inde pour d'abord longer les côtes des Arabites et des Oréites, puis se faire remettre du blé par Léonnatos lors d'une escale d'une dizaine de jours.

Puis c'est l'inconnu qui s'ouvre devant Néarque, ses matelots et ses soldats. Des côtes particulièrement arides et peuplées de quelques habitants hostiles apparaissent. Mais les indigènes mal armés sont soit mis à la raison, soit préfèrent s'enfuir.

Le danger vient vite de l'océan lui-même, avec ses énormes vagues, ses bancs de sable et ses lagunes où l'on ne trouve ni nourriture ni eau potable. La flotte de Néarque double le promontoire de Malana (Ras Malan) et se retrouve au pays mythique des Ichtyophages, peuple qui vit dans la pauvreté du produit de la pêche, de poissons séchés ou moulus et transformés en farine. Ils habitent des huttes bâties avec des coquillages et des os de baleine. À Kamala (baie de Kalmat), des indigènes font leur soumission en offrant quelques moutons à Néarque qui affirme que les pauvres bêtes sentent le poisson avec lequel, faute de pâturages, on les nourrit ! Un peu plus avant, on peut rafler quelques chèvres, mais l'inquiétude grandit chez les matelots et les soldats qui se voient bientôt sans nourriture et sans eau.

Néarque a la bonne idée de se faire seconder par un pilote de la Gédrosie, un certain Hydrakès qui réussit à conduire la flotte dans une région un peu plus fertile où on cultive des palmiers dattiers et, un peu plus loin, des choux palmistes, puis dans un village abandonné, ils trouvent encore des dattes, du blé et sept chameaux que les soldats abattent pour manger leur chair. L'inquiétude est grande, mais Néarque fait preuve d'un grand sang-froid. Il force même ses hommes à aborder dans une île sur laquelle on racontait la fable absurde que ceux qui y débarquaient disparaissaient à jamais. Néarque en profite pour endurcir psychologiquement ses hommes.

Il fait bien d'autres observations sur l'étrangeté des pays côtoyés et sur certains phénomènes maritimes et climatiques, comme sur les mœurs des peuplades approchées. Il remarque, ainsi que ses marins, de mystérieuses fourmis qui cherchent l'or et dont la peau ressemble à celle des léopards. Il fait état d'arbres à laine, d'arbres qui sont enracinés au fond de la mer sur les côtes de la mer Rouge et qui, visibles à marée basse, sont engloutis à marée haute, ce qui donne au paysage une allure étrange et même inquiétante. Strabon, qui a donné quelques fragments du périple de Néarque dont le texte s'est perdu, commente les observations de l'amiral de la flotte d'Alexandre. Sur son chemin, celui-ci a trouvé des pierres brillantes et translucides, des arbres à encens qui, lorsqu'on les coupe, donnent une sorte de suc. Il a observé aussi que, pendant le solstice d'été, les ombres se tournent en direction du sud, mais que celles-ci disparaissent au moment où le soleil atteint son zénith. Les étoiles elles-mêmes, telles qu'on peut les voir dans le ciel de Grèce et d'Asie Mineure, disparaissent pour certaines ou ne se lèvent qu'à l'horizon.

À l'embouchure de la Kysa, de hautes colonnes d'eau s'élèvent dans le ciel qui frappent les marins de stupeur, mais le guide indien leur explique qu'il s'agit de baleines qui soufflent en l'air. La monstruosité de ces animaux marins suscite la panique des rameurs qui laissent échapper leurs pagaies. Néarque, pour les aguerrir et leur montrer l'inanité de leur crainte, leur demande de foncer sur les animaux, comme si c'étaient des navires ennemis, en faisant entendre des cris et en sonnant de la trompette. Aussitôt les baleines, effrayées, plongent et disparaissent. Néarque observe aussi que certaines baleines, soit qu'elles aient été surprises par le jusant des marées, soit qu'elles aient été poussées, sans pouvoir lutter, par la force du flux des eaux, viennent s'échouer sur les côtes et y pourrissent. Mais la famine empirant, Néarque, toujours aussi courageux et solide, demanda à ses marins de naviguer nuit et jour pour sortir au plus vite de ces régions stériles.

Parvenue en Carmanie, la flotte de Néarque trouve enfin des terres plus fécondes où poussent des arbres fruitiers, de la vigne et du blé. Elle pénètre ensuite, toujours par le golfe Persique, dans le détroit d'Ormuz et passe devant le cap Makéta de la rive d'Arabie, célèbre lieu de commerce de la cannelle et des épices que venaient y chercher depuis des temps immémoriaux les commerçants de Mésopotamie. La flotte mouille à Ormuz, qui portait alors le nom de Harmozeia, à l'embouchure de l'Anamis (Minab). Depuis Kourratchi d'où elle était partie, la flotte de Néarque a navigué pendant plus de deux mois : on est parvenu à la fin de décembre 325. Néarque rejoint Alexandre qui campe à plus de cent cinquante kilomètres de là. Le prince le reçoit en lui donnant une longue accolade, avec un immense soulagement et offre en son honneur et en celui de son extraordinaire expédition des sacrifices et des libations à Zeus-Sauveur, à Ammon, à Apollon, à Poséidon et à toutes les divinités de la mer.

Néarque fait devant son hôte un récit de son périple et insiste, en les enjolivant pour leur donner plus d'attraits, sur les épisodes les plus étranges et les plus surprenants :

La mer était remplie de monstres : on les voyait suivre le mouvement de la marée, égaux en grosseur au plus grand des vaisseaux : il avait fallu les effrayer par des cris menaçants pour les empêcher de suivre la flotte ; ils s'étaient alors enfoncés sous les eaux, comme des navires qui sombrent avec un grand bruit[1].

Néarque a appris aussi des indigènes interrogés « que la mer Rouge ne tenait pas son nom, comme c'était l'opinion commune, de la couleur de ses eaux, mais du roi Érythrus. Que, non loin du continent, était une île plantée d'un grand nombre de palmiers et que, environ au milieu des bois, s'élevait une colonne, monument consacré au roi Érythrus avec une inscription dans la langue du pays. On ajoutait que des bâtiments chargés de vivandiers et de marchands avaient été conduits dans cette île par des pilotes qu'attirait l'appât de l'or et qu'on n'en avait revu aucun[2] ».

Néarque, on le voit, répète, en brodant, des expériences qu'il a faites au cours de son périple. Mais il est fort discret pour évoquer les périls qu'il a endurés, non seulement la famine et la soif, mais encore les difficultés d'une navigation dangereuse entre rochers, bas-fonds sableux, lagunes où souvent ses navires se sont échoués et qu'il a réussi au prix d'efforts surhumains à renflouer.

Mais Néarque, du moins à ses yeux, n'a pas achevé totalement son périple et décide de conduire sa flotte par le golfe Persique jusqu'à Suse où Alexandre a décidé de s'installer quelque temps. En janvier 324, Néarque et sa flotte se retrouvent, une fois dépassés les bancs de sable qui entravent la bonne navigation des bateaux, à l'embouchure de l'Euphrate et font escale au port de Diridotis, lieu du grand marché international de l'encens et des parfums d'Arabie. Puis il remonte le fleuve Pastigris (Karoun) et fait sa jonction avec les troupes d'Alexandre qui n'a pas encore atteint Suse. Une fête immense est donnée à tous ceux qui ont participé à cette véritable découverte, celle de la route maritime qui peut relier la Mésopotamie à l'Inde et changer la face du commerce non seulement en Occident, mais aussi dans le monde oriental.

Alexandre doit vite interrompre ces réjouissances, car il se heurte, après tant d'années d'absence, à ses anciens amis, devenus satrapes et qui se sont taillés de véritables royaumes indépendants, croyant leur chef mort ou mourant, selon les rumeurs qui leur étaient parvenues. Il commence par destituer Apollophane, gouverneur des Oréites, et le remplace par Thoas, puis rassemble en une seule satrapie l'Arachosie, la Gédrosie et le pays des Oréites qu'il confie à Sibyrtios, tandis que la Carmanie est donnée à Tlépolème.

Mais il doit poursuivre son travail, continuer de sévir contre les gouverneurs véreux et désobéissants ou contre leurs troupes livrées à tous les excès et à toutes les exactions. Ainsi Philippe, auquel il a confié naguère la satrapie de l'Inde, a péri au cours d'une révolte de ses soldats. Les séditieux ont massacré une partie de ses troupes restées fidèles ; tandis que l'autre, faite prisonnière, était froidement exécutée par les Macédoniens de la garde personnelle de Philippe. Alexandre confie cette satrapie sans chef à Taxile et à Eudème, des militaires d'expérience.

La répression n'en est pas pour autant terminée et Alexandre se montre impitoyable, n'admettant pas d'avoir été trahi par les plus fidèles. Ainsi avait-il placé sous les ordres de Parménion à Ecbatane trois généraux, Cléandros, Sitalcès et Héracon, qui s'étaient transformés en potentats cruels. Les habitants de la région et même l'armée accusent les deux premiers d'avoir dépouillé les temples, violé les tombeaux pour y trouver les trésors enfouis et accablé le peuple d'exactions et de vexations diverses allant jusqu'à la pratique d'exécutions sommaires. Alexandre les fait condamner à mort au cours d'un conseil de guerre et immédiatement exécuter. Héracon subit le même sort quelques jours plus tard. L'objectif d'Alexandre est on ne peut plus clair : faire des exemples cruels et nécessaires qui maintiendront les satrapes dans l'obéissance. En revanche, il récompense ceux qui lui sont restés fidèles, tels Stasanor, satrape de Drangiane et Arie qui vient à sa rencontre avec des chameaux et des bêtes de somme afin qu'il puisse traverser le désert sans dommage :

Alexandre traversa la Carmanie sur deux chars attachés ensemble, au milieu d'un cortège d'Hétaires et de musiciens dont il écoutait les concerts nonchalamment penché, tandis que ses soldats, le front couronné, le suivaient en folâtrant et que les habitants accouraient en lui apportant tout ce qui pouvait fournir sa table et ses débauches. Ils ajoutent que c'était à l'exemple du triomphe de Dionysos qui traversa dans cet appareil une grande partie de l'Asie après la conquête des Indes. Cette pompe, reproduite depuis, est devenue celle de tous les triomphateurs[3].

Alexandre, qui apprécie la superbe et qui se fait gloire d'avoir suivi les traces mythiques de Dionysos, aime à se livrer à ce genre de spectacle, ne serait-ce que pour impressionner les populations et son armée et leur prouver qu'il est non seulement bien vivant, mais revenu vainqueur de son expédition, et qu'il n'a pas abandonné pour autant son goût pour les fêtes, les festins et les beuveries, bref qu'il est toujours le chef glorieux et renommé sur toute la terre.

Ce qui est certain, c'est qu'il sacrifie aux dieux pour les remercier de lui avoir accordé la victoire dans les Indes et sauvé son armée dans la Gédrosie. Il fait également célébrer les jeux du gymnase et de la lyre. Il en profite pour récompenser par des promotions ses fidèles, comme Peucestas qui entre dans sa garde personnelle, au nombre de sept personnes, pour l'avoir protégé de son bouclier lors de l'attaque des Malliens, et vient rejoindre Léonnatos, Héphestion, Lysimaque, Aristonous, Perdiccas, Ptolémée et Python.

Alexandre sait qu'il n'en a pas fini avec l'anarchie générale qui s'est emparée des territoires conquis lors de son éloignement et il est décidé à sévir. Il laisse à Héphestion le soin de ramener la plus grande partie de l'armée, les animaux de trait et les éléphants de la Carmanie à la Perse en suivant le bord de la mer, parce que cette marche ayant lieu au cours de l'hiver, il y trouverait un climat plus doux qu'à l'intérieur des terres.

Entouré de quelques Hétaires et d'archers, il arrive aux frontières de la Perse et ne trouve pas Phrazaortès, qui en était le satrape. Et pour cause, Phrazaortès mort, c'est Orxinès qui l'a remplacé.

Il est vrai que celui-ci descend de Cyrus, ce qui lui assure une légitimité, et qu'il est riche des trésors qui lui ont été transmis en héritage par ses ancêtres. Il vient au-devant d'Alexandre, chargé de présents pour lui et pour ses compagnons. Parmi ces dons, on trouve des troupeaux de chevaux tous dressés, des chars ornés d'or et d'argent, des meubles précieux, des pierres rares, des vases d'or d'un grand poids, des vêtements de pourpre et quatre mille talents d'argent monnayé. Orxinès croit qu'il vient ainsi de gagner la confiance d'Alexandre et, pourquoi pas, son amitié. Or il a commis un grave impair, il n'a rien donné à l'eunuque Bagoas, qui s'est prostitué à Alexandre. Alors qu'on prévient Orxinès de sa bourde, il répond avec insolence qu'il ne fera jamais de présent à une concubine du roi ! L'eunuque, mis au courant de cette réponse outrageuse à son égard, va donc s'employer à perdre Orxinès dans l'esprit de son maître Alexandre. Une ténébreuse affaire va attirer sur Orxinès la haine d'Alexandre. Au centre des jardins royaux de Pasagarde s'élève le tombeau de

Cyrus entouré de bois touffus, d'eaux vives et de gazon épais ; c'est un édifice dont l'assise, carrément sur de grandes pierres, soutient une voûte sous laquelle on entre difficilement par une petite porte. On dit que le corps de Cyrus y est conservé dans une arche en or sur un abaque dont les pieds sont également d'or massif, couvert des plus riches tissus de l'art babylonien, de tapis de pourpre, du manteau royal, de la partie inférieure de l'habillement des Mèdes, de robes de diverses couleurs, de pourpre et d'hyacinthe, de colliers, de cimeterres, de bracelets, de pierreries. On voit aussi une table, l'arche funéraire, qui occupe le centre. Des degrés intérieurs conduisent à une cellule occupée par les mages, dont la famille a conservé, depuis la mort de Cyrus, le privilège de garder son corps. Le roi leur fournit tous les jours un mouton et une certaine quantité de farine et de vin, et tous les mois un cheval qu'il sacrifie sur le tombeau. On y lit cette inscription en caractères persans : « Mortel, je suis Cyrus, fils de Cambyse, j'ai fondé l'empire des Perses et commandé à l'Asie ; ne m'envie point ce tombeau. »

Alexandre ordonne d'ouvrir le tombeau de Cyrus où reposent les restes de ce monarque auquel il destine des honneurs funèbres. Il le croit rempli d'or et d'argent, d'après les affirmations des Perses. Mais à l'exception d'un bouclier tombé en poussière, de deux arcs de Scythie et d'un cimeterre, il ne trouve rien. Couvrant alors du manteau qu'il porte lui-même le trône sur lequel le corps était étendu, il y place une couronne d'or et témoigne de son étonnement de ce qu'un monarque si célèbre, possesseur de tant de trésors, n'ait pas été plus richement enseveli qu'un homme de condition vulgaire. Aux côtés du roi se tient l'eunuque qui, se tournant vers lui, déclare :

« "Qu'y a-t-il d'étonnant, dit-il, que les sépulcres des rois soient vides quand les maisons des satrapes ne suffisent pas à contenir l'or qui en a été tiré ? Pour moi, je n'avais jamais vu ce tombeau ; mais j'ai ouï dire à Darius qu'on avait enterré avec Cyrus trois mille talents. Voilà la source de tant de largesses : ce qu'Orxinès ne pouvait garder impunément, il l'a donné, pour acheter du moins tes bonnes grâces à ce prix. Autrement dit, Orxinès est un vil pilleur de tombeau, et de quel tombeau !"

« Ces paroles de l'eunuque, que viennent confirmer des délateurs stipendiés, excitent la colère du roi. Orxinès est jeté dans les fers. Non content du supplice de l'innocent, Bagoas osa porter sur lui la main au moment où il allait mourir. Orxinès lui dit alors en le regardant : "J'avais bien ouï dire que les femmes avaient jadis régné en Asie, mais c'est une chose toute nouvelle d'y voir régner un eunuque." Ainsi périt le plus illustre personnage d'entre les Perses, sans être coupable et même après avoir montré envers le roi une générosité extraordinaire[4]. »

À Pasagarde, où campe Alexandre, Atropates, satrape de Médie, lui amène un prisonnier, le Mède Baryaxès qui s'était ceint la tête de la tiare et s'était autoproclamé roi des Perses et des Mèdes ! Il est vrai, non sans la complicité de son état-major. Le traître et ses acolytes sont immédiatement exécutés.

Alexandre s'installe à Persépolis, mais comme il est toujours animé par des projets grandioses et n'aime guère l'inaction, il désire visiter le golfe Persique et l'embouchure du Tigre et de l'Euphrate. « J'affirmerai qu'Alexandre [...] ne se serait jamais reposé ni après avoir réuni la conquête de l'Europe à celle de l'Asie, ni même s'il eût porté la guerre jusqu'au fond des îles Britanniques. Il s'élançait toujours au-delà de ce qui était connu et, à défaut de tout autre ennemi, il en eût trouvé dans son propre cœur[5]. »

Pourtant, Alexandre n'est pas insensible à la sagesse des prêtres indiens et des brahmanes. Esprit curieux de tout, il écoute souvent leur leçon de modestie. Ces sages se promènent un jour dans une prairie, lieu de leurs conversations philosophiques, lorsque vient à passer Alexandre à la tête de son armée. Ils se bornent à frapper la terre du pied. Le conquérant leur fait demander la cause de ce geste par l'intermédiaire d'un interprète. Les sages lui répondent que ce qui compte seul, c'est le peu de terre qu'un homme peut fouler et non pas tant de territoires et de pays que par ambition et par goût de la gloire Alexandre s'est plu à conquérir. Ils lui font même comprendre qu'à sa mort il n'occupera plus que l'espace nécessaire à sa sépulture. Alexandre écoute sans se révolter ces déclarations et il a assez d'intelligence pour les comprendre. Pourtant, il souhaiterait attirer quelques-uns de ces sages dans sa suite et s'en faire des amis pour pouvoir discuter avec eux. Mais le plus âgé d'entre ces sages répond que l'ensemble de ses confrères ne souhaitent rien posséder et que la terre suffit à les nourrir et que la mort les délivrera de l'esclavage du corps. Belle leçon d'ascèse et de modestie qu'un simple brahmane donne à Alexandre le Grand qui est intrigué par cette philosophie du renoncement.

Alexandre réussit pourtant à se faire un ami d'un de ces sages gymnosophistes, le brahmane Calanos. Ce dernier ordonne, d'un ton insolent, à Alexandre de quitter sa tunique pour entendre, nu, ses propos. « Sinon je ne te parlerai point, vinsses-tu même de la part de Zeus[6]. »

Le gymnosophiste étant tombé malade pour la première fois en Perse et ne pouvant se plier aux règles d'un régime, il témoigna qu'il recevrait comme un bienfait la permission d'aller au-devant de la mort [...]. Alexandre s'opposa vivement à ce dessein, mais ne pouvant ébranler Calanos et le sachant prêt à se décider pour un autre genre de mort, si on lui refusait celui qu'il réclamait, consentit à lui faire dresser un bûcher. Ptolémée fut chargé d'organiser la cérémonie. On ajoute qu'Alexandre fit accompagner cette pompe funèbre par des détachements armés d'hommes à pied et à cheval. On portait des parfums pour être épanchés dans les flammes, des vases d'or et d'argent, une robe de pourpre. On amène le cheval de Calanos. Sa faiblesse ne lui permit pas de s'en servir. On le plaça sur une litière, couronné à la manière des Indiens. Il chante dans leur langage des hymnes en l'honneur de leurs dieux. Il pria Lysimaque, l'un de ses disciples et admirateurs, d'accepter son cheval qui était de la race néséenne et qui sortait des haras du roi. Il y monte et s'y étend avec dignité en présence de toute l'armée. Alexandre ne jugea point convenable d'assister au triste spectacle de la mort d'un ami. On admire le courage de Calanos qui demeure immobile au milieu des flammes. Néarque raconte qu'au moment où l'on mit le feu, les trompettes sonnèrent sur ordre d'Alexandre. Toute l'armée poussa le cri des combats et les éléphants même firent entendre un frémissement belliqueux qui semblait applaudir à Calanos[7].

Cet intérêt d'Alexandre pour les mœurs des Indiens et généralement pour les coutumes étrangères qu'il ne considère pas comme barbares, selon l'usage pourtant dans l'Antiquité gréco-romaine, il le communique à ses officiers. C'est ainsi que Somatophylax est nommé satrape des Perses :

Il se les concilie par un caractère qui s'accommode à leurs mœurs ; seul de tous les Macédoniens, il revêtit l'habit des Mèdes, apprit leur langue, se conforma à toutes leurs coutumes. Il devint plus cher au roi par cette complaisance et les Perses se réjouirent de voir leur vainqueur préférer leurs usages à ceux de sa patrie[8].

Alexandre quitte Persépolis pour Suse où il fait une entrée solennelle, non sans avoir au cours de sa marche poursuivi et fait mettre à mort des satrapes qui s'étaient montrés déloyaux, poursuivant ainsi férocement les purges au sein de l'administration anarchique qu'il avait trouvée à son retour des Indes.

Arrivé à Suse en février 324, il envisage tout d'abord de créer de nouvelles colonies de Grecs en Asie, tout en déportant en Grèce des Asiatiques, afin de mêler ainsi les races, les religions et de régner sur un empire métissé. Extraordinaire projet qui ne peut voir le jour. Mais il fait tout aussi bien en faisant célébrer à Suse de nombreux mariages mixtes entre Macédoniens et filles orientales. Lui-même donne l'exemple. Après avoir épousé naguère Roxane, fille du Bactrien Oxyartès, il se marie à Barsine, fille aînée de Darius, non sans avoir convolé en justes noces avec Parisatis, la plus jeune fille d'Ochos. Il ne craint donc pas la polygamie et incite ses soldats et officiers à l'imiter, suivant les coutumes orientales, sans se soucier du scandale qu'une telle attitude risque de provoquer en Grèce et en Macédoine. Ses amis ne se font pas prier, Héphestion épouse Drypétis, une autre fille de Darius. Cratère se marie à Amastrine, fille d'Oxyartès, frère de Darius. Perdiccas s'unit à la fille d'Atropatès, satrape des Mèdes ; Ptolémée à Artacama, une des filles d'Artabaze ; Eumène, secrétaire du roi, à Artonis. Des Hétaires sont unis à quatre-vingts filles de Persans et de Mèdes parmi les plus illustres. La cérémonie se fait à la manière des Perses. Après un festin où tous les prétendants sont placés suivant leurs grades, on amène, près de chacun d'eux, leurs fiancées dont ils reçoivent la main et qu'ils embrassent en suivant l'exemple du prince. Il n'y a pour tous ces mariages qu'une cérémonie dans laquelle on croit voir le témoignage le plus populaire de l'attachement et de l'amitié d'Alexandre pour les siens. Chacun d'eux emmène sa femme. Alexandre dote ces Persanes et fait aussi des présents de noces à tous les Macédoniens qui épousent des Asiatiques et dont les noms inscrits sur des registres se montent à plus de dix mille.

Il veut, en outre, acquitter les dettes de ses soldats et demande, à cet effet, un état de ce qui était dû par chacun d'eux ; peu veulent faire cette déclaration, le plus grand nombre craignant qu'Alexandre l'ait demandée pour connaître les soldats qui dépensaient plus que leur paie. On fait part au prince de ce refus. Celui-ci, blâmant la défiance des soldats, s'écrie :

« Un roi ne doit jamais manquer de parole à ses sujets ; chacun de ceux-ci doit toujours compter sur la parole de son roi. » Il fait dresser dans le camp des tables chargées d'or ; on paie tous les créanciers qui se présentent, on déchire toutes les obligations ; on ne prend pas même les noms de ceux qui les ont souscrites. On ne douta plus de la parole d'Alexandre et on lui sut plus gré de cette délicatesse que de ses libéralités mêmes, qui s'élevèrent, dit-on, à vingt mille talents.

Il en combla beaucoup d'autres de présents proportionnés à leurs grades ou à leurs vertus guerrières, décerna plusieurs couronnes d'or à ceux qui s'étaient le plus distingués, à Peucestas qui l'avait couvert de son bouclier chez les Malliens, à Léonnatos qui l'avait défendu dans la même occasion, courut les plus grands dangers dans l'Inde, vainquit les Oritiens et leurs voisins et les contint dans l'obéissance, à Néarque, pour avoir ramené la flotte depuis l'Indus jusqu'au Tigre, à Onèsicritos, pilote du vaisseau royal, à Héphestion et aux autres gardes de sa personne. Les satrapes des pays vaincus et des villes fondées par Alexandre viennent le trouver, lui amènent trente mille jeunes gens dans la fleur du printemps, et tous du même âge. Alexandre les appelle ses Épigones, c'est-à-dire sa postérité[9].

Les Macédoniens sont outrés par l'arrivée de ces étrangers qui osent les imiter avec l'accord et même les encouragements d'Alexandre :

Alexandre cherche tous les moyens pour se passer de ses vieux soldats : quelle honte ! Il a revêtu la longue et traînante robe des Mèdes. Ses noces mêmes auxquelles nous avons participé avec éclat ont été célébrées à la manière des Perses : il se plaît à entendre le langage barbare de Peucestas qui balbutie le persan[10].

Bien d'autres reproches sortent de la bouche des Macédoniens qui donnent des exemples précis de leur cavalerie d'Hétaires colonisée en quelque sorte par des Barbares et un corps de celle-ci uniquement composé d'étrangers. Ils se plaignent que les satrapes soient tous issus de peuples qu'ils ont pourtant vaincus. En un mot, ils reprochent à Alexandre d'avoir complètement oublié ses origines pour se métamorphoser en souverain barbare.

# Alexandre conquis par l'Orient

Il semble qu'Alexandre ne prête aucune attention à ces manifestations de mécontentement et
qu'il poursuive ses chimères. Dès le début de l'année 324, il charge Héphestion de se mettre à la
tête de la plus grande partie de l'infanterie et de se
rendre, par le golfe Persique, sur les bords du Tigre
à Opis, au nord de la Bagdad actuelle. Alexandre
s'embarque sur la flotte de Néarque avec les Hypaspistes, l'Agéma et une partie de la cavalerie des
Hétaires, descend le fleuve Eulée afin de reconnaître les embouchures de l'Euphrate. Puis il remonte
le Tigre jusqu'à Opis où il rejoint Héphestion qui
l'attend avec son armée. En passant sur les rives
du fleuve, il fait briser les digues que les Perses,
piètres marins, ont élevées pour se garantir d'une
attaque venue de la mer. Et justifie cette destruction en s'exclamant, plein de mépris, que « ce
moyen de défense ne convient qu'à des hommes
qui ne savent point manier les armes[1] ».

Dans le camp d'Opis, Alexandre rassemble les
Macédoniens et leur annonce qu'il licencie tous
ceux que l'âge ou leurs blessures rendent inaptes

au combat et leur donne la permission de retourner dans leurs foyers, non sans qu'il les ait récompensés avec générosité. Mais cette proposition, qui fait suite à l'entrée dans l'armée de nombreux Barbares et à la création des Épigones, loin de calmer la fureur des soldats l'excite davantage, au point que, indignés, et dans un même mouvement de solidarité, tous les Macédoniens s'exclament qu'ils veulent tous être licenciés. « Que le dieu dont il descend combatte pour lui[2] ! » s'écrient-ils, faisant allusion à la parenté de leur chef avec Ammon, ce qu'ils n'ont jamais accepté.

Rendu furieux par ce début de rébellion, Alexandre saute de son estrade et fait arrêter les meneurs en les désignant aux Hypaspistes. Les malheureux sont immédiatement exécutés. Épouvantés par la violence de la réaction de leur chef, les soldats se taisent. C'est alors qu'Alexandre remonte sur l'estrade, s'assoit sur son siège et tient un long discours d'explications pour justifier ces licenciements, discours qui mérite d'être rapporté dans sa quasi-totalité, parce qu'il est très significatif de la psychologie d'Alexandre à cette époque qui fait dans cette harangue une sorte de bilan de ses conquêtes, de ses relations de confiance avec ses troupes, comme s'il avait un pressentiment... D'une certaine façon, ce discours est un résumé troublant de sa vie, de sa conception de l'autorité, en sa qualité de chef et de roi, de sa constante obsession d'être au plus près de ses soldats, en un mot de ce qu'il considère être son œuvre :

Ce n'est point pour vous retenir, Macédoniens. Je vous ai laissés libres de partir [...]. Commençons, ainsi qu'il est convenable, par Philippe, mon père. Philippe ayant trouvé vos hordes errantes, sans asile fixe, dénuées de tout, couvertes de peaux grossières, faisant paître dans les montagnes de misérables troupeaux que vous disputiez avec peu de succès aux Illyriens, aux Triballiens, aux Thraces voisins, vous revêtit de la chlamyde, vous fit descendre des montagnes dans la plaine, vous fit, dans les combats, des émules des Barbares. Formés par lui, votre courage vous défendit mieux que l'avantage des lieux. Mon père vous appela dans des villes où d'excellentes institutions achevèrent de vous rendre plus policés. Il soumit ces mêmes Barbares qui vous avaient accablés si souvent de leurs éternels ravages. D'esclaves vous devîntes leurs maîtres. Une grande partie de la Thrace fut ajoutée à la Macédoine. On s'empara des places maritimes les plus importantes. Votre commerce s'ouvrit des voies nouvelles. Le produit de vos mines en devint plus assuré. Ces Thessaliens qui vous faisaient trembler furent soumis. L'échec des Phocéens vous ouvrit une facile et large route au sein de la Grèce où vous ne pénétriez que difficilement. La politique des Athéniens et des Thébains, qui vous dressaient des embûches, fut tellement humiliée que ces deux peuples, dont l'un exigeait de vous un tribut et dont l'autre vous commandait, ont recherché depuis votre alliance et votre protection. Entré dans le Péloponnèse, Philippe y rétablit l'équilibre. Nommé généralissime de la Grèce au cours de l'expédition contre les Perses, l'éclat de ce titre rejaillit moins sur sa personne que sur la nation macédonienne. Tels sont, à votre égard, les bienfaits de mon père, considérables sans doute, mais inférieurs aux miens. À la mort de Philippe, le trésor royal, renfermant à peine quelques vases d'or et quelques talents, était grevé d'une dette de cinq cents. J'en empruntai presque le double et vous tirant de la Macédoine qui pouvait à peine suffire à votre subsistance, je vous ai ouvert l'Hellespont à la vue des ennemis maîtres de la mer. Les généraux de Darius vaincus au Granique, la domination macédonienne s'est étendue sur toute l'Ionie, l'Éolie, les deux Phrygies et la Lydie. Un siège vous a rendu maîtres de Milet.

Cette foule de peuples qui se sont alors soumis volontairement sont vos tributaires. Ainsi l'Égypte et Cyrène, la Coélé-Syrie, la Palestine, la Mésopotamie sont vos domaines. Babylone, Bactres, Suse sont à vous. L'opulence des Lydiens, les trésors des Perses, les richesses de l'Inde, l'Océan même, tout vous appartient. Vous êtes les satrapes, les chefs, les premiers. Qu'ai-je gardé pour moi de toutes ces conquêtes ? Le sceptre, le diadème ? Je n'ai rien en propre. Quels sont mes trésors ? Ceux que vous possédez, ceux que je vous réserve. Je ne me distingue point par des dépenses personnelles. Votre nourriture est la mienne. Je dors sous la tente comme vous. La table de quelques officiers est même plus splendide que celle de leur prince, et tandis que vous vous reposez tranquillement, vous savez que je veille sur vous. Serait-ce le fruit de vos travaux, de vos périls et non des miens ? Qui peut se vanter ici d'en avoir plus affronté pour moi que moi pour lui ? Montrez vos blessures, je montrerai les miennes. Mon corps est couvert d'une foule de cicatrices honorables. Glaives, pieux, flèches, pierres, javelots, machine, nulle arme dont je n'aie reçu l'atteinte. Après avoir tout affronté pour vous combler de gloire et de richesses, ne vous menais-je pas triomphants partout à travers les plaines, les montagnes, les fleuves, les terres et les mers ?

Les noces de plusieurs d'entre vous ont accompagné les miennes et leurs enfants seront alliés de mes enfants. Les dettes que chacun de vous avait contractées, je les ai acquittées sans aucune information, après que vous aviez reçu une solde et un butin considérable. Quelques-uns ont été honorés de couronnes d'or, monuments de leur courage et de la générosité qui sait le reconnaître. Si plusieurs ont péri dans les combats, car aucun sous mes ordres n'a pris la fuite, je leur ai fait ériger sur la place un tombeau remarquable et dans leur patrie des statues d'airain. J'ai accordé des distinctions à leurs familles et une exemption d'impôts. Je voulais renvoyer dans leurs foyers tous ceux qui sont hors d'état de service, mais comblés de tant d'honneurs et de richesses que leurs concitoyens auraient envié leur félicité.

Vous demandez tous à partir ? Eh bien partez ! Allez annoncer que votre roi, qu'Alexandre, après avoir soumis les Perses, les Mèdes, les Bactriens, les Saques, les Uxiens, les Arachotes, les Drangues, lui qui assujettit les Parthes, les Chorasniens, les Hyrcaniens jusqu'à la mer, lui qui franchit le Caucase, les Pyles caspiennes, l'Oxus, le Talles, l'Indus que le seul Dionysos avait traversé, l'Hydaspes, l'Akésinès, l'Hydraotès, et qui aurait passé l'Hyphasis même, si vous n'aviez refusé de le suivre, lui qui s'avança dans la grande mer par les deux embouchures de l'Indus, qui s'enfonça dans les déserts de la Gédrosie, d'où personne n'était encore sorti avec une armée, lui qui, après avoir soumis dans sa route la Carmanie et les pays des Oritiens, fit remonter sa flotte depuis l'Indus jusqu'au centre de la Perse, qu'Alexandre enfin, abandonné par vous, s'est remis à la foi des Barbares qu'il avait vaincus, annoncez-le à vos concitoyens. Quelle gloire pour vous auprès des hommes ! Quel mérite auprès des dieux ! Rompez[3] !

Les soldats, stupéfaits par la force de ce discours sévère et aussi par son habileté, se taisent, soumis. Mais le lendemain, nous sommes en juillet 324, Alexandre convoque les Perses qu'il a décidé d'intégrer à son armée et refoule en dehors du camp les Macédoniens dont la fureur reprend et qui vont jusqu'à prétendre, manière de chantage, qu'ils n'ont plus qu'à mourir, dès lors que le roi semble persister dans ses résolutions. Mais Alexandre demeure inflexible et, devant les troupes étrangères, avec l'aide d'un interprète, il leur tient un discours d'une extrême importance, parce qu'il révèle la manière dont le roi conçoit son empire, vaste creuset d'une assimilation réciproque :

Lorsque je passai d'Europe en Asie, je me promettais d'ajouter un grand nombre de nations réputées et des millions d'hommes à mon empire. Et je n'ai point été trompé en croyant sur ce point la renommée. Un autre avantage est venu s'y joindre : c'est que j'ai trouvé des hommes courageux et d'un attachement inviolable envers leurs rois. Je m'étais figuré que tout baignait dans le luxe, et que l'excès de prospérité plongeait les âmes au sein des délices de l'oisiveté. Mais les dieux m'en sont témoins ! vous savez supporter avec une égale vigueur d'âme et de corps les travaux de la guerre et tout braves soldats que vous êtes, vous ne tenez pas plus à honneur le courage que la fidélité. C'est aujourd'hui, pour la première fois, que je vous rends tout haut ce témoignage ; mais il y a longtemps que je le sais. Aussi ai-je pris parmi vous l'élite de la jeunesse et l'ai-je incorporée dans mon armée. Vous portez le même vêtement, les mêmes armes et, bien mieux que les autres, vous savez obéir et respecter le commandement. Moi-même vous m'avez vu prendre pour épouse la fille du Perse Oxyartès et ne pas dédaigner d'avoir des enfants d'une captive. Bientôt, désireux d'enrichir ma maison d'une postérité plus nombreuse, je me suis uni en mariage à la fille de Darius ; et j'ai conseillé aux plus chers de mes amis de contracter avec des captives de semblables alliances pour effacer par ce lien sacré les distinctions entre vainqueurs et vaincus. Croyez donc que vous êtes pour moi des soldats de naissance et non pas d'adoption. L'Asie et l'Europe ne forment qu'un seul royaume. Je vous donne les armes des Macédoniens. À ce qui était étranger et nouveau, j'ai conféré l'ancienneté : vous êtes mes concitoyens et mes soldats ; tout a pris désormais la même couleur. Il n'y a de honte ni aux Perses de reproduire les usages des Macédoniens, ni aux Macédoniens d'imiter les Perses. La loi doit être la même pour des peuples destinés à vivre sous le même roi[4].


Les Macédoniens ont vent de ce discours et gardent un silence réprobateur, puis au fur et à mesure que les heures passent, ils ne peuvent s'empêcher de montrer leur révolte, courent vers la tente d'Alexandre devant laquelle ils déposent leurs armes et pleurent de rage. Alexandre, ému, mêle ses larmes à celles de ses soldats.

Callinès, un Hétaire d'un certain âge, se fait alors le porte-parole des Macédoniens malheureux et s'adresse à Alexandre en ces termes :

« Vous attristez les Macédoniens, prince, en vous alliant aux Perses, en nommant les Perses comme s'ils faisaient partie de votre famille, en permettant à des Perses de vous embrasser, honneur que vous refusez aux Macédoniens. » Aussitôt Alexandre l'interrompt : « Vous serez tous mes semblables, ma famille, je ne vous donne plus d'autre nom. » À ces mots Callinès s'approche, l'embrasse. Plusieurs des Macédoniens font de même, tous reprennent leurs armes et s'en retournent en faisant entendre des cris et des chants de joie[5].

Alexandre, au printemps 324, fait aux dieux les sacrifices d'usage, en signe de reconnaissance. On prépare un banquet général auquel prennent part les Macédoniens, qui sont placés au premier rang, tandis que les Perses le sont au second et les guerriers des autres nations occupent des rangs à la mesure de leurs grades et de leurs exploits. Une même coupe circule. On fait des libations. Les prêtres des deux nations invoquent leurs dieux : « Accordez-leur toute prospérité ! Que leur union soit inaltérable ! Leur empire éternel ! » Il y a neuf mille convives qui siègent à ce banquet, et tous, à un signal donné, entonnent le Péan.

C'est alors qu'Alexandre, réconcilié avec son armée, peut, sans provoquer de drame, donner congé à ses soldats trop âgés ou que leurs blessures avaient handicapés. Il leur donne, outre leur solde et de l'argent pour leur voyage, un talent comme récompense. Il exige que les enfants qu'ils ont eus des femmes indigènes restent afin qu'ils ne provoquent pas de troubles au sein des familles grecques si jamais ils suivaient leurs pères. Mais il se charge de leur donner une instruction selon les institutions des Grecs et, plus tard, de les entraîner militairement selon les lois grecques. Une fois devenus adultes ils pourront alors regagner la Grèce et retrouver leurs parents. Il demande à Cratère, le plus fidèle de ses compagnons, d'assurer le retour des vétérans en en prenant le commandement. Il dit à tous adieu et tout le monde pleure. Cratère, qui doit prendre le gouvernement de la Macédoine et remplacer Antipater qui est en conflit avec Olympias, la mère d'Alexandre, est assisté, parce qu'il se sent épuisé, par Polysperchon. Antipater est chargé de se mettre alors à la tête de dix mille nouvelles recrues grecques et de les faire passer en Asie.

Alexandre quitte Opis, en compagnie d'Héphestion, pour Ecbatane où il va s'installer à la fin de l'été et demeurer pendant tout l'automne de l'année 324. Il y fait célébrer, selon la coutume, en reconnaissance de ses victoires, des sacrifices et des jeux gymniques ainsi que des joutes entre joueurs de lyre. Il reçoit une délégation de cent amazones, conduite par Atropatès, satrape de Médie. Elles sont à cheval, comme il convient et naturellement on raconte qu'elles ont le sein droit, non pas coupé, comme on le prétend généralement, mais plus petit, de façon à ne pas être gênées, lorsqu'elles le découvrent pour tirer à l'arc. Mais les historiens antiques ne veulent pas croire à cette anecdote et prétendent que « les femmes qu'Atropatès présente au conquérant sont sans doute des femmes barbares exercées à courir à cheval et à monter à la manière des Amazones[6] ».

Certes, Alexandre n'a pas réussi à entraîner ses soldats vers l'océan mythique qui borde les terres à l'extrême levant, mais il n'a pas, comme on le voit, abandonné ses projets de construire un empire métissé qui se diffuserait sur la terre entière et qui n'aurait aucun équivalent. Ni les Étrusques, ni les Carthaginois, ni Athènes et certaines villes de la Grèce d'Asie Mineure en se disséminant sur le pourtour méditerranéen n'en avaient construit de semblable. Jamais ils n'avaient songé, en s'établissant parfois même au-delà des Colonnes d'Hercule, sur les terres de l'océan Atlantique, en fondant des colonies marchandes, à construire des empires cohérents, encore moins à se mêler aux indigènes ou à leur donner le pouvoir.

Au dire de Plutarque, qui sans doute se laisse emporter par une exagération lyrique, Alexandre entend « faire obéir tout ce qui est sur terre à une seule parole, dans un seul État, réduire les hommes à un seul peuple, les englober tous dans une seule loi, faire rayonner sur tous un seul droit, comme une lumière commune[7] ». Mais l'illustre historien grec ne doit pas être si loin de la vérité et il a su percer au mieux l'imaginaire d'Alexandre et ses visions.

Sans doute frustré de ne pas pouvoir pousser plus loin ses conquêtes à l'est, Alexandre est décidé à se tourner vers l'ouest. « Il se proposait de côtoyer une grande partie de l'Arabie, l'Éthiopie, la Libye, la Numidie et le mont Atlas, de tourner par les Colonnes d'Hercule, de franchir le détroit de Gades[*8] », de soumettre Carthage et toute l'Afrique et de prendre le titre oriental de Grand Roi. Arrien raconte :

Alexandre se serait dirigé vers l'Euxin et les Palus Méotides contre les Scythes. Quelques-uns même assurent qu'il pensait descendre en Sicile et au promontoire d'Iapyge, attiré par le grand nom des Romains. [...]

J'affirmerai seulement qu'Alexandre ne concevait rien que de grand et d'extraordinaire, qu'il ne se serait jamais reposé, ni après avoir réuni la conquête de l'Europe à celle de l'Asie, ni même qu'il eût porté ses armes jusqu'au fond des îles Britanniques. Il s'élançait au-delà de ce qui était connu et à défaut de tout autre ennemi il en eût trouvé un dans son propre cœur[9].

Mais l'homme de raison sait aussi maîtriser en lui l'homme d'imagination. Et s'il peut se permettre tous les rêves, il ne tente de réaliser que ceux qu'il juge les plus sensés.

Mais voici qu'au milieu de l'automne 324 Héphestion, son plus fidèle lieutenant, qu'on peut considérer comme le second personnage de l'empire alexandrien, tombe malade, sans doute à la suite des excès de table et de débauche auxquels il s'est livré pendant tout l'été avec son maître et les Hétaires. Au lieu de se mettre au régime comme le lui recommande son médecin, Glaucos, il a mangé

* L'actuelle Cadix.

un coq rôti pour lui seul et bu une grande coupe de vin rafraîchi. Cette fois-ci, c'est plus que son corps peut en supporter. On vient prévenir Alexandre qui assistait au septième jour des jeux gymniques que son féal est au plus mal. Alexandre abandonne le spectacle et court au chevet de son ami qui malheureusement vient juste d'expirer.

Tous les témoignages concordent pour dire qu'Alexandre fut saisi alors d'un immense désespoir :

Selon les uns, Alexandre, éploré, serait resté attaché pendant une grande partie du jour au corps de son ami dont on ne l'aurait arraché qu'avec peine. Selon d'autres, il aurait passé sur ce cadavre un jour et une nuit et il aurait fait mettre en croix le médecin Glaucos[10].

Il fit couper aussitôt, en signe de deuil, les crins à tous les chevaux et à tous les mulets de l'armée et abattre les créneaux des villes des environs [...]. Pendant longtemps l'usage des flûtes et toute espèce de musique cessèrent dans le camp[11].

On raconte même qu'Alexandre se fit lui-même couper les cheveux en signe de deuil et qu'il conduisit le char sur lequel reposait la dépouille d'Héphestion, suivant ainsi l'exemple d'Achille pleurant Patrocle. Il est même des historiens de l'Antiquité pour affirmer qu'Alexandre, furieux après Asclépios, le dieu de la médecine, fit détruire son temple à Ecbatane, ce qui est certainement exagéré, car jamais le roi, même dans sa plus grande détresse, ne se serait permis un tel geste d'impiété.

Mais il est plus que certain que, recevant à ce moment-là une délégation d'ambassadeurs grecs, il leur fit un présent en leur demandant de le suspendre dans le temple d'Asclépios, mais ajouta : « J'ai pourtant à me plaindre de ce dieu qui n'a point sauvé celui que j'aimais plus que moi-même[12]. »

On voit bien qu'Alexandre respecte la décision des dieux en envoyant au temple d'Ammon une délégation pour demander à l'oracle de ce dieu s'il est possible d'accorder à Héphestion les honneurs divins. Zeus répond par la négative et demande que le défunt soit enterré selon la pompe des héros, c'est-à-dire, selon la mythologie grecque, des demi-dieux. Alexandre ne se révolte pas contre cette décision divine et prépare, au printemps 323, à Babylone des funérailles grandioses pour son ami.

Cette amitié dépasse de loin toutes celles qu'Alexandre prodigua autour de lui à ses amis. Il est sûr, à entendre les historiens de l'Antiquité, qu'Héphestion était le préféré du roi, presque son double :

Un des courtisans d'Alexandre ayant dit à son maître que Cratère comme Héphestion paraissaient avoir un attachement égal pour sa personne, il répondit que Cratère aimait le roi mais qu'Héphestion aimait Alexandre. Lorsque au lendemain de la bataille d'Issos la mère de Darius se jeta aux pieds d'Héphestion qu'elle prenait pour le roi vainqueur de son fils et que, confuse de sa méprise, elle lui en demandait pardon, le roi lui dit : « Ma mère, n'ayez aucun regret de ce que vous venez de faire, car celui-ci est aussi Alexandre. » Enfin Héphestion était si sûr du pouvoir qu'il exerçait sur l'esprit du roi et de l'autorité que lui donnait la sincérité de son zèle, qu'Olympias, mère d'Alexandre, en ayant conçu de la jalousie et ayant écrit à Héphestion des lettres pleines d'invectives et de menaces, Héphestion lui répondit d'un ton qui montrait bien qu'il était sûr de lui, lui disant à la fin de sa lettre : « Madame, je vous conseille de mettre fin à vos accusations, à vos reproches et surtout à vos menaces qui ne m'inquiètent en rien, parce que le roi est votre maître comme le mien[13]. »

Alexandre dépense pour ces cérémonies dix mille talents et décrète un deuil général dans toute la Perse. Plusieurs Hétaires sont invités à déposer leurs armes sur le tombeau d'Héphestion : « Entre tous les artistes de ce temps, il désira avoir Stasicratès dont les plans se distinguaient par la grandeur, la hardiesse et la singularité. Quelque temps auparavant, Stasicratès, s'entretenant avec Alexandre, lui avait dit que de toutes les montagnes qu'ils avaient vues, le mont Athos de Thrace était la plus susceptible d'être taillée en forme humaine ; que si Alexandre le lui commandait, il ferait de cette montagne la plus durable des statues et la plus exposée à tous les yeux ; qu'elle tiendrait dans sa main gauche une ville de dix mille habitants et qu'elle verserait de la droite un grand fleuve dont les eaux se déverseraient dans la mer[14]. »

Alexandre refuse ce projet qui n'est pas sans nous rappeler le mont Rushmore où sont sculptées les têtes des principaux et premiers présidents des États-Unis !

Les funérailles d'Héphestion à Ecbatane sont grandioses. La pompe des jeux funèbres, exceptionnelle par le luxe de ses dépenses et des prix accordés, et par le nombre de spectateurs, surpasse celle de toutes les fêtes données jusqu'à ce jour par Alexandre, qui fait venir trois mille athlètes pour honorer la mémoire de son ami par des jeux gymniques impressionnants :

Les amis et tous les officiers du roi*, pour complaire à leur prince, avaient fait faire des figures d'or, d'ivoire et d'autres matières précieuses ; et lui-même, assemblant tout ce qui se trouvait à Babylone d'architectes et de sculpteurs, fit d'abord abattre la longueur de dix stades de mur. Ensuite, faisant paver de briques carrées l'endroit où l'on devait poser le bûcher, il le fit faire à quatre faces dont chacune avait un stade de long. Il distribua l'intérieur de cet espace en trente maisons dont les toits étaient formés de bois de palmier. Les quatre faces de ce vaste carré étaient embellies d'une façon très singulière. Tout le bas était garni de proues de vaisseaux dorées, au nombre de deux cent quarante, au-dessus desquelles étaient posés deux archers hauts de quatre coudées un genou à terre et leur arc à la main ; à côté d'eux des statues d'hommes armés, de la taille de cinq coudées : tous les entre-deux étaient ornés de tapisseries de Tyr. L'étage au-dessus de ce premier rang était chargé de torches de quinze coudées de haut, garnies dans leur milieu par où on les prend de couronnes d'or, au-dessus de la mèche, d'aigles déployées qui semblaient prendre leur vol en bas ; et vers le pied, de dragons attentifs au vol de ces aigles. Au troisième rang de l'édifice, en montant toujours, étaient représentées des chasses de toutes sortes d'animaux. Au quatrième un combat de centaures en figures d'or. Au cinquième des lions et des taureaux d'or alternativement posés. Et au sixième étaient des trophées d'armes macédoniennes et barbares, disposés de sorte que leur agencement marquait la victoire des premiers et la défaite des

* Parmi lesquels Deinocratès de Rhodes.

seconds. Le tout était surmonté par des figures de sirènes creuses et capables de contenir les musiciens qui devaient louer et regretter le mort en chants funèbres. La hauteur de tout l'édifice passait cent trente coudées : et comme les officiers et les soldats, les ambassadeurs mêmes et tous les habitants des environs contribuèrent à l'envi aux frais de cette pompe funèbre, on dit qu'il y fut dépensé plus de douze mille talents. Enfin, après avoir achevé avec la même magnificence tout ce qui concernait cette cérémonie, il ordonna que l'on sacrifiât à Héphestion comme à un dieu de premier ordre : car le hasard avait voulu qu'un des amis du roi nommé Philippe, arrivant du temple de Zeus Ammon, rapporte que l'on devait regarder Héphestion comme un dieu. [...]

Ainsi, Alexandre, charmé d'être autorisé par l'oracle même, offrit le premier à Héphestion le sacrifice qu'il avait institué en son honneur ; après quoi, il traita splendidement la foule innombrable du monde qui l'accompagnait, ce qui lui devint aisé par le nombre des dix mille victimes qu'il avait fait immoler à cette divinité nouvelle[15].


Beaucoup d'historiens contemporains, et à juste titre, ont voulu voir dans l'immense construction à étages celle d'une ziggourat babylonienne, poste d'observation du ciel et des dieux qui apparaît dans la Bible sous l'appellation négative de tour de Babel.

Après avoir passé une moitié de l'hiver à Ecbatane, et avoir réussi à admettre, grâce à ses amis qui le divertissaient, le deuil qui l'avait tant accablé, Alexandre part pour Babylone, mais en faisant un détour par les montagnes du Louristan actuel pour réduire les Cosséens, nation belliqueuse et voisine des Uxiens. En effet, ces peuples habitent des montagnes qu'ils ont fortifiées et où ils se sentent invincibles, surtout en plein hiver dans un pays couvert de neige où ils pensent qu'Alexandre ne se risquera pas. Comme tout bon chef militaire, Alexandre déjoue les prévisions optimistes de l'ennemi et entre en campagne. Les Cosséens, certes, se retirent sur les sommets escarpés, mais ils ne peuvent empêcher la destruction dans les vallées et dans les plats pays de leurs cultures et, par conséquent, de leur approvisionnement par les armées d'Alexandre. Ce dernier bloque tous les passages par lesquels l'ennemi aurait pu transiter et l'attaque sans relâche, faisant un grand nombre de prisonniers.

Les Cosséens, préoccupés par leurs captifs qu'ils entendent récupérer et surtout sauver de la mort, finissent par se rendre et obtiennent la paix en se soumettant à toutes les conditions de leur vainqueur, soit la capitulation sans conditions, sinon la vie sauve pour les prisonniers. Alexandre fait alors bâtir dans ce pays à moitié désertique des villes nouvelles, puis, après quarante jours seulement de campagne militaire gagnée sur un peuple toujours invaincu, y compris des Perses, il poursuit sa route. Afin de ménager ses troupes, il les met fréquemment au repos et leur fait faire des marches journalières d'une distance raisonnable.

Comme il se trouve à proximité de Babylone, il reçoit une délégation de mages chaldéens, célèbres pour leurs prédictions dans tout le monde antique. Ceux-ci lui déclarent que, forts de leur expérience dans l'observation des astres, ils recommandaient au roi de ne pas entrer dans Babylone car il y trouverait la mort. Alexandre feint de ne pas prendre au sérieux cet avertissement et leur répond par un vers d'Euripide : « Le plus heureux présage est de tout espérer. »

En outre, Alexandre soupçonne les Chaldéens de vouloir l'éloigner de Babylone parce qu'il a pour projet de faire reconstruire le temple de Belus (Mardouk) détruit jadis par Xerxès à son retour de Grèce. Il semble que le roi soit décidé à mettre son projet à exécution puisqu'il a demandé aux Babyloniens de nettoyer l'aire des grands travaux que ses soldats seront chargés d'accomplir. Les Chaldéens sont ainsi privé des sommes considérables que cette reconstruction nécessite et Alexandre croit voir en leurs néfastes prédictions une manière de l'éloigner de Babylone et de l'empêcher de devenir le maître d'œuvre de la restauration du temple.

# Alexandre, maître du monde.
# Sa mort

Après avoir quelque temps hésité, Alexandre décide de passer outre et pénètre dans Babylone qui devient véritablement la capitale de son empire et où il est reconnu par des dizaines de délégations comme le maître du monde. C'est ainsi qu'il reçoit des députations des Italiens, des Bruttiens, des Lucaniens et des Étrusques :

Il en vint de Carthage, des Éthiopiens, des Scythes d'Europe, des Celtes et des Ibères. Les Macédoniens entendirent les noms de quelques-uns pour la première fois. Tous venaient implorer leur alliance. On en vit qui les invoquaient comme arbitres dans des différends entre eux. Ce fut alors, pour la première fois, qu'Alexandre se crut véritablement le monarque de l'univers. On rapporte aussi que les Romains même députèrent vers ce prince et qu'instruit de leurs vertus et de leurs institutions, il augura de leur future grandeur[1].

Du côté de l'Europe, il lui vint non seulement des Macédoniens, mais des Grecs de toutes les villes, sans parler des Illyriens et de tous les peuples qui bordent les côtes de la mer Adriatique. Les Thraces mêmes et les Galates leurs voisins et qui étaient tout juste connus des Grecs lui firent aussi hommage. Alexandre se fit donner une liste exacte de tous ces ambassadeurs et prit le parti de répondre à tous, suivant un ordre qu'il instruisit. Il commença par ceux qui avaient à lui exposer quelque chose qui concernait le culte des dieux ; il mit au second rang les ambassadeurs qui étaient chargés de présents, au troisième ceux qui venaient le consulter sur des querelles qu'ils avaient avec leurs voisins, au quatrième ceux qui n'avaient à lui proposer que leurs intérêts particuliers, et au dernier ceux qui s'opposaient au retour des bannis. Selon cet arrangement, il donna sa première audience aux députés de l'Élide, après eux à ceux des Hammonites et ensuite ceux de Delphes et de Corinthe, après lesquels vinrent ceux d'Épidaure et tous les autres suivant la dignité de leurs temples. Mais il eut de l'égard pour tous et sut leur faire des réponses gracieuses dont ils demeurassent satisfaits.

Aux députés de la Grèce, il fit rendre les statues des dieux et des héros enlevées par Xerxès et transportées à Pasargades, à Suse, à Babylone ou dans les autres villes de l'Asie. Ce fut ainsi qu'Athènes recouvra les statues d'airain d'Harmodios et d'Aristogiton[2].


Une fois reçues ces ambassades, l'infatigable Alexandre est à nouveau repris par ses projets de conquêtes et d'explorations. Il rêve de conquérir la presqu'île Arabique, et de faire d'Alexandrie et de Babylone les deux villes phares de son empire qui communiqueraient par voies de terre et de mer. La flotte de Néarque, composée de deux quinquérèmes de Phénicie, de trois quadrirèmes, douze trirèmes et trente triacontères, ne suffit plus. Alexandre fait construire une autre flotte et pour matériaux se sert du bois des cyprès de Babylonie qu'il fait abattre. Il commande aux chantiers phéniciens des navires qui sont démontés et transportés à Thapsaque où, remontés, ils sont mis à flot sur l'Euphrate :

« Alexandre fait creuser à Babylone un port qui pouvait contenir mille vaisseaux longs et des abris pour les y ranger. Miccalos de Clazomène fut dépêché avec cinq cents talents pour recruter des marins en Syrie et en Phénicie[3]. »

Décidé plus que jamais à conquérir l'Arabie, il envoie un certain nombre de ses amiraux pour reconnaître le golfe Arabique. Archaïs sur un triacontère, navire à trente rames, Androstène, sur le même genre de bateau, reconnaît lui aussi une partie de la côte :

Mais celui qui s'avança le plus loin fut le pilote Hiéron de Soles qui devait revenir par la mer Rouge jusqu'à Héropolis. Il n'osa cependant pas aller jusque-là, quoiqu'il eût reconnu la plus grande partie des côtes de l'Arabie. De retour, il annonce au prince que leur étendue est immense, presque égale à celle de l'Inde et que la pointe de cette Péninsule s'avance loin dans la mer, ce que Néarque avait déjà découvert avant d'entrer dans le golfe Persique[4].

On lève des troupes indigènes en grand nombre. Vingt mille soldats perses se retrouvent sous le commandement de Peucestas, avec un renfort de Cosséens et de Tapuriens, les plus belliqueux des peuples de la Perse. Philoxène et Ménandre, deux satrapes, arrivent de leur côté avec chacun une armée, l'une composée de Cariens, l'autre de Lydiens. De Macédoine, Ménidas a pris la tête d'une nouvelle cavalerie.

Devant cet afflux de nouvelles recrues, Alexandre, pour mieux les intégrer à une armée cohérente, modifie la composition de son armée d'origine. Il incorpore les Perses de Peucestas aux phalanges macédoniennes. « Chaque file est composée de douze Perses et de quatre officiers macédoniens : le décardaque, le premier d'entre eux, le dimoïrite, et deux décastatères, officiers inférieurs. Les Perses portent des flèches et des javelots, les Macédoniens sont couverts de l'armure grecque[5]. »

La fondation du nouveau port ne se fait pas sans de grosses difficultés. Dix mille Assyriens sont utilisés pour construire un canal mais la terre est friable et leurs efforts infructueux. Jamais à court d'idées, Alexandre entreprend des fouilles à quelques kilomètres du port en construction et découvre une terre solide qui sera transformée en digue pour contenir les eaux de l'Euphrate. Alexandre descend le canal, navigue sur le lac et touche aux frontières de l'Arabie :

Là, trouvant un lieu favorable, il bâtit une ville qu'il entoure de murailles et la peuple d'une colonie de Grecs stipendiaires ou volontaires que l'âge et les blessures rendent impropres aux combats [...]. On raconte l'anecdote suivante : les tombeaux des rois d'Assyrie s'élèvent au milieu des étangs. Au moment où Alexandre gouvernait lui-même la trirème qu'il montait, un vent violent, venant de s'élever, emporta sa couronne et son diadème. L'une tomba dans l'eau, l'autre, enlevé par le vent, fut retenu par un des roseaux qui croissent autour de ces tombeaux. On en conçut un sinistre présage, surtout en voyant que le matelot qui s'était jeté à l'eau le plaça sur sa tête pour ne point le mouiller. Il reçut en récompense un talent, mais ensuite Alexandre le fit mettre à mort sur le conseil de Chaldéens qui lui dirent qu'une tête qui avait porté son diadème devait être abattue[6].

Avant de partir, Alexandre pour bien entraîner ses matelots leur impose des joutes nautiques et les vainqueurs reçoivent des couronnes. Il a envoyé aussi une nouvelle députation au temple d'Ammon pour savoir si on peut toujours traiter la mémoire d'Héphestion comme celle d'un héros. L'oracle lui répond que oui. Fou de joie, Alexandre écrit à Cléomène, exécrable administrateur de l'Égypte qui accablait le pays, en lui ordonnant d'ériger deux temples en l'honneur d'Héphestion, l'un à Alexandrie, l'autre dans l'île de Pharos. Il ajoute à la fin de la lettre : « Si je trouve à mon arrivée ces temples élevés en Égypte, non seulement je te pardonnerai tous les méfaits passés, mais encore tous ceux à venir[7]. »

Tout est donc prêt pour l'expédition, lorsque se produit un incident qui est interprété comme un néfaste présage. Alexandre, assoiffé, est descendu de son trône alors qu'il vient de passer ses nouvelles troupes en revue. Les Hétaires, qui occupent autour de lui des lits aux pieds d'argent, se lèvent pour le suivre :

Un inconnu, échappé aux fers, traverse les rangs des eunuques et voyant le trône vide s'y assoit. Les eunuques n'osent l'en chasser, une loi de la Perse le défend. Ils déchirent leurs vêtements, frappent leur visage et leur poitrine et annoncent qu'un grand malheur est proche. Alexandre, à cette nouvelle, donne ordre d'interroger le coupable et d'en tirer l'aveu du complot s'il en existe un.

Mais le malheureux ne peut rien dire d'autre qu'il a voulu se livrer à une fantaisie imprudente. Les devins concluent de cette réponse un présage encore plus sinistre. Peu de jours

Le troisième jour, porté dans sa litière, il accomplit les sacrifices habituels et demeure couché jusqu'au soir. Il assemble les chefs, trace la marche de la navigation, ordonne à l'infanterie d'être prête pour le quatrième jour et à ceux qui doivent s'embarquer avec lui pour le cinquième. Il se fait porter dans sa litière au bord du fleuve, le traverse, se rend dans un jardin délicieux, y prend un bain et s'y repose. Le quatrième jour, il fait les sacrifices accoutumés, cause avec Mèdios et donne ordre aux chefs de se rendre auprès de lui, le matin, mange peu, puis est reporté dans son lit. La fièvre le reprend, violente, pendant toute la nuit. Le cinquième jour, il prend son bain, sacrifie, commande à Néarque et aux autres chefs de partir dans les trois jours. Le sixième, il prend un bain, sacrifie, son accès de fièvre se poursuit. Les chefs sont convoqués, tout est fixé pour leur départ. Il boit le soir un peu de vin et se trouve plus mal. Le septième, on le transporte dans un appartement voisin, il sacrifie et, quoique gravement malade, rassemble les chefs et donne de nouveaux ordres de navigation. Le huitième, on le porte avec peine au lieu du sacrifice. Le neuvième, sa vie semble en extrême péril. Il sacrifie cependant. Il commande aux stratèges de rester à l'intérieur et aux Chiliarques et aux Pentacosiarques de faire la garde aux portes. On le transporte à l'extrémité des jardins dans le palais. Entouré de ses chefs, il les reconnaît, mais ne peut leur parler. Il a un violent accès de fièvre pendant toute la nuit. Le dixième, la fièvre redouble jour et nuit.

Il est dit ensuite que les soldats désirant le voir avant qu'il expirât et s'imaginant, vu les rumeurs de sa mort déjà répandues, qu'on voulait leur en dérober la nouvelle, forcent les portes. Le prince a déjà perdu la parole, soulevant à peine la tête et les yeux pour leur donner quelques signes de bienveillance. Il leur tendit la main.

Python, Attale, Démophon, Peucestas, Cléomène, Ménidas et Séleucos passent la nuit au temple de Sérapis. Ils demandent au dieu s'il ne convient point de transporter Alexandre dans son temple : « Il sera mieux où il est », répond l'oracle. On rapporte cette réponse à Alexandre qui expire quelques instants après.

D'autres versions sur la mort d'Alexandre courent : « Des Hétaires lui demandant à qui il laissait l'empire, il aurait répondu : "au plus digne" et aurait ajouté : "Les jeux funèbres que l'on célébrera sur ma tombe seront sanglants[9]." »

On est au soir du 13 juin 323. Un des conquérants les plus extraordinaires de l'Histoire vient de mourir : il n'avait pas eu de précurseurs et il n'aura jamais de successeurs à sa mesure.

Un tel héros qui entre vivant dans une sorte de mémoire mythologique éternelle ne peut pas avoir, à l'évidence, aux yeux de ses proches et de ses soldats une mort naturelle, puisqu'il paraît immortel. En effet, des historiens de l'Antiquité se firent les échos des calomnies qui se colportèrent à ce sujet. On alla raconter qu'Alexandre aurait été victime d'un complot tramé par Antipater, que c'était Aristote, l'ancien précepteur du prince macédonien, qui aurait fourni le poison, que Cassandre l'avait apporté dans la corne du pied d'un mulet, que son frère Iolas, échanson du roi, avait versé le venin dans la coupe d'Alexandre pour se venger de celui-ci, qui l'avait humilié, avec l'approbation de son amant Médios. Une fois le breuvage mortel bu, Alexandre aurait ressenti une vive douleur au ventre et aurait voulu se jeter dans l'Euphrate pour cacher sa mort à ses soldats et leur faire croire que, tels les héros de la mythologie grecque, il était remonté vers les dieux dont il était le descendant, Héraklès et Dionysos. Et que Roxane l'en avait empêché, en pleurant et s'écriant : « Eh quoi, vous préférez à moi les honneurs célestes ! »

En fait, la mort d'Alexandre fut toute naturelle, si on songe au nombre de blessures qu'il avait reçues, aux fatigues qu'il avait accumulées au cours de ses conquêtes, aux beuveries et aux festins auxquels il avait pris part, même si Plutarque infirme cette dernière hypothèse en écrivant : « Alexandre était beaucoup moins un buveur de vin qu'on ne l'a cru : il en eut la réputation, parce qu'il restait longtemps à table ; mais c'était moins pour boire que pour causer. À chaque coupe, il ne manquait pas de mettre en débat quelque question d'assez longue discussion[10]. »

C'est sur un corps affaibli par l'épuisement d'une existence qui n'avait presque jamais pris de repos qu'une vraisemblable malaria s'attaque, qu'aucun médecin de l'époque n'est évidemment capable de soigner. Le corps d'Alexandre, comme l'explique Plutarque, ne s'altéra pas malgré les grosses chaleurs, preuve qu'il n'avait pas été envahi par le poison.

En effet, le corps d'Alexandre ne fut pas enterré immédiatement, tant sa succession posait de problèmes, au point qu'on oublia quelque peu la dépouille du conquérant.

Ce fut d'abord parmi ses compagnons et ses amis les plus proches comme parmi ses soldats une immense affliction. La consternation et le deuil, les plaintes et les gémissements se répandirent dans toute la ville de Babylone, les vaincus pleuraient autant que les vainqueurs. Ils invectivaient les dieux qui, par jalousie, selon eux, avaient soustrait au monde un héros plein de vigueur et dans la fleur de l'âge. La culpabilité se mêlait à ce concert de sanglots. Les Macédoniens se reprochaient de n'avoir pas voulu diviniser Alexandre. Ils étaient aussi pris d'une angoisse, loin de chez eux, abandonnés soudain parmi des nations ennemies, ne pouvant s'appuyer sur aucun héritier de leur roi. Ils pressentaient que des guerres civiles allaient éclater. La nouvelle de cette mort inopinée finit par se répandre au-delà de l'Euphrate et par gagner toute l'Asie. En apprenant la terrible nouvelle de la mort d'Alexandre, la mère de Darius déchira la robe qu'elle portait pour se vêtir de deuil, s'arrachant les cheveux et se roulant par terre. Elle songea au sort de ses petites-filles qu'avait su si bien protéger Alexandre. Qu'allaient-elles devenir ? Son anxiété fut telle qu'elle refusa de se nourrir et décida de se laisser mourir, « rougissant en quelque sorte de survivre à Alexandre[11] ».

Pendant ce temps, la bataille pour la succession d'Alexandre s'ouvre dans le palais de Babylone entre ses amis et ses chefs militaires. Quinte-Curce en a fait un récit circonstancié dont nous ne donnerons que le résumé. C'est Perdiccas qui le premier revendique cette succession. Il convoque ses compagnons, leur montre le siège royal sur lequel il a placé le diadème et le manteau d'Alexandre ainsi que ses armes et y pose ostensiblement l'anneau qu'Alexandre lui a donné la veille de sa mort. Il déclare à ses amis qu'il rend cet anneau en signe de loyauté envers eux, mais en leur laissant entendre que le roi l'avait choisi. Il leur dit qu'un chef leur est désormais nécessaire, et même plusieurs. Il leur confirme que Roxane est enceinte de six mois et que si elle accouchait d'un prince, ce serait une bénédiction des dieux, même si, en attendant qu'il soit en âge de gouverner, il faut désigner une sorte de régent.

Néarque prend la parole pour rappeler qu'un fils est né de l'union entre Basine et Alexandre et que c'est à cet enfant que revient, à l'évidence, le diadème de roi. Mais cette proposition est très mal accueillie par l'assemblée des chefs. Ptolémée fait alors un discours xénophobe, bien loin de l'idéal d'Alexandre, en affirmant que personne parmi les Macédoniens n'acceptera un enfant d'Alexandre né d'une Barbare. Il se prononce alors pour une direction collégiale. Mais c'est Aristonous qui emporte la décision finale en disant que si Alexandre avait donné à Perdiccas son anneau, c'était bien dans l'intention d'en faire son successeur. Perdiccas reprit alors l'anneau du roi et le mit à son médius. Il fait cependant semblant de n'accepter qu'à contrecœur cette succession et se place dans l'assemblée au dernier rang pour bien montrer sa modestie. Méléagre fait semblant de croire à l'irrésolution de Perdiccas, et se prononce contre sa montée sur le trône, préférant savoir si Roxane, enceinte, accouchera d'un fils qui pourra alors succéder à son père. Il quitte l'assemblée, suivi par la majorité de l'armée.

C'est alors que, dans la confusion et le tumulte, un inconnu fait entendre sa voix et évoque Arrhidaeos, fils de Philippe et frère bâtard d'Alexandre, qui pourrait fort bien hériter du trône. Malgré certaines protestations, Méléagre, qui hait Perdiccas, se hâte d'aller chercher Arrhidaeos et de le conduire au palais. Les soldats, après l'avoir salué du nom de Philippe, le proclament roi.

Cette solution est contrée immédiatement par Python qui est lié à Perdiccas et qui demande que ce dernier soit nommé tuteur du fils qui devait naître de Roxane, ainsi que Léonnatos, tous les deux étant de sang royal. Il fait donner à Cratère et à Antipater le gouvernement des affaires de l'Europe et exige de tous un serment de soumission au nouveau roi, fils d'Alexandre.

Mais Méléagre réussit à la dernière minute à déposséder Perdiccas de son autorité. Il prend d'autorité la cuirasse et les armes d'Alexandre, tandis qu'Arrhidaeos revêt la robe de son frère. La phalange semble approuver cette décision qui permet que le diadème soit donné à un membre de la famille royale, comme une possession héréditaire.

Mais Perdiccas, entouré de quelque six cents hommes, s'est enfermé dans l'appartement où gît le corps d'Alexandre et lorsque les hommes de Méléagre enfoncent les portes l'affrontement commence entre les deux forces adverses. Jusqu'au moment où, craignant que cette escarmouche ne dégénère en une guerre civile, des soldats éprouvés demandent que cessent ces contestations. Perdiccas accepte alors de céder, mais ses partisans quittent la ville dans l'espoir de reprendre le combat en sa faveur, alors qu'il revient à Babylone pour ne pas se couper du reste de l'armée.

Méléagre, toujours partisan du frère d'Alexandre, convoque Perdiccas qui accable de reproches son escorte lui reprochant d'être l'esclave de Méléagre. Ces incertitudes inquiètent de plus en plus les Macédoniens qui se voient abandonnés au milieu de nations ennemies qui, à la première occasion, souhaiteront prendre leur revanche. Perdiccas, qui s'est éloigné à nouveau de Babylone, avec toute la cavalerie, décide de priver la ville de tout approvisionnement en arrêtant les livraisons de blé afin de réduire celle-ci à la famine.

Comme la situation semble bloquée, vient l'heure de la négociation. Philippe, le roi, députe un Thessalien, Pasas, Amissis, de Mégalopolis, et Périlaüs. Mais la négociation tourne court, et cet échec échauffe les esprits à tel point que la guerre civile semble inévitable. Fort heureusement, Philippe temporise, calme les esprits, et déclare :

J'aime mieux vous rendre cet empire que de le garder au prix du sang de mes concitoyens ; et s'il n'y a pas d'autre moyen de rétablir l'union, je vous en prie et vous en conjure, choisissez un souverain mieux fait que moi pour vous commander[12].

Pour bien montrer sa résolution, il enlève son diadème, prêt à le remettre à qui le souhaitera. Perdiccas et Méléagre, pressés par une nouvelle députation envoyée par Philippe, font semblant de s'entendre et de s'unir.

Perdiccas fait courir le bruit par quelques soldats qu'il tient des propos venimeux contre Méléagre. Celui-ci vient aux nouvelles et entend les protestations de loyauté de son rival. Il décide de châtier les coupables de ces faux bruits et ordonne pour l'armée la solennité nationale des lustrations, sorte de joute entre leurs deux troupes, afin que celle qui sera vainqueur désigne le roi. Philippe, toujours souverain légitime, réclame de livrer au supplice les auteurs de la sédition, les hommes de Méléagre, qu'il fait écraser sous les pieds de ses éléphants. Méléagre se réfugie dans un temple, pensant que selon l'usage le droit d'asile en ce lieu sacré lui serait reconnu. Mais la sainteté de l'édifice divin ne le protège même pas puisqu'il y est massacré.

Perdiccas a compris que la seule façon d'apaiser les tensions est de diviser l'empire d'Alexandre entre tous les compétiteurs, tout en laissant symboliquement à la tête de celui-ci Philippe. Ptolémée est nommé satrape d'Égypte et de la partie de l'Afrique qui a été conquise. La Syrie est donnée à Laomédon avec la Phénicie. On assigne la Cilicie à Philotas. La Lycie, la Pamphylie et la grande Phrygie échoient à Antigone. Cassandre obtient le gouvernement de la Carie et Ménandre celui de la Lydie. La partie de la Phrygie voisine de l'Hellespont est offerte à Léonnatos, la Cappadoce et la Paphlagonie à Eumène. Python obtint tout pouvoir sur la Médie et Lysimaque sur la Thrace ainsi que sur les nations voisines du Pont-Euxin, c'est-à-dire de la mer Noire. On ne changea pas les gouverneurs indigènes des provinces les plus orientales de l'ancien empire d'Alexandre. Il fut décidé que Perdiccas resterait auprès du roi comme commandant des troupes attachées à la personne du souverain :

Il y avait sept jours que le corps du roi se trouvait sur son lit de parade, et le soin de régler les affaires publiques avait détourné tous les esprits du devoir solennel des funérailles. Or il n'est point de contrée où la chaleur soit plus ardente que les plaines de Mésopotamie, et souvent les animaux qu'elle surprend en rase campagne y sont frappés de mort, tant le soleil échauffe le ciel enflammé qui dévore tout comme le feu ! Les sources d'eau sont rares et cachées par la ruse des habitants.

Lorsque les amis d'Alexandre purent enfin donner leurs soins à son corps inanimé, ils le trouvèrent, en entrant, sain et sans la moindre trace d'altération : cette fraîcheur même qui tient au souffle de la vie n'avait pas abandonné son visage. Aussi les Égyptiens et les Chaldéens, chargés de l'embaumer selon les pratiques de leur pays, crurent qu'il respirait encore et n'osèrent y porter la main. Ils lui demandèrent donc la permission par une prière que des mortels le touchent. Ils nettoyèrent le corps ; on l'enferma dans un cercueil d'or rempli de parfums, en lui mettant sur la tête le symbole éclatant de sa fortune, c'est-à-dire le diadème des rois [...]. Le corps du monarque fut transporté par Ptolémée, le nouveau maître de l'Égypte, à Memphis et de là, peu d'années après, à Alexandrie afin qu'un culte incessant lui fût rendu[13].

Mais il faut savoir aujourd'hui que la tombe d'Alexandre le Grand a complètement disparu, comme si l'Histoire ne devait conserver de lui que l'image héroïque d'un conquérant mythique et au-dessus de l'humanité.

# Héroïsation
# et mythe d'Alexandre le Grand

Alexandre mourut donc à l'âge de trente-deux ans et huit mois, après avoir régné un peu plus de douze ans et demi. Tous les historiens de l'Antiquité ont fait son éloge, tout en soulignant certains défauts de son caractère :

Il était d'une très belle stature, d'une résolution prompte et infatigable, d'un courage à toute épreuve. Avide de périls et encore plus d'honneurs et de gloire, plein de piété, assez indifférent aux voluptés sensuelles, insatiable de plus nobles plaisirs, habile à saisir le meilleur parti dans des conjonctures difficiles, à peser, à augurer les probabilités de succès, n'ayant point d'égal dans l'art d'ordonner des troupes, de les armer, de les gouverner, d'inspirer de la confiance aux soldats et de relever leur courage en leur donnant le premier l'exemple d'affronter les périls avec une constance inébranlable.

Dans les circonstances douteuses, son audace décidait de la victoire. Eh ! qui sut mieux que lui prévenir des ennemis qu'il accablait de sa présence avant qu'ils eussent pu seulement soupçonner sa marche ? Il fut religieux, fidèle à ses engagements, d'une prudence sans cesse sur ses gardes contre tous les pièges, d'une générosité que, ne réservant rien pour lui seul, il prodiguait à tous ses amis. Que s'il faillit dans des premiers mouvements de colère, s'il imita le faste insolent des

Barbares, il faut en accuser sa jeunesse, sa prospérité, même, et surtout les flatteurs, cette peste des cours.

Mais il faut remarquer, à sa décharge, que de tous les despotes il est le seul qui se soit sincèrement repenti [...]. Il revêtit l'habit des Perses, mais par politique, pour leur paraître moins étranger, pour contenir l'orgueil des Macédoniens et tel fut le motif qui lui fit introduire les Mélophores persans dans les rangs des Macédoniens et dans l'Agéma.

Que ceux qui blâment Alexandre ne le jugent point sur des faits isolés, avant de condamner celui qui s'éleva au plus haut degré de la gloire, monarque des deux continents et dont la renommée s'est étendue par toute la terre. En effet, il n'est point de nations, point de cités, point d'hommes qui ne connussent alors le nom d'Alexandre [...]. Pour moi je ne rougis point de m'inscrire parmi les admirateurs d'Alexandre, quoique j'aie condamné quelques-unes de ses actions, par respect pour l'intérêt public et la vérité qui, d'accord avec les dieux, m'ont inspiré le dessein d'écrire son histoire[1].

Arrien n'a pas tort. Il a vu combien le projet d'Alexandre était neuf et révolutionnaire dans un monde encore dominé par la Grèce et par la conception d'un univers politique centré sur l'idée de cités, même si certaines d'entre elles, comme Athènes, eurent des prétentions impérialistes et hégémoniques. Or en mêlant ses troupes avec celles de l'Orient et même avec des pays ignorés et qui n'étaient que légendaires avant son arrivée, Alexandre a eu la vision peut-être utopique, mais dans tous les cas créatrice et féconde, d'unir l'Europe à l'Asie, l'Occident à l'Orient. Non pas en donnant aux Macédoniens un droit de commandement exclusif ou, mieux, à l'Occident une prééminence incontestée, mais en pratiquant le métissage ethnique, en n'hésitant pas à mêler les forces intellec-

tuelles, économiques et morales des deux grands
pôles du monde alors connus. Ainsi avait-il pour
dessein de faire avancer l'humanité sur une voie
toute nouvelle qui certes ne put s'appliquer de son
temps, pas plus qu'après sa mort, mais qui restera
un projet riche d'avenir. « Une œuvre inachevée[2] »,
écrit Robert Cohen, mais une œuvre immense.

Alexandre a eu la volonté de dépasser les cliva-
ges entre Grecs et Barbares nés de préjugés qu'il a
vite considérés comme ineptes. Il n'a pas créé dans
les territoires conquis de colonies endogènes, mais
a souhaité que les vétérans grecs se mêlent par
mariage ou concubinage aux Orientales, afin que
naisse et prospère un jour une population diversi-
fiée, comme on l'a vu lors des grandes cérémonies
des mariages collectifs à Suse, et il a lui-même
donné l'exemple en choisissant ses femmes parmi
des indigènes, certes filles de souverains ou de
princes, mais des indigènes tout de même. Il fit
même mieux, en donnant aux fils et aux femmes,
toutes d'origine orientale, de ses vétérans, revenus
en Grèce, une éducation et une culture grecques. Il
a construit de nombreuses villes qui portent son
nom et dont le cosmopolitisme fut une des carac-
téristiques essentielles.

Habitué aux étroites parcelles cultivables de la
Grèce, il a soudain été mis en présence d'immenses surfaces arables sur lesquelles il a voulu faire
travailler des nomades en les sédentarisant. Il a
importé des arbres de Grèce en Orient, et vice
versa. Sa suite de scientifiques, de savants, de géographes, d'ingénieurs a pris des notes et lui a

fourni des rapports qui ont bouleversé sa conception du monde, cette fameuse *Weltanschauung* allemande. Des journaux ont été tenus par les uns et les autres, des livres ont été écrits, le périple de Néarque fut une exploration extraordinaire du golfe Persique au milieu de difficultés inouïes. Le monde s'est retrouvé plus vaste, plus diversifié après le passage d'Alexandre et, surtout, il ne s'est plus senti à l'étroit autour de la seule Méditerranée.

Des routes ont été construites pour assurer aux caravanes des liaisons entre l'Orient très lointain et l'Occident, des villes, des comptoirs ont été bâtis où le commerce s'est exercé d'une manière intensive, des ports nouveaux ont vu le jour, non seulement celui d'Alexandrie mais aussi sur les fleuves d'Asie et en mer d'Arabie. Alexandre a réformé aussi les monnaies pour que celles-ci fussent valables ou échangeables dans tout son empire. Certes, il a cru à la supériorité de la civilisation grecque telle que son précepteur Aristote la lui avait enseignée, mais jamais dans un dessein de domination. Il a songé simplement que celle-ci pouvait servir de ciment culturel, tout en ne méprisant pas les langues locales et en incitant ceux de ses soldats qui s'étaient installés sur les terres conquises à les apprendre et à les parler. Quant à l'architecture, même si les maîtres d'œuvre qui l'ont suivi sont des Grecs, elle se plie aux coutumes et aux traditions des pays traversés et occupés, elle ne cherche pas à uniformiser les cités orientales pour en faire des cités grecques, mais elle prend en compte l'originalité spécifique de leurs constructions.

Enfin, par son action de rassemblement entre les différentes entités occidentales et orientales, il a inventé, en quelque sorte, ce qui deviendra la civilisation hellénistique, dont tous les grands chefs de l'Antiquité, tous les empereurs romains rêveront ouvertement ou secrètement d'être les souverains.

Alexandre, certes, fut critiqué pour la témérité de ses projets, mais chacun lui reconnut une vision grandiose, nouvelle et surtout sans préjugés du monde, ce que Montaigne a bien résumé en disant que dans « une demi-vie il avait atteint tout l'effort de l'humaine nature[3] ». Il a été en avance de trois siècles, et il faudra attendre Rome et son empire pour voir nombre des idées d'Alexandre se réaliser.

Il n'était pas possible qu'après sa mort ne naquît très vite une légende autour d'un tel personnage et notamment, ce qu'on oublie trop souvent, dans l'imaginaire des peuples d'Orient. En Inde comme en Éthiopie, toutes les nations, toutes les tribus inventèrent sur le conquérant des récits fabuleux. En Égypte, il passa pour être la réincarnation du fils du dernier pharaon, Nectanébo. Pour certains théologiens juifs de son temps, il est considéré comme l'annonciateur du Messie. Il fut récupéré beaucoup plus tard par les musulmans, sous le nom d'Iskander, converti à l'islam, ayant accompli le pèlerinage de La Mecque et adoré la Kaaba. Les musulmans le placèrent dans le Coran sous l'aspect de l'homme aux deux cornes, comme l'était le dieu Ammon. La poésie persane le célèbre comme un navigateur, un conquérant et un propagateur de l'art occidental en Orient et le célèbre poète persan Hafiz écrit dans une ode datée de la fin du XIV<sup>e</sup> siècle ces vers : « Si, comme Alexandre, tu prétends à la vie éternelle, cherche-la sur les lèvres roses de cette ravissante beauté[4]. »

Et au début du XX<sup>e</sup> siècle de nombreux seigneurs du Turkistan prétendaient encore descendre d'Alexandre le Grand. Il est parfois très étrange de croiser sur les routes d'Afghanistan, par exemple, des habitants aux yeux bleus et au nez aquilin dont on se demande s'ils ne sont pas les descendants des colons macédoniens ayant fait souche dans leur pays en épousant des indigènes. Il est sûr qu'un Gengis Khan ou un Tamerlan, ces deux conquérants de l'Asie, n'ignoraient pas l'histoire d'Alexandre, tant bien des anecdotes de leurs vies et de leurs exploits semblent implicitement y faire référence.

Bien entendu, en Occident, Alexandre le Grand fut le modèle suprême, et notamment d'Hannibal, ce qu'on ne sait guère, qui chercha en fait à recréer un empire qui ressemblât à celui d'Alexandre et dont la capitale eût été non plus Rome mais Carthage, et de César qui, à trente-trois ans, alors qu'il n'était qu'un modeste gouverneur de l'Espagne Citérieure, pleurait, en s'exclamant devant ses proches : « Ne vous semble-t-il pas affligeant qu'à mon âge, Alexandre ait déjà eu un grand règne, alors que je n'ai encore rien fait d'éclatant[5] ? » Un autre empereur, honni injustement par l'Histoire, Néron lui-même, sera hanté jusqu'à la mégalomanie par sa fascination pour le grand Alexandre et rêvera même d'une nouvelle expédition en Inde.

Pour nous, il est impossible de ne pas penser au rêve oriental et romantique de Bonaparte qui, partant d'Égypte, avait certes le projet de couper la route de l'Inde aux Anglais, mais plus encore de retrouver les traces d'Alexandre. La situation politique en France l'en empêcha. Comme Alexandre, Bonaparte partit dans cette expédition entouré de savants de grande renommée, d'archéologues pour faire des relevés, de techniciens, d'artistes, d'économistes, d'orientalistes, comme Monge, Berthollet, Geoffroy Saint-Hilaire, Vivant Denon. Il avait certainement lu les grands textes antiques sur Alexandre pour l'imiter à ce point. Et il avait été reçu à l'Institut en remplacement de Carnot. Les savants de son temps louaient ses connaissances, tout comme celles, au IVᵉ siècle avant Jésus-Christ, d'Alexandre le Grand, soumis à des précepteurs de toutes les disciplines.

De personnage historique, en quelques années et pendant des siècles et des siècles, Alexandre le Grand est devenu non seulement un personnage mythologique, ce qui ne lui eût pas déplu, mais également un mythe pour les conquérants visionnaires au cours de l'histoire du monde, parfois pour le meilleur ou pour le pire.

# ANNEXES

356. *22 juillet* : naissance d'Alexandre le Grand, fils de Philippe, régent de Macédoine et d'Olympias, Amyntas IV, neveu de Philippe, étant le souverain.

353. Philippe de Macédoine projette de dominer la Grèce.

352. Philippe soumet la Thessalie.

351. Philippe s'empare de la Thrace et conquiert un certain nombre de colonies grecques. Démosthène prononce un discours, *Une philippique*, contre les ambitions de Philippe et invite les cités grecques à se coaliser, notamment Sparte et Athènes, contre cet ennemi déclaré.

350. Philippe chasse Amyntas du pouvoir dont il s'empare, se faisant proclamer roi de Macédoine sous le nom de Philippe II. Il donne pour premiers précepteurs à Alexandre les philosophes Lysimaque et Léonidas.

350-344. Philippe II conquiert lentement mais sûrement la Grèce et affirme sa domination de la Thrace à l'Hellespont.

344. Le célèbre philosophe Aristote devient le précepteur en titre d'Alexandre.

342. Pour protéger ses arrières Philippe II de Macédoine soumet l'Illyrie et une grande partie des Balkans.

340. Alexandre participe avec son père au siège de Périnthe. Il est désigné par son père comme régent.

339. Philippe II ne parvient pas à soumettre les peuples des terres qui bordent la mer Noire. Démosthène prend la tête d'une coalition des cités grecques.

338. La coalition des cités grecques est vaincue à Chéronée par les armées de Philippe II et de son fils Alexandre.

337. La ligue de Corinthe cherche une nouvelle fois à déjouer les
ambitions territoriales de Philippe II et de son fils. Philippe II
répudie Olympias, mère d'Alexandre, et épouse Cléopâtre.
Alexandre s'empare de l'Épire.

336. Assassinat de Philippe II au cours d'un banquet en l'honneur
du mariage de sa fille, et en présence d'Alexandre. Celui-ci
est proclamé roi de Macédoine à la fin du mois de juillet. En
Perse, avènement du roi Darius III Codoman.

335. Alexandre, au cours d'une série d'expéditions, met fin à l'indépendance de la Grèce, soumettant l'ensemble des cités
grecques et notamment Athènes.

334. Alexandre traverse l'Hellespont et commence à soumettre
les cités grecques d'Asie Mineure sous la domination perse.
Première victoire significative sur les Perses à la bataille du
Granique. Il tranche le nœud gordien.

333. *12 novembre* : victoire d'Alexandre à la bataille d'Issos contre
Darius III. La Syrie et la Phénicie sont conquises. Alexandre
épouse Barsine.

332. *Janvier à juillet* : siège de Tyr.
*Septembre à octobre* : siège de Gaza.
Alexandre passe par Jérusalem puis se dirige vers l'Égypte
qu'il va aussi occuper, se faisant proclamer pharaon à Memphis après avoir entendu l'oracle d'Ammon qui lui promet un
avenir glorieux.

331. De retour en Asie, Alexandre gagne la bataille décisive de
Gaugamèles sur Darius et il occupe Babylone et Suse.

330. Alexandre permet l'incendie de Persépolis. Ecbatane est
prise. Darius est assassiné par le satrape Bessos. Poussant
toujours plus à l'est, Alexandre soumet l'Hyrcanie, la Parthie,
l'Afghanistan actuel, et parvient à occuper le Béloutchistan
actuel. Il fait exécuter inconsidérément deux de ses plus proches amis, Philotas et Parménion.

329. La Bactriane est conquise (l'Afghanistan septentrional), le
fleuve Oxus (Amou-Daria) est franchi par les troupes
d'Alexandre, la Sogdiane est également soumise, et l'actuelle Samarcande est occupée. Bessos, le meurtrier de Darius, est exécuté sur ordre d'Alexandre. Le fleuve Iaxartès est
franchi.

328. La Sogdiane et la Bactriane se révoltent contre l'occupant
macédonien. La répression d'Alexandre est impitoyable.

327. Alexandre tue son compagnon et ami Clitos. Il en éprouvera
de cruels remords. Il épouse Roxane. Il doit faire face à un
complot dirigé par Callisthène qu'il fait mettre à mort. Il part
pour l'Inde et franchit l'Hindou-Kousch. Alliance avec le
prince indien, Taxile. Alexandre, qui peut se prévaloir du titre
de « le Grand », franchit l'Indus au printemps, passe difficilement l'Hydaspe et sort vainqueur d'une bataille contre Poros
en juillet. Il doit faire face à une révolte de son armée qui ne
veut plus poursuivre une conquête aussi lointaine et hasar-
deuse.

326. Il rebrousse chemin et descend l'Hydaspe.

325. Il traverse avec ses troupes le désert de Gédrosie, tandis que
Néarque, commandant de sa flotte, entreprend un périple
maritime le long des côtes de l'océan Indien.

324. Alexandre est de retour à Persépolis, puis il se rend à Suse où
il fait célébrer des noces entre dix mille de ses soldats grecs
et des femmes perses. Il se heurte à la sédition d'Opis.
*Octobre* : mort d'Héphestion à Ecbatane.

323. *Printemps* : de retour à Babylone, Alexandre le Grand s'apprête à se lancer dans une expédition en Afrique.
*13 juin* : la mort vient le surprendre.

# RÉFÉRENCES BIBLIOGRAPHIQUES

Toutes les citations des auteurs latins et grecs de cet ouvrage sont tirées de traductions qui appartiennent depuis longtemps au domaine public. Je me suis autorisé parfois à les moderniser et à les rendre moins archaïques, tout en leur conservant leur patine ancienne. Il est vrai aussi que tout ce travail de relecture et d'adaptation, on le doit à Philippe Remacle et au site qu'il a consacré aux traductions anciennes des auteurs latins et grecs, ainsi que d'autres sites de traduction dans le domaine public, sans négliger le site Gallica de la Bibliothèque de France (www.gallica.bnf.fr) :

www.remacle.org
www.users.skynet.be/remacle
www.hodoi.fltr.ucl.ac.be/concordances/intro/htm
www.bcs.fltr.ucl.ac.be/Slinf4.html
www.college.belrem.free.fr/ressources/lattextes.htm

La vie d'Alexandre le Grand et son œuvre de conquérant sont essentiellement tirées de quatre sources principales :

Plutarque, *Vie des hommes illustres*, traduction d'Alexis Pierron, Librairie Charpentier, Paris, 1853.

Arrien, *Expéditions d'Alexandre*, texte plus connu sous le nom d'*Anabase*, traduction de François-Charles Leskenne et de Jean-Baptiste Sauvan, Anselin, coll. « Bibliothèque militaire », Paris, 1835.

Diodore de Sicile, *Bibliothèque historique*, traduction de l'abbé Terrasson, Paris, 1737-1747.

Quinte-Curce, *Histoires d'Alexandre*, traduction d'Auguste et Alphonse Trognon, Émile Pessonneaux, Panckouke, Garnier Frères, Paris, 1861.

Pour les quelques autres citations d'auteurs latins, comme Cicéron, Pline l'Ancien, etc., nous avons consulté les volumes de la collection des auteurs latins, dirigée par Désiré Nisard (1806-1888), membre de l'Académie française dans la seconde moitié du XIX<sup>e</sup> siècle, Librairie Firmin Didot. Pour Aulu-Gelle, la bibliothèque latine française, Éditions Garnier, 1927.

La vie d'Alexandre le Grand a donné lieu à une abondante production de biographies. Nous en avons consulté de nombreuses, mais nous ne donnerons ici que les plus importantes, étant entendu que chacune de ces biographies comporte des bibliographies exhaustives qui renvoient à d'autres ouvrages sur le sujet.

Comme conducteur de cette biographie d'Alexandre, nous avons suivi dans la collection « Histoire générale », fondée par Gustave Glotz, l'ouvrage *Histoire ancienne, Histoire grecque,* tome IV, *Alexandre et l'hellénisation du monde antique. Alexandre et le démembrement de son empire*, par Gustave Glotz, Pierre Roussel et Robert Cohen, PUF, seconde édition, Paris, 1945.

Certes, le livre est ancien, mais il constitue une incomparable synthèse qui n'a pas été dépassée sur la vie et l'œuvre de conquérant d'Alexandre le Grand. Il est sans doute l'ouvrage le plus universitaire et donc le plus fiable parmi tout ce qui a pu être écrit sur ce personnage. C'est à l'index de cet ouvrage que nous nous sommes référé pour tenter, dans la mesure du possible, d'unifier les orthographes des noms propres.

Un autre ouvrage encore plus ancien, mais qui a été réédité récemment, est celui de Johann Gustav Droysen, *Histoire de l'hellénisme, Histoire d'Alexandre le Grand. Les Successeurs d'Alexandre*, Laffont, coll. « Bouquins », Paris, 2003. Johann Gustav Droysen (1808-1884), universitaire allemand, a écrit cette immense somme en plusieurs fois, entre 1833 et 1843, et l'a remaniée à la fin de sa vie. L'ouvrage reste aujourd'hui encore une référence indispensable à qui veut connaître et comprendre l'histoire d'Alexandre et celle de ses successeurs, les Diadoques. Il comporte, en outre, de précieux appendices, une table chronologique détaillée et un index des noms et des lieux qui nous a été d'autant plus nécessaire que c'est à lui que nous nous sommes référé pour tenter d'unifier les orthographes des noms grecs qui sont souvent différentes d'un ouvrage à l'autre.

Un autre ouvrage, publié sous la direction d'Olivier Battistini et Pascal Charvet, *Alexandre le Grand. Histoire et dictionnaire* (Laffont, coll. « Bouquins », Paris, 2004), pourrait à lui seul nous dispenser de lire tous les autres livres consacrés à Alexandre le Grand, tant l'équipe de traducteurs, de spécialistes et de chercheurs qui a œuvré a fait un considérable et passionnant travail, notamment en ce qui concerne le dictionnaire, qui regroupe toutes les définitions relatives à Alexandre, son entourage, son armée, ses ennemis, les villes conquises, les batailles, etc. À ce remarquable ouvrage sont également joints, en annexes, cartes et plans, chronologie indicative, lexique français/grec/latin, bibliographie et index.

On doit à Édouard Will, Claude Mossé, Paul Goukowsky *Le Monde grec et l'Orient*, tome II. *Le IVe siècle et l'époque hellénistique*, PUF, coll. « Peuples et Civilisations », 4e édition, Paris, 1993. Une refonte complète, avec d'autres collaborateurs, d'un ouvrage ancien, qui a tous les mérites, dont celui de retracer l'histoire des mondes antiques au sein desquels va se situer la vie d'Alexandre, ainsi que celui de développer des thèmes politiques et religieux primordiaux pour bien comprendre le milieu où le conquérant va évoluer au cours de sa carrière et de ses conquêtes.

Parmi le flot de livres sur Alexandre le Grand, sans oublier les articles en français, en anglais et en allemand parus dans des revues historiques, nous en retiendrons un certain nombre dont beaucoup sont devenus des classiques :

Jacques BENOIST-MÉCHIN, *Alexandre le Grand : le rêve dépassé*, Perrin, 2005.

Pierre BRIANT, *Alexandre le Grand*, PUF, coll. « Que sais-je ? », 2005.

Roger CARATINU, *Alexandre le Grand*, Hachette, coll. « Hachette Littérature », 1999.

Marie-Thérèse DAVIDSON et Christian HEINRICH, *Sur les traces d'Alexandre le Grand*, Gallimard, 2001.

Francis FÈVRE, *Alexandre le Grand : un héros de légende*, Liana Levi, 1999.

Nicholas HAMMOND, *Le Génie d'Alexandre le Grand*, Economica, 2002.

Dominique JOLY, Franz DUCHAZEAU, *Alexandre le Grand*, Nathan, 2005.

Claude MOSSÉ, *Alexandre le Grand : la destinée d'un mythe*, Payot, 2006.

D'autres ouvrages ont un intérêt particulier et se détachent des biographies traditionnelles :

Arthur WEIGALL, *Alexandre le Grand* (Payot, coll. « Petite Bibliothè-que Payot », 2003), dont la première édition date de 1934. Il a le mérite d'être écrit avec élégance, d'une manière cursive et de reconstituer sans lourdeur érudite la vie d'Alexandre le Grand.

Gérard COLIN, *Alexandre le Grand*, Pygmalion, 2007. L'ouvrage est souvent érudit, mais sans lourdeur, et l'auteur a bien su assimiler le personnage du conquérant et nous le restituer d'une manière personnelle.

Jacqueline DAUXOIS, *La Route de la soie, d'Alexandre le Grand à Marco Polo*, Éditions du Rocher, 2008. Ce livre bien documenté nous montre que le roi des Macédoniens — sans oublier le périple de Néarque — a ouvert aux commerçants et aux voyageurs des voies terrestres et maritimes nouvelles et majeures et que grâce à lui les limites du monde ont été repoussées, que des échanges culturels ont pu également s'accomplir et que l'empire romain, trois siècles plus tard, en bénéficiera.

Valério MANFREDI, en trois volumes, a voulu raconter *Alexandre le Grand*, Pocket, 2003 ; et Roger PEYREFITTE, aussi en trois tomes, aux éditions Albin Michel, 1977-1981.

Pietro CITATI, Francesco SISTI, *Alexandre le Grand*, L'Arpenteur, 1990. Le grand écrivain italien Pietro Citati s'est emparé du personnage d'Alexandre plus en romancier qu'en historien, mais sans jamais faire d'erreurs. Son court récit constitue une curiosité. Il est suivi de morceaux choisis judicieusement des principaux historiens de l'Antiquité qui se sont intéressés à la vie et à l'œuvre d'Alexandre le Grand. Nombre de ces morceaux choisis ont été repris dans les citations de notre ouvrage.

On peut enfin citer, dans la revue *L'Histoire*, n° 22, avril 1980, l'article « Les routes d'Alexandre » par Joël Schmidt. Ainsi que son *Dictionnaire de la mythologie grecque et romaine*, Larousse (dernière édition 2005).

Le septième art s'est emparé de ce personnage historique hors du commun. En 1956, un film de Robert Rossen, *Alexandre le Grand* (DVD édité par MGM/United Artists, 2003), fut tourné avec dans le rôle-titre Richard Burton, sans oublier Fredric March, Danielle Darrieux et Claire Bloom. En 2005, *Alexandre Revisited*, d'Oliver Stone, est sorti dans les salles, avec Colin Farrell dans le rôle du conquérant (DVD édité par Pathé !, 2005).

ENFANCE D'UN CHEF

1. Plutarque, *Vie des hommes illustres. Alexandre*, traduction d'Alexis Pierron, Librairie Charpentier, Paris, 1853.

2. *Ibid.*

3. *Ibid.*

4. Aulu-Gelle, *Les Nuits attiques*, n° 31, Garnier, coll. « Bibliothèque latine française », 1927.

5. Plutarque, *op. cit.*

6. *Ibid.*

7. *Ibid.*

8. *Ibid.*

9. *Ibid.*

10. *Ibid.*

11. *Ibid.*

12. *Ibid.*

13. *Ibid.*

14. *Ibid.*

15. *Ibid.*

16. *Ibid.*

17. *Ibid.*

18. *Ibid.*

1. Justin, *Épitomé des histoires philippiques*, collection Panckouke, 1833.

2. Plutarque, *Vie des hommes illustres. Démosthène, op. cit.*

3. *Ibid.*

4. *Ibid.*

5. Plutarque, *Vie des hommes illustres. Alexandre, op. cit.*

6. Diodore de Sicile, *Bibliothèque historique*, traduction de l'abbé Terrasson, Paris, 1737-1747.

7. Plutarque, *Vie des hommes illustres. Alexandre, op. cit.*

8. Diodore de Sicile, *Bibliothèque historique, op. cit.*

9. Plutarque, *Vie des hommes illustres. Alexandre, op. cit.*

10. Plutarque, *Vie des hommes illustres. Phocion.*

11. Plutarque, *Vie des hommes illustres. Démosthène, op. cit.*

12. Arrien, *Anabase*, traduction de François-Charles Leskenne et Jean-Baptiste Sauvan, Anselin, coll. « Bibliothèque militaire », Paris, 1835.

13. Plutarque, *Vie des hommes illustres. Alexandre, op. cit.*

14. Arrien, *Anabase, op. cit.*

15. Diodore de Sicile, *op. cit.*

16. Plutarque, *Vie des hommes illustres. Alexandre, op. cit.*

17. *Ibid.*

18. *Ibid.*

19. *Ibid.*

20. Arrien, *op. cit.*

21. Justin, *Épitomé des histoires philippiques, op. cit.*

22. *Ibid.*

23. Arrien, *Anabase, op. cit.*

24. Justin, *op. cit.*

25. Plutarque, *Vie des hommes illustres. Alexandre, op. cit.*

26. Cicéron, *Pro Archias*, collection des Auteurs latins, sous la direction de M. Nisard, 1881.


LA BATAILLE DU GRANIQUE ET SES CONSÉQUENCES

1. Arrien, *Anabase, op. cit.*

2. *Ibid.*

3. *Ibid.*
4. *Ibid.*
5. Plutarque, *Vie des hommes illustres. Alexandre, op. cit.*
6. Arrien, *op. cit.*
7. *Ibid.*
8. Plutarque, *Vie des hommes illustres. Alexandre, op. cit.*
9. Arrien, *op. cit.*
10. *Ibid.*
11. *Ibid.*
12. *Ibid.*
13. *Ibid.*
14. Plutarque, *Vie des hommes illustres. Alexandre, op. cit.*
15. *Ibid.*
16. *Ibid.*
17. *Ibid.*
18. Arrien, *op. cit.*
19. *Ibid.*
20. *Ibid.*
21. *Ibid.*

LA BATAILLE D'ISSOS : PREMIÈRE DÉFAITE DE DARIUS

1. Quinte-Curce, *Histoires d'Alexandre*, traduction d'Auguste et Alphonse Trognon, Émile Pessonneaux, Panckouke, Garnier Frères, Paris, 1861.
2. *Ibid.*
3. *Ibid.*
4. *Ibid.*
5. *Ibid.*
6. Arrien, *Anabase, op. cit.*
7. *Ibid.*
8. Plutarque, *Vie des hommes illustres. Alexandre, op. cit.*
9. *Ibid.*
10. Arrien, *Anabase, op. cit.*
11. Quinte-Curce, *op. cit.*
12. Plutarque, *Vie des hommes illustres. Alexandre, op. cit.*
13. Quinte-Curce, *op. cit.*
14. *Ibid.*

15. *Ibid.*
16. *Ibid.*
17. Plutarque, *Vie des hommes illustres. Alexandre, op. cit.*
18. Quinte-Curce, *op. cit.*
19. Diodore de Sicile, *Bibliothèque historique, op. cit.*
20. Plutarque, *Vie des hommes illustres. Alexandre, op. cit.*
21. *Ibid.*


## DE L'ASIE MINEURE À L'ÉGYPTE

1. Arrien, *Anabase, op. cit.*
2. *Ibid.*
3. Plutarque, *Vie des hommes illustres. Alexandre, op. cit.*
4. Quinte-Curce, *Histoires d'Alexandre, op. cit.*
5. *Ibid.*
6. *Ibid.*
7. *Ibid.*
8. Arrien, *Anabase, op. cit.*
9. *Ibid.*
10. Quinte-Curce, *op. cit.*
11. *Ibid.*
12. Plutarque, *Vie des hommes illustres. Alexandre, op. cit.*
13. *Ibid.*
14. Arrien, *op. cit.*
15. Homère, *Odyssée*, chant IV, vers 354-355.
16. Plutarque, *Vie des hommes illustres. Alexandre, op. cit.*
17. Quinte-Curce, *op. cit.*


## ALEXANDRE ET L'ORACLE D'AMMON

1. Plutarque, *Vie des hommes illustres. Alexandre, op. cit.*
2. Arrien, *Anabase, op. cit.*
3. Quinte-Curce, *Histoires d'Alexandre, op. cit.*
4. Plutarque, *Vie des hommes illustres. Alexandre, op. cit.*
5. *Ibid.*
6. Quinte-Curce, *op. cit.*

7. Plutarque, *Vie des hommes illustres. Alexandre, op. cit.*

8. Quinte-Curce, *op. cit.*

9. Arrien, *op. cit.*

10. *Ibid.*

11. *Ibid.*

12. Diodore de Sicile, *Bibliothèque historique, op. cit.*

13. *Ibid.*

14. Plutarque, *Vie des hommes illustres. Alexandre, op. cit.*

15. Quinte-Curce, *op. cit.*

16. Arrien, *op. cit.*

17. Quinte-Curce, *op. cit.*

18. Arrien, *op. cit.*

19. Quinte-Curce, *op. cit.*

20. *Ibid.*

21. *Ibid.*

## LA BATAILLE DE GAUGAMÈLES

1. Arrien, *Anabase, op. cit.*

2. *Ibid.*

3. Gustave Glotz, Pierre Roussel et Robert Cohen, *Histoire ancienne, Histoire grecque*, tome IV, *Alexandre et l'hellénisation du monde antique. Alexandre et le démembrement de son empire*, PUF, seconde édition, Paris, 1945.

4. Quinte-Curce, *Histoires d'Alexandre, op. cit.*

5. *Ibid.*

6. *Ibid.*

7. *Ibid.*

8. Arrien, *op. cit.*

9. *Ibid.*

10. Plutarque, *Vie des hommes illustres. Alexandre, op. cit.*

11. *Ibid.*

12. Quinte-Curce, *op. cit.*

13. *Ibid.*

14. Plutarque, *Vie des hommes illustres. Alexandre, op. cit.*

15. Arrien, *op. cit.*

FIN DE DARIUS ET DE SON EMPIRE

1. Arrien, *Anabase, op. cit.*
2. Quinte-Curce, *Histoires d'Alexandre, op. cit.*
3. *Ibid.*
4. Arrien, *op. cit.*
5. *Ibid.*
6. Quinte-Curce, *op. cit.*
7. *Ibid.*
8. *Ibid.*
9. *Ibid.*
10. *Ibid.*
11. Diodore de Sicile, *Bibliothèque historique, op. cit.*
12. Plutarque, *Vie des hommes illustres. Alexandre, op. cit.*
13. Diodore de Sicile, *op. cit.*
14. Plutarque, *Vie des hommes illustres. Alexandre, op. cit.*
15. *Ibid.*
16. Quinte-Curce, *op. cit.*
17. *Ibid.*
18. *Ibid.*
19. *Ibid.*
20. *Ibid.*
21. *Ibid.*
22. *Ibid.*
23. Plutarque, *Vie des hommes illustres. Alexandre, op. cit.*


ALEXANDRE LE CONQUÉRANT

1. Quinte-Curce, *Histoires d'Alexandre, op. cit.*
2. Arrien, *Anabase, op. cit.*
3. Diodore de Sicile, *Bibliothèque historique, op. cit.*
4. *Ibid.*
5. Quinte-Curce, *op. cit.*
6. Arrien, *op. cit.*
7. *Ibid.*

8. *Ibid.*
9. Plutarque, *Vie des hommes illustres. Alexandre, op. cit.*
10. Arrien, *op. cit.*
11. *Ibid.*
12. *Ibid.*
13. Quinte-Curce, *op. cit.*
14. *Ibid.*
15. Arrien, *op. cit.*
16. *Ibid.*
17. *Ibid.*
18. *Ibid.*
19. Quinte-Curce, *op. cit.*
20. *Ibid.*

## ALEXANDRE LE GRAND ORGANISE SON EMPIRE

1. Plutarque, *Vie des hommes illustres. Alexandre, op. cit.*
2. Arrien, *Anabase, op. cit.*
3. *Ibid.*
4. Quinte-Curce, *Histoires d'Alexandre, op. cit.*
5. Arrien, *op. cit.*
6. *Ibid.*
7. *Ibid.*
8. Quinte-Curce, *op. cit.*
9. *Ibid.*
10. *Ibid.*
11. *Ibid.*
12. *Ibid.*
13. *Ibid.*
14. *Ibid.*
15. Plutarque, *Vie des hommes illustres. Alexandre, op. cit.*
16. Arrien, *op. cit.*
17. *Ibid.*
18. *Ibid.*
19. *Ibid.*
20. Plutarque, *Vie des hommes illustres. Alexandre, op. cit.*

VERS L'INDE FABULEUSE ET INCONNUE

1. Quinte-Curce, *Histoires d'Alexandre, op. cit.*
2. *Ibid.*
3. Arrien, *Anabase, op. cit.*
4. *Ibid.*
5. *Ibid.*
6. *Ibid.*
7. *Ibid.*
8. *Ibid.*
9. *Ibid.*
10. *Ibid.*
11. Quinte-Curce, *op. cit.*
12. *Ibid.*
13. *Ibid.*
14. Arrien, *op. cit.*
15. *Ibid.*
16. Quinte-Curce, *op. cit.*
17. Arrien, *op. cit.*
18. Plutarque, *Vie des hommes illustres. Alexandre, op. cit.*
19. Arrien, *op. cit.*
20. Plutarque, *Vie des hommes illustres. Alexandre, op. cit.*


BATAILLES, ACTIONS D'ÉCLAT MILITAIRES
ET RENONCEMENT

1. Quinte-Curce, *Histoires d'Alexandre, op. cit.*
2. *Ibid.*
3. Plutarque, *Vie des hommes illustres. Alexandre, op. cit.*
4. Arrien, *Anabase, op. cit.*
5. *Ibid.*
6. *Ibid.*
7. *Ibid.*
8. *Ibid.*
9. *Ibid.*

10. *Ibid.*

11. *Ibid.*

12. Ptolémée, *Géographie*, Victor Langlois, 1867.

13. Arrien, *op. cit.*


## L'*ILIADE* EST TERMINÉE, L'*ODYSSÉE* COMMENCE

1. Arrien, *Anabase, op. cit.*

2. Diodore de Sicile, *Bibliothèque historique, op. cit.*

3. Plutarque, *Vie des hommes illustres. Alexandre, op. cit.*

4. *Ibid.*

5. Arrien, *op. cit.*

6. *Ibid.*

7. Diodore de Sicile, *op. cit.*

8. Plutarque, *Vie des hommes illustres. Alexandre, op. cit.*

9. Diodore de Sicile, *op. cit.*

10. Arrien, *op. cit.*

11. *Ibid.*

12. Quinte-Curce, *Histoires d'Alexandre, op. cit.*

13. *Ibid.*

14. Arrien, *op. cit.*

15. *Ibid.*

16. *Ibid.*


## MÉTAMORPHOSE D'ALEXANDRE
## EN SOUVERAIN ORIENTAL

1. Quinte-Curce, *Histoires d'Alexandre, op. cit.*

2. *Ibid.*

3. Arrien, *Anabase, op. cit.*

4. *Ibid.*

5. *Ibid.*

6. Quinte-Curce, *op. cit.*

7. Arrien, *op. cit.*

8. *Ibid.*

9. *Ibid.*
10. *Ibid.*


ALEXANDRE CONQUIS PAR L'ORIENT

1. Arrien, *Anabase, op. cit.*
2. *Ibid.*
3. *Ibid.*
4. Quinte-Curce, *Histoires d'Alexandre, op. cit.*
5. Arrien, *op. cit.*
6. *Ibid.*
7. Plutarque, *Vie des hommes illustres. Alexandre, op. cit.*
8. Arrien, *op. cit.*
9. *Ibid.*
10. *Ibid.*
11. Plutarque, *Vie des hommes illustres. Alexandre, op. cit.*
12. Arrien, *op. cit.*
13. Diodore de Sicile, *Bibliothèque historique, op. cit.*
14. Plutarque, *Vie des hommes illustres. Alexandre, op. cit.*
15. Diodore de Sicile, *op. cit.*


ALEXANDRE, MAÎTRE DU MONDE. SA MORT

1. Arrien, *Anabase, op. cit.*
2. Diodore de Sicile, *Bibliothèque historique, op. cit.*
3. Arrien, *op. cit.*
4. *Ibid.*
5. *Ibid.*
6. *Ibid.*
7. *Ibid.*
8. *Ibid.*
9. *Ibid.*
10. Plutarque, *Vie des hommes illustres, Alexandre, op. cit.*
11. Quinte-Curce, *Histoires d'Alexandre, op. cit.*
12. *Ibid.*
13. *Ibid.*

1. Arrien, *Anabase*, *op. cit.*
2. Gustave Glotz, Pierre Roussel et Robert Cohen, *Histoire ancienne*, *Histoire grecque*, tome IV, *Alexandre et l'hellénisation du monde antique. Alexandre et le démembrement de son empire*, *op. cit.*
3. Michel de Montaigne, *Essais*, II, 12, Arléa, 2002.
4. Hafiz, *Divan*, traduit par Barthélémy d'Herbelot de Molainville, Bibliothèque orientale, 1806.
5. Plutarque, *Vie des hommes illustres. César*, *op. cit.*

ANNEXES

# COLLECTION FOLIO

*Dernières parutions*

6787. Cédric Gras                *Saisons du voyage.*
6788. Paolo Rumiz                *La légende des montagnes*
                                 *qui naviguent.*

6789. Jean-Paul Kauffmann        *Venise à double tour*
6790. Kim Leine                  *Les prophètes du fjord*
                                 *de l'Éternité*

6791. Jean-Christophe Rufin      *Les sept mariages d'Edgar*
                                 *et Ludmilla*

6792. Boualem Sansal             *Le train d'Erlingen*
                                 *ou La métamorphose de Dieu*

6793. Lou Andreas-Salomé         *Ce qui découle du fait que*
                                 *ce n'est pas la femme qui a*
                                 *tué le père* et autres textes
                                 psychanalytiques

6794. Sénèque                    *De la vie heureuse* précédé de
                                 *De la brièveté de la vie*

6795. Famille Brontë             *Lettres choisies*
6796. Stéphanie Bodet            *À la verticale de soi*
6797. Guy de Maupassant          *Les Dimanches d'un bourgeois*
                                 *de Paris* et autres nouvelles

6798. Chimamanda
      Ngozi Adichie              *Nous sommes tous des*
                                 *féministes* suivi du *Danger*
                                 *de l'histoire unique*

6799. Antoine Bello              *Scherbius (et moi)*
6800. David Foenkinos            *Deux sœurs*
6801. Sophie Chauveau            *Picasso, le Minotaure.*
                                 *1881-1973*

6802. Abubakar Adam
      Ibrahim                    *La saison des fleurs de flamme*
6803. Pierre Jourde              *Le voyage du canapé-lit*
6804. Karl Ove Knausgaard        *Comme il pleut sur la ville.*
                                 *Mon combat - Livre V*

6805. Sarah Marty                *Soixante jours*
6806. Guillaume Meurice          *Cosme*
6807. Mona Ozouf                 *L'autre George. À la rencontre*
                                 *de l'autre George Eliot*
6808. Laurine Roux               *Une immense sensation*
                                 *de calme*

6809. Roberto Saviano          *Piranhas*
6810. Roberto Saviano          *Baiser féroce*
6811. Patti Smith              *Dévotion*
6812. Ray Bradbury             *La fusée* et autres nouvelles
6813. Albert Cossery           *Les affamés ne rêvent que*
                               *de pain*
6814. Georges Rodenbach        *Bruges-la-Morte*
6815. Margaret Mitchell        *Autant en emporte le vent I*
6816. Margaret Mitchell        *Autant en emporte le vent II*
6817. George Eliot             *Felix Holt, le radical.*
                               À paraître
6818. Goethe                   *Les Années de voyage de*
                               *Wilhelm Meister*
6819. Meryem Alaoui            *La vérité sort de la bouche*
                               *du cheval*
6820. Unamuno                  *Contes*
6821. Leïla Bouherrafa         *La dédicace.*
6822. Philippe Djian           *Les inéquitables*
6823. Carlos Fuentes           *La frontière de verre.*
                               *Roman en neuf récits*
6824. Carlos Fuentes           *Les années avec Laura Díaz.*
                               *Nouvelle édition augmentée*
6825. Paula Jacques            *Plutôt la fin du monde qu'une*
                               *écorchure à mon doigt.*
6826. Pascal Quignard          *L'enfant d'Ingolstadt. Dernier*
                               *royaume X*
6827. Raphaël Rupert           *Anatomie de l'amant de ma*
                               *femme*
6828. Bernhard Schlink         *Olga*
6829. Marie Sizun              *Les sœurs aux yeux bleus*
6830. Graham Swift             *De l'Angleterre et des Anglais*
6831. Alexandre Dumas          *Le Comte de Monte-Cristo*
6832. Villon                   *Œuvres complètes*
6833. Vénus Khoury-Ghata       *Marina Tsvétaïéva, mourir*
                               *à Elabouga*
6834. Élisa Shua Dusapin       *Les billes du Pachinko*
6835. Yannick Haenel           *La solitude Caravage*

6836. Alexis Jenni                  *Féroces infirmes*
6837. Isabelle Mayault             *Une longue nuit mexicaine*
6838. Scholastique Mukasonga       *Un si beau diplôme !*
6839. Jean d'Ormesson              *Et moi, je vis toujours*
6840. Orhan Pamuk                  *La femme aux cheveux roux*
6841. Joseph Ponthus               *À la ligne. Feuillets d'usine*
6842. Ron Rash                     *Un silence brutal*
6843. Ron Rash                     *Serena*
6844. Bénédicte Belpois            *Suiza*
6845. Erri De Luca                 *Le tour de l'oie*
6846. Arthur H                     *Fugues*
6847. Francesca Melandri           *Tous, sauf moi*
6848. Eshkol Nevo                  *Trois étages*
6849. Daniel Pennac                *Mon frère*
6850. Maria Pourchet               *Les impatients*
6851. Atiq Rahimi                  *Les porteurs d'eau*
6852. Jean Rolin                   *Crac*
6853. Dai Sijie                    *L'Évangile selon Yong Sheng*
6854. Sawako Ariyoshi              *Le crépuscule de Shigezo*
6855. Alexandre Dumas              *Les Compagnons de Jéhu*
6856. Bertrand Belin               *Grands carnivores*
6857. Christian Bobin              *La nuit du cœur*
6858. Dave Eggers                  *Les héros de la Frontière*
6859. Dave Eggers                  *Le Capitaine et la Gloire*
6860. Emmanuelle Lambert           *Giono, furioso*
6861. Danièle Sallenave            *L'églantine et le muguet*
6862. Martin Winckler              *L'École des soignantes*
6863. Zéno Bianu                   *Petit éloge du bleu*
6864. Collectif                    *Anthologie de la littérature
                                     grecque. De Troie à Byzance*
6865. Italo Calvino                *Monsieur Palomar*
6866. Auguste de Villiers
       de l'Isle-Adam              *Histoires insolites*
6867. Tahar Ben Jelloun            *L'insomniaque*
6868. Dominique Bona               *Mes vies secrètes*
6869. Arnaud Cathrine              *J'entends des regards que vous
                                     croyez muets*
6870. Élisabeth Filhol             *Doggerland*

6871. Lisa Halliday                  *Asymétrie*
6872. Bruno Le Maire                 *Paul. Une amitié*
6873. Nathalie Léger                 *La robe blanche*
6874. Gilles Leroy                   *Le diable emporte le fils rebelle*
6875. Jacques Ferrandez /
      Jean Giono                     *Le chant du monde*
6876. Kazuo Ishiguro                 *2 nouvelles musicales*
6877. Collectif                      *Fioretti. Légendes de saint
                                      François d'Assise*
6878. Herta Müller                   *La convocation*
6879. Giosuè Calaciura               *Borgo Vecchio*
6880. Marc Dugain                    *Intérieur jour*
6881. Marc Dugain                    *Transparence*
6882. Elena Ferrante                 *Frantumaglia. L'écriture
                                      et ma vie*
6883. Lilia Hassaine                 *L'œil du paon*
6884. Jon McGregor                   *Réservoir 13*
6885. Caroline Lamarche              *Nous sommes à la lisière*
6886. Isabelle Sorente               *Le complexe de la sorcière*
6887. Karine Tuil                    *Les choses humaines*
6888. Ovide                          *Pénélope à Ulysse* et autres
                                      lettres d'amour de grandes
                                      héroïnes antiques
6889. Louis Pergaud                  *La tragique aventure de
                                      Goupil* et autres contes
                                      animaliers
6890. Rainer Maria Rilke             *Notes sur la mélodie des
                                      choses* et autres textes
6891. George Orwell                  *Mil neuf cent quatre-vingt-quatre*
6892. Jacques Casanova               *Histoire de ma vie*
6893. Santiago H. Amigorena         *Le ghetto intérieur*
6894. Dominique Barbéris             *Un dimanche à Ville-d'Avray*
6895. Alessandro Baricco             *The Game*
6896. Joffrine Donnadieu             *Une histoire de France*
6897. Marie Nimier                   *Les confidences*
6898. Sylvain Ouillon                *Les jours*
6899. Ludmila Oulitskaïa             *Médée et ses enfants*
6900. Antoine Wauters                *Pense aux pierres sous tes pas*

*Composition Nord Compo*
*Impression Maury Imprimeur*
*45330 Malesherbes*
*le 5 octobre 2021.*
*Dépôt légal : octobre 2021*
*Numéro d'imprimeur : 257737*

ISBN 978-2-07-030750-0. / Imprimé en France.